À plus! 3

Französisch für das Gymnasium

Audios, Videos und die Lösungen der Bilan-Seiten findest du unter go.cornelsen.de/codes Code: 9783061209742

Cornelsen

Inhalt

Titel	Seite
Annexe | Anhang	**126**

Symbole

- Audio-Datei (online und zum Download)
- Video-Datei (online und zum Download)
- Partneraufgabe
- Gruppenaufgabe
- kooperative Aufgabe
- ★ anspruchsvollere Aufgabenvariante
- ☆ leichtere Aufgabenvariante (im Anhang ab Seite 134)
- Aufgaben und Hinweise zur Schulung der Medienkompetenz
- Aufgaben, die sich für ein eTwinning-Projekt eignen
- GH Verweis auf das Grammatikheft

Alle Audios und Videos online und zum Download findest du hier kostenlos:
Gehe auf www.cornelsen.de/codes
Gib dort den Code ein: 9783061209742

Hinweise für die Lehrkraft:
Die Ateliers und Bilans (in türkis gekennzeichnet) sind fakultative Bestandteile: Ihre Inhalte werden in den Folge-Bestandteilen nicht vorausgesetzt.
Die Modules (in türkis gekennzeichnet) sind nur in den genannten Bundesländern verpflichtend: Ihre Inhalte werden in den Folge-Bänden nicht vorausgesetzt.
Das Lehrwerk stellt ein Gesamtangebot dar. Das schulinterne Curriculum legt fest, worauf die Schwerpunkte gelegt und welche Texte oder Aufgaben nicht behandelt werden.
Vorschläge für die Stoffverteilung sowie Planungshilfen finden Sie auf: **www.cornelsen.de/codes**
unter dem Code: **runeka**

Mon calendrier perso

Nom : Arthur

5 septembre

Rentrée des classes

☐ année sérieuse → faire mes devoirs et préparer mes affaires tous les soirs !

☑ année ♥ → me mettre en classe à côté de XXXX (nom top secret mais je me comprends)

16 septembre

Finale de la coupe du monde de basket

☐ organiser un match de basket-poubelle pendant la récré

☐ mettre mon réveil à deux heures du matin pour regarder la finale en direct

7 novembre

Anniversaire de Marie Curie (1867–1934)

$$^{224}_{88}Ra \rightarrow ^{220}_{86}Rn + ^{4}_{2}He$$

☐ m'informer sur elle

☐ faire un podium avec les trois femmes célèbres que je préfère

3 décembre

Journée internationale des personnes handicapées

☐ apprendre à dire « bonjour » et « merci » en langage des signes et écrire mon nom en braille

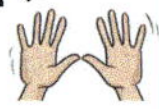

☐ regarder le film « Intouchables » avec Omar Sy

(je l'ai déjà vu dix fois, mais ça ne fait rien, j'adore !)

---

1 Pour vous, quelles sont les journées spéciales de l'année ? Racontez.

DELF **2** **a** Lis le calendrier perso d'Arthur, puis range les journées dans une de ces catégories.

journées internationales | fêtes | anniversaires | grands moments sportifs | autres

b Comment est-ce qu'Arthur va « fêter » ces journées ? Choisis une activité de son calendrier et mime-la. Les autres retrouvent la journée correspondante.

c Quelles sont les journées du calendrier d'Arthur que tu voudrais « fêter » ? Justifie ta réponse.

3 À l'aide de ces verbes, trouve une troisième activité pour « fêter » les journées du calendrier d'Arthur. Pense aussi à la négative (*ne… pas*, *ne… plus*) !

réviser • devenir • aller • encourager • accompagner • aider • imiter • laisser • ranger • râler • passer • créer • comprendre • trouver • jouer à qc • faire • manger • oublier • gaspiller • prêter • parler à qn • chercher • expliquer • donner • visiter • lire • participer à qc • vendre • dire à qn • énerver • travailler

1er janvier

Journée internationale de la paix

☐ partager la playstation avec mon petit frère

☐ être sympa aujourd'hui avec quelqu'un que je ne trouve vraiment pas cool

6 janvier

Fête des rois

☐ faire une galette et inviter les voisins avec leurs enfants

☐ partager l'émission « Karambolage » sur la galette des rois avec mon corres allemand, elle est super !

arte

30 mars

Aïd El-Fitr

☐ écrire un message sympa à mes amis musulmans

☐ acheter des pâtisseries orientales et préparer un thé

5 juin

Journée mondiale de l'environnement

☐ organiser une semaine « zéro déchet » avec ma famille

☐ penser aux abeilles quand on va choisir des plantes pour notre jardin

4 **Voilà d'autres journées spéciales. Range-les dans les catégories de 2a. Puis, pour chaque catégorie, trouve encore deux journées spéciales que tu trouves intéressantes.**

Viele Arbeitsanweisungen auf Französisch kennst du schon. Falls du doch etwas nicht verstehst, schlage im Glossaire auf S. 231 nach.

- Journée franco-allemande (22 janvier)
- Festival Les Francofolies de la Rochelle
- Fête de la musique (21 juin)
- Anniversaire de René Goscinny, l'inventeur d'Astérix (14 août)
- Journée internationale du livre (23 avril)
- Coupe d'Europe de rugby à XV
- Journée internationale du rire (2 mai)
- Holi, la fête des couleurs
- Journée mondiale sans téléphone portable (6 février)

5 a **Choisis huit journées et fais ton calendrier perso sur le modèle du calendrier d'Arthur.**

Du kannst deinen Kalender auch digital erstellen.

b **Choisissez trois journées de votre calendrier perso que vous voulez partager avec vos camarades et faites un calendrier pour toute la classe.**

Unité 1

Voisins francophones d'Europe

1 le parcours BD à Bruxelles

2 le chocolat

la Belgique

3 le luxembourgeois

4 le Mullerthal

le Luxembourg

In dieser Unité lernst du:
- ein Land vorzustellen,
- zu sagen, in welchem Land du bist und in welches Land du fahren möchtest,
- deinen Tagesablauf zu beschreiben,
- ein Fest vorzustellen.

SPÉCIAL FRANCOPHONIE

Französisch ist eine der Amts- und Arbeitssprachen der Europäischen Union. Einige der wichtigsten Institutionen der Europäischen Union befinden sich in französischsprachigen Städten: Straßburg, Brüssel und Luxemburg.

Tâche
Am Ende dieser Unité kannst du ein französischsprachiges Land Europas vorstellen.

la France

5 le Parc national des Calanques

6 Marseille

la Suisse

7 Lausanne et le Lac Léman

8 le Pont de Niouc

1 a Lis le titre de l'unité. À ton avis, qu'est-ce que ça veut dire, « francophone » ? Explique.

b Regardez les photos et retrouvez les quatre pays sur la carte d'Europe. Qu'est-ce que vous remarquez ? Et qu'est-ce que vous savez déjà sur ces pays ? Expliquez. Carte ▶ p. 232

2 Où est-ce que vous voudriez aller ? Pourquoi ? Discutez.

Je voudrais aller	en Suisse / en France / en Belgique / au Luxembourg à Marseille / à Bruxelles / __	pour voir __. parce que j'adore __.

Présenter un pays

La Belgique est un pays d'Europe qui se trouve entre les Pays-Bas, l'Allemagne, le Luxembourg et la France.

Elle compte 11,5 millions d'habitants…
… et fait partie de l'Union européenne.

Sa monnaie, c'est l'euro.

La capitale de la Belgique, c'est Bruxelles.

Ses monuments célèbres sont l'Atomium et le Manneken Pis. Ce sont les symboles de Bruxelles.

En Belgique, il y a trois langues officielles : on y parle français (comme en Suisse, au Luxembourg et en France) mais on y parle aussi néerlandais (comme aux Pays-Bas) et allemand. Ça dépend de la région où on se trouve. Bruxelles, la capitale, est bilingue. On y parle français et néerlandais.

Les spécialités typiques de la Belgique sont les frites et le chocolat.

Le drapeau de la Belgique est noir, jaune et rouge.

Et la fête nationale de la Belgique, c'est le 21 juillet.

1 a **Regarde la vidéo sur la Belgique et note deux informations que tu trouves intéressantes.**

b **Apprends le vocabulaire à l'aide de la vidéo.**

2 **Qu'est-ce que c'est ? Retrouve les mots dans la présentation de la Belgique.**

1. Le français et l'anglais, ce sont des ?.
2. La ville la plus importante d'un pays, c'est ?.
3. Quand on parle deux langues, on est ?.
4. La Tour Eiffel, c'est ? de Paris.
5. L'euro est ? qui existe depuis 1999.
6. ? allemand est noir, rouge et or.

Um ein Land vorzustellen, brauchst du Zahlen. ▶ Nombres, p. 160

Wie nennst du „Pommes frites"? „Pommes", „Fritten" oder anders? In den französischsprachigen Ländern heißt es meistens *frites*.

★ **3** **Du merkst dir neue Wörter besser, wenn du sie mit schon Bekanntem verknüpfst, z. B. mit Wörtern derselben Wortfamilie, passenden Wörtern oder ganzen Ausdrücken. Finde heraus, womit du diese neuen Wörter verknüpfen kannst.** ☆ ▶ p. 130 ▶ Méthodes, p. 137/2.1

Exemple : bilingue → être bilingue – la langue (officielle) – parler une langue

1. bilingue
2. l'Europe
3. la France
4. l'Allemagne
5. la fête nationale
6. habiter
7. les Pays-Bas
8. compter

4 a **Retrouve les bonnes expressions et note-les.**

	100 000 habitants
parler	bilingue
faire	partie de qc
compter	typique de qc
être	deux langues
	le symbole de qc

b **Présente Monaco en six phrases à l'aide de ces informations.**

Der Stadtstaat Monaco hat keinen Artikel. Man sagt Monaco und à Monaco.

- 39 000
- non
- l'euro
- le Palais Princier
- français, monégasque
- 19 novembre

5 a **Présente ces jeunes : où est-ce qu'ils habitent et où est-ce qu'ils veulent aller cet été ?**

Exemple : Voilà Tim. Il habite au Luxembourg et cet été, il veut aller en Suisse.

1. Tim →
2. Dilara →
3. Alex →
4. Abdel →

en Belgique	**au** Luxembourg
en Suisse	**aux** Pays-Bas
en France	
en Allemagne	

b **Et toi ? Où est-ce que tu voudrais aller ? Raconte à ton/ta partenaire.** ▶ Carte du monde, p. 226

6 **À l'aide des expressions, p. 12, présentez « votre » pays à votre partenaire.** B ▶ p. 126

A

LA SUISSE

- la France, l'Allemagne, l'Italie, l'Autriche[1]
- 8,8 millions
- non
- le franc suisse
- Berne
- la cathédrale, la Tour de l'Horloge
- le français, l'allemand, l'italien, le romanche[2]
- 
- (la croix[3])
- 1er août

1 **l'Autriche** *f.* [lotʀiʃ] Österreich 2 **le romanche** [ləʀɔmɑ̃ʃ] Rätoromanisch 3 **la croix** [lakʀwa] das Kreuz

Raconte ta vie !

Vous habitez en France, en Suisse, en Belgique ou au Luxembourg ? Avec votre aide, nous allons découvrir la vie des jeunes francophones en Europe ! Faites une vidéo où vous parlez de votre pays, de votre ville et de votre vie ! Par exemple, à quelle heure est-ce que vous vous levez le matin ? Quelle langue est-ce que vous parlez à l'école ? Voilà des idées de thèmes :

#une_journée_normale #les_langues #un_endroit_qu'il_faut_voir
#mon_endroit_préféré #les_spécialités

Merci et à bientôt !

Vos vidéos :

Ben, Lausanne

Inès, Bruxelles

Éva, Luxembourg

Hugo, Marseille

Lire et comprendre

1 **Lis l'annonce du site. Quel(s) thème(s) est-ce que tu trouves intéressant(s) ? Raconte.**

Regarder et comprendre

2 a **Regarde les quatre vidéos. Qui habite dans quel pays ? De quels thèmes est-ce qu'ils parlent ?**

Exemple : Ben habite en Suisse. Il parle d'une journée normale et des spécialités de son pays.

b **Retrouve quel agenda va avec quel jeune. Puis, dessine l'agenda qui manque.**

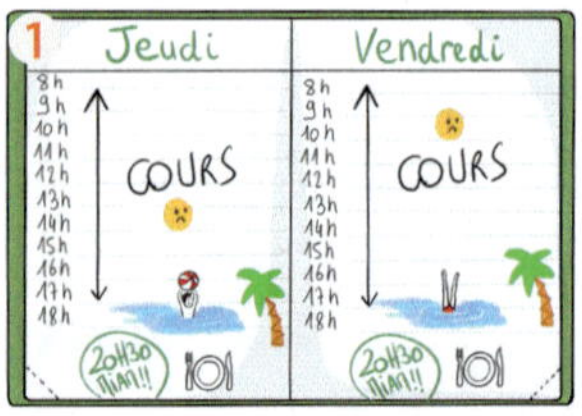

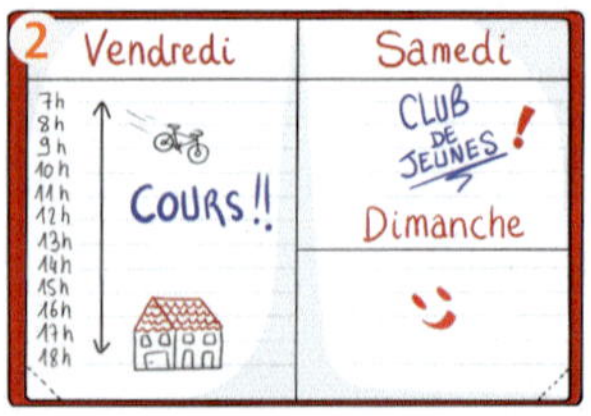

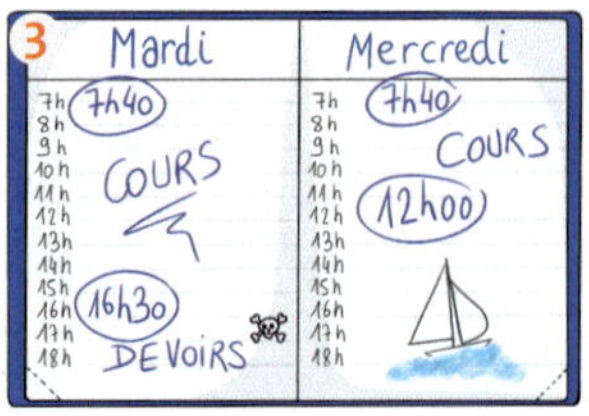

c **Choisissez un/une des quatre jeunes et regardez sa vidéo encore une fois. Qu'est-ce que vous apprenez encore ? Notez. Puis, mettez vos résultats en commun.**

Salut ! Moi, c'est Ben. J'habite à Lausanne, en Suisse. Lausanne se trouve au bord du Lac Léman et c'est une très belle ville.

#une_journée_normale

Je me lève tôt, à 6 heures, et je dois toujours me dépêcher pour avoir mon bus. J'arrive à l'école quand elle ouvre ses portes, à 7 h 20. Mes cours commencent déjà à 7 h 40. Pendant la pause de midi, je mange à la cantine, ensuite je joue au foot ou je me repose... L'après-midi, j'ai cours jusqu'à 16 h 30. Après, je rentre et je fais mes devoirs. Le mercredi après-midi, je vais à mon club de voile (en été) ou je fais du ski (en hiver). En semaine, je me couche vers 21 h 30. Mais le vendredi et le samedi, j'aime bien regarder des séries jusqu'à minuit !

#les_spécialités

Le chocolat et le fromage, bien sûr ! C'est un cliché, mais c'est vrai quand même !

Bonjour, je m'appelle Inès et j'habite à Bruxelles, en Belgique. J'adore ma ville ! Faire une balade à Bruxelles, c'est comme marcher dans une grande BD ! On découvre des héros de BD sur les murs à tous les coins de rue. Regardez ! C'est Tintin !

#une_journée_normale

J'ai de la chance parce que je mets cinq minutes à pied pour aller à l'école, alors le matin, je me lève à 7 h 45, je me prépare et à 8 h 15, je suis en cours ! Comme Bruxelles est une ville bilingue, j'ai des cours en français (les maths et les sciences, par exemple) et des cours en néerlandais (l'histoire-géo, par exemple). Les cours finissent à 15 h 45 et après, j'ai le reste de l'après-midi pour moi !

#un_endroit_qu'il_faut_voir

J'ai deux endroits préférés : la Place Jourdan (pour chiller avec des amis et manger des frites) et le skatepark du Square des Ursulines (où on s'entraîne le week-end).

Vocabulaire et expression

3 **Lis les phrases et retrouve dans les textes, p. 15 et p. 162, comment on dit en français.**

1. Ich stehe früh auf.
2. Ich muss mich immer beeilen, um meinen Bus zu kriegen.
3. In der Mittagspause ruhe ich mich aus.
4. Unter der Woche gehe ich gegen 21:30 Uhr schlafen.
5. Ich brauche fünf Minuten zu Fuß zur Schule.
6. Ich mache mich fertig.
7. Wir trainieren am Wochenende.
8. Ich fahre mit dem Fahrrad zur Schule.
9. Mit dem Auto braucht man nur 20 Minuten.
10. Ich frühstücke und packe meine Tasche.

Parler

DELF

4 **Et chez vous, c'est comment ? Faites le tour de la classe, posez-vous des questions et répondez.**

1. Quand est-ce que tu te lèves en semaine / le week-end ?
2. Quand est-ce que tu prends ton petit-déjeuner en semaine / le week-end ?
3. Quand est-ce que tu dois te dépêcher ?
4. Où est-ce que tu te reposes ?
5. Quand est-ce que tu te couches en semaine / le week-end ?

En semaine, Le week-end,	je me lève à __ heures / (très) tôt/tard. je prends mon petit-déjeuner à __ heures. je dois me dépêcher pour avoir mon bus / avoir le tram / __. je me repose devant __ / sur __ / dans __ / __. je me couche à __ heures / (très) tôt/tard.

Découvrir

5 a **Übersetze die Sätze. Wie nennt man diese Art von Verben im Deutschen?**

1. Lausanne **se trouve** au bord du Lac Léman.
2. Je dois toujours **me dépêcher**.
3. Nous **nous préparons** pour le cours d'EPS.
4. Ils ne **se reposent** jamais.

b **Vergleiche die französischen Verben im Gedicht mit ihren deutschen Entsprechungen. Was fällt dir auf?**

Je me lève tôt,
Tu te couches tard,
Elle ne se repose pas souvent,
Ils se dépêchent tout le temps,
Et vous ? Vous vous dépêchez aussi ?
Non, nous nous entraînons pour samedi !

S'entraîner

★ **6** **Oups ! Il manque quelque chose sur la carte postale de Marius ! Qu'est-ce qu'il a écrit ? Complète par les bonnes formes des verbes.** ☆ ▸ p. 130 ▸ Grammaire, p. 26/2

Salut Oscar, ça va ? Je passe des super vacances en Suisse avec mes quatre cousins. Tous les jours, c'est la même chose : le matin, mes cousins ? tôt, sauf Morgan, qui reste au lit jusqu'à 10 h – comme moi ☺ Vers 11 h, nous ? pour partir pour une balade en VTT, et comme nous ne ? pas, nous partons seulement vers midi ! Après quatre heures, on mange quelque chose au bord d'un lac, on ? et on ? encore un peu. Et le soir, on rentre vers 20 h. Je ? vers minuit, mais mon cousin Édouard ? plus tard. Ça m'énerve un peu... Et chez toi, ça va ? Tu ? un peu ou est-ce que ta sœur t'énerve trop ? Et est-ce que vous ? souvent dans la mer ? À plus ! Marius ☺

se baigner (2x)
se coucher (2x)
se dépêcher
se lever
se préparer
se reposer (2x)

Vocabulaire et expression

7 **Fais une carte mentale avec des expressions pour parler d'une journée normale (moments, activités, endroits...).** ▶ Mots pour le dire, p. 169/2.2 ▶ Banque de mots, p. 166

Regarder et comprendre

8 **Vrai ou faux ? Regarde la vidéo sur le Musée de la BD à Bruxelles et corrige les phrases fausses.**

1. Le Musée de la BD est né dans les années 2000.
2. Les personnes qui visitent le musée sont des fans de BD.
3. On dit de la BD que c'est le « 7ᵉ art ».
4. Le musée propose aussi des activités dehors.
5. On peut emprunter des BD à la bibliothèque du musée.

Comparer les langues

9 **En Belgique, en Suisse et au Luxembourg, on parle français. Mais parfois, on utilise d'autres mots qu'en France. Trouve les expressions qui veulent dire la même chose.**

🇨🇭 le natel • septante • Ça joue ! • le déjeuner • À quelle heure vit-on ? • huitante • nonante 🇧🇪 septante • À tantôt ! • Tu as sonné ta mère ? • être bleu de qn • nonante • le déjeuner 🇱🇺 À tantôt !	🇫🇷 Ça marche ! • quatre vingt dix • quatre-vingts • soixante-dix • le portable • le petit-déjeuner • être amoureux de qn • Tu as téléphoné à ta mère ? • À plus ! • Il est quelle heure ?

Écouter et comprendre

10 a **Écoutez la chanson « Bienvenue chez moi » de Bigflo & Oli. Échangez vos premières impressions.**

b **Écoute la chanson encore une fois, puis réponds aux questions.**

1. Quelles villes, quelles régions, quels pays est-ce que Bigflo & Oli visitent ? ▶ Carte, p. 232
2. Écoute le refrain. Quel est le message de la chanson ? Qu'est-ce que tu penses de ce message ?
3. Écoute la dernière strophe. Pour Bigflo & Oli, quelle est la plus belle ville du monde ?

★ c **Quel est le pays francophone d'Europe que Bigflo & Oli n'ont pas visité ? Écrivez une strophe pour ce pays.** ☆ ▶ p. 130 ▶ Webcode, S. 1

Mini-tâche : Parler

DELF **11** **À toi ! Réponds à l'annonce du site *Jeunes en ligne* et raconte ta vie dans une vidéo ! Parle d'une journée normale et de deux autres thèmes. Utilise ta carte mentale de l'exercice 7.**

DOSSIER

Le tour du monde des fêtes francophones

Nous continuons aujourd'hui notre tour du monde des fêtes et traditions francophones avec un voyage en Europe !

La Fête de l'Iris

Où est-ce qu'elle a lieu ? dans la région de Bruxelles, en Belgique

Quand est-ce qu'elle a lieu ? en mai

Qu'est-ce qu'on y fête ? On y fête la fin de la Seconde Guerre mondiale et l'iris, qui est le symbole de la région de Bruxelles.

Qu'est-ce qu'on y fait ? C'est une fête qui a surtout lieu dans les parcs. On y propose des activités très différentes : découvrir des nouveaux sports, regarder des spectacles de théâtre de rue... Beaucoup de gens vont aussi dans le centre-ville pour y regarder le défilé de vieux trams, ou dans le quartier de l'Europe pour y visiter le Parlement européen. Le soir, on peut aller au festival de musique électro ou à d'autres concerts... et bien sûr, regarder le feu d'artifice !

L'avis d'une lectrice :

« À la Fête de l'Iris, tout est gratuit, c'est super ! L'année dernière, avec ma sœur, nous avons vu un concert d'Angèle et de Roméo Elvis... On s'est vraiment bien amusées ! »

Sarah, 14 ans, Bruxelles

Le Dimanche des bretzels

Où est-ce qu'il a lieu ? au Luxembourg

Quand est-ce qu'il a lieu ? trois semaines avant Pâques

Qu'est-ce qu'on y fête ? C'est une vieille tradition qui est un peu comme la Saint-Valentin en France.

Qu'est-ce qu'on y fait ? On donne un bretzel à la personne qu'on aime ! Pourquoi un bretzel ? Parce que le bretzel ressemble à un cœur ! Et si cette personne vous offre un chocolat trois semaines plus tard, ça veut dire qu'elle vous aime aussi !

Lire et comprendre

1 **Lis l'article et retrouve l'ordre des fêtes dans l'année.**

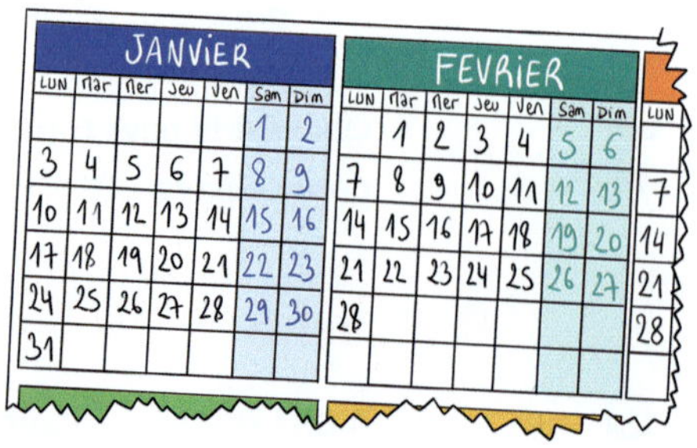

DELF **2 a** **Retrouve dans l'article les fêtes qui vont avec ces deux catégories et justifie ta réponse.**

1. les fêtes qui sont nées d'un moment important de l'Histoire
2. les fêtes où la nourriture joue un rôle important

Der 20. März ist der Internationale Tag der Frankofonie.

La Fête de l'Escalade

Où est-ce qu'elle a lieu ? à Genève, en Suisse
Quand est-ce qu'elle a lieu ? le 12 décembre
Qu'est-ce qu'on y fête ? On y fête un moment important de l'Histoire de la ville. En 1602, pendant la nuit du 11 au 12 décembre, des ennemis ont attaqué Genève. Ils sont montés sur les murs de la ville pour y entrer. Mais les habitants se sont défendus avec beaucoup de courage et à la fin, ils ont gagné. On raconte même qu'une femme a jeté sa marmite de soupe sur la tête d'un ennemi pour se défendre.
Qu'est-ce qu'on y fait ? On achète les marmites typiques qui sont... en chocolat ! Sur la marmite, il y a la clé de la ville de Genève que les ennemis n'ont pas pu prendre, et dans la marmite, il y a des bonbons. Cette marmite, on la casse ! Puis, on chante une chanson traditionnelle et tout le monde mange le chocolat.
Il y a aussi une tradition pour les jeunes : ils se déguisent et font un défilé dans le centre-ville.

L'avis d'un lecteur :
« Il y a des gens qui trouvent ça très romantique (mon frère par exemple). Moi, je trouve que c'est n'importe quoi ! »
Tom, 14 ans, Luxembourg

L'avis d'une lectrice :
« J'adore la Fête de l'Escalade, c'est le meilleur moment de l'année. Dans mon école, on choisit chaque année un thème pour la journée de l'Escalade. La dernière fois, on a pris le thème des héros, et je me suis déguisée en Guillaume Tell ! »
Faustine, 15 ans, Genève

b **À l'aide de l'article, trouve les trois dessins qui vont avec la Fête de l'Escalade.**

★ c **Qu'est-ce que tu voudrais faire pour « fêter » la Fête de l'Iris, le Dimanche des bretzels et la Fête de l'Escalade ? Note tes idées dans ton calendrier perso (► Exercice, p. 9/5).** ☆ ► p. 131

aller • casser • se déguiser • faire • jouer • manger • offrir • participer *à* • préparer • regarder

Parler

DELF **3** a **Vous voulez aller au lac ensemble. Faites le dialogue et trouvez quel jour, à quel moment de la journée et comment vous pouvez y aller ensemble.** B ▶ p. 126

A			
	– On y va	lundi / __ ? le matin / __ ? à pied / à vélo / en bus ?	– Oui. – Non, je ne peux pas.
	Tes informations :	**Tu peux :** lundi matin, mardi matin, vendredi après-midi **Tu as :** un vélo **Tu n'as pas :** une carte de bus	

b **Écoutez et chantez la chanson « C'est par où, Trocadéro ? ».** Texte ▶ Webcode, S. 1

Découvrir

4 a **Lies die Sätze und ordne ihnen die Ausdrücke zu, für die das Pronomen *y* jeweils steht.**

1. On **y** propose des activités très différentes.
2. Les ennemis **y** sont montés.
3. Les ennemis n'**y** sont pas entrés.
4. On peut **y** aller pour faire du ski.

a en Suisse | b dans la ville | c sur les murs | d à la fête

b **Was haben die Ausdrücke aus a gemeinsam? Und wo im Satz steht *y*? Ergänze die Regel.**

Das Pronomen *y* ersetzt ? und steht ?. Nur wenn zum Verb ein Infinitiv gehört, steht *y* ?.

c **Retrouve l'ordre des mots et note les phrases. Puis, indique quel endroit c'est pour toi.**

1. retrouve | copains | mes | J' | y
2. pas | y | n' | vont | souvent | Mes parents
3. le week-end | y | On | allés | est
4. ses | On | devoirs | y | peut | faire

S'entraîner

5 **Décrivez des endroits de votre ville / votre village. Votre partenaire devine.** ▶ Grammaire, p. 27/3

Exemple : – On y regarde des spectacles.
– C'est l'école.
– Non.
– C'est le théâtre.
– Oui.

regarder des films / des spectacles
rencontrer ses amis / beaucoup de gens / __
acheter du pain / des vêtements / des boissons / __
faire du sport / __
__

6 a Qu'est-ce que Liya et son copain Nathan ont fait à la Fête de l'Escalade ? Raconte au passé composé. ▶ Grammaire, p. 26/2

1. Liya et Nathan • *se préparer*
2. Liya • *se déguiser* en policière • Nathan • *se déguiser* en astronaute
3. Liya • *se dépêcher* pour avoir le bus
4. Liya et Nathan • *s'amuser* pendant le défilé
5. Liya et Nathan • *ne... pas se reposer* une minute
6. Liya • *se coucher* à minuit • Nathan • *se coucher* à une heure

b À toi ! Dans un message, raconte une journée où tu es allé/e à une fête ou un festival. ▶ Grammaire, p. 26/2 ▶ Banque de mots, p. 166

D'abord, je suis passé

Micro-écoute

7 a Écoute les phrases. Tu entends a ou b ?

1. a je vais — b j'y vais
2. a on y fait — b on y fête
3. a j'y vais — b j'y fais
4. a il a — b il y a
5. a ils imitent — b ils y mettent

b Écoute les phrases et retrouve l'ordre des expressions (ab ou ba).

1. a se sont — b ce sont
2. a s'est amusé — b c'est un musée
3. a c'est le vélo — b s'est levé à
4. a s'est — b cette

Vocabulaire et expression

8 Lis le flyer pour la Fête du village de Grimaud et complète-le.

proposer • *typique* • *découvrir* • la tradition • *s'amuser* • *avoir* lieu • un feu d'artifice • un défilé • *traditionnel* • chaque • *se préparer*

FÊTES DE FRANCE : La Fête du village de Grimaud

Vous aimez faire la fête ? Alors venez à Grimaud pour notre fête du village qui ? du 14 au 16 août ? année . Voilà le programme : le 14 août, la fête commence. Les habitants du village (qui ? depuis des mois) ? des ateliers créatifs, des groupes de musique de la région donnent des concerts et on termine la soirée par des danses ? où tout le monde peut participer. C'est LE moment où tout le monde ? !

Le 15 août, on fête la mer avec un grand ? des pêcheurs[1] dans leurs bateaux. Puis, le soir, à 22 h 30, la journée se termine par un très beau ? sur la plage.

Et enfin, le 16 août, les habitants du village organisent un grand pique-nique où vous pouvez ? les spécialités ? de notre région. Vous aimez les ? ? Alors venez à Grimaud et faisons la fête ensemble !

1 **les pêcheurs** *m. pl.* die Fischer

Écouter et comprendre

DELF

9 a Sur Radio collège Jean Giono, cinq jeunes donnent leur avis sur Halloween. Qu'est-ce qu'ils disent ? Réponds aux questions.

Samuel | Lina | Lucas | Arya | Tian

1. Est-ce qu'ils aiment Halloween ? Justifie.
2. Qu'est-ce qu'ils font ou qu'est-ce qu'ils ne font pas à Halloween ? Justifie ta réponse.

b Et vous ? Qu'est-ce que vous pensez d'Halloween ? Donnez votre avis et discutez.

Médiation

10 Dein luxemburgischer Austauschpartner Malo hat auf der Homepage deiner Schule diesen Beitrag gefunden und dir in einer Nachricht Fragen dazu gestellt. Lies Malos Nachricht und die Informationen der Homepage und antworte ihm dann.

1 le Saint-Nicolas en chocolat der Schokoladennikolaus

Hi! Ab Montag startet wieder unsere **Nikolausaktion!**

Bis zum 30.11. könnt ihr bei uns einen Schoko-Nikolaus bestellen (2 € pro Stück) und eine Grußkarte beschriften. Vielleicht mögt ihr ja einem Freund / einer Freundin eine Überraschung machen und ihm/ihr einen Nikolaus schenken, oder euch auch bei Lehrern und Lehrerinnen, beim Hausmeister, usw. bedanken? Pünktlich am Nikolaustag verteilen wir dann die Nikoläuse an die Glücklichen. Und wer weiß, vielleicht erwartet euch auch einer! Es wäre toll, wenn möglichst viele mitmachen! Der Erlös geht in diesem Jahr an den Verein „Die Arche".

Lilli und Dejan von der Schülervertretung

PS: Im letzten Jahr konnten wir **über 500 Nikoläuse** verteilen!
Lasst es dieses Jahr noch mehr werden!!!

Apprendre à apprendre

11 Sich auf einer französischsprachigen Webseite zurechtfinden ▶ Méthodes, p. 153/35.2

a Wenn du auf französischsprachigen Webseiten nach Informationen suchst, ist es wichtig, schnell zu überblicken, wo du welche Informationen findest. Dabei hilft dir die Navigationsleiste.

b **Gehe auf die Webseite der *Fête de l'Humanité*, die jedes Jahr in Paris stattfindet, und finde Informationen über Datum, Uhrzeit und Preise von Veranstaltungen, die dich interessieren.**

Mini-tâche : Écrire

DELF

12 a **Choisis une de ces fêtes, fais une recherche, puis présente-la à ton groupe. Donne aussi ton avis. Tu peux prendre les textes, p. 18–19, comme modèle.** ▶ Méthodes, p. 153/35.1

> Offizielle Webseiten aus Frankreich, Belgien, Luxemburg und der Schweiz enden auf:
> .fr .be .lu .ch

la Fête de la lutte suisse, Lac-Noir

le Tapis de Fleurs[1], Bruxelles

la Fête du Citron, Menton

la Nuit des Merveilles[2], Bettembourg

1 **le Tapis de Fleurs** der Blumenteppich 2 **la Nuit des Merveilles** die Nacht der Wunder

b **À quelle fête de a est-ce que vous voudriez aller et qu'est-ce que vous voudriez y faire ? Racontez.**

Einen Vortrag gliedern

In der Tâche wirst du in einem Vortrag ein frankofones Land Europas vorstellen. Hier übst du, wie du die Informationen zu einem Land sinnvoll ordnest und so deinen Vortrag schlüssig gliederst. ▶ Tâche, p. 25

1 **Diese drei Gliederungsvorschläge für die Vorstellung eines Landes unterscheiden sich nur in der Reihenfolge der Themen. Welche Reihenfolge findet ihr am schlüssigsten? Begründet eure Wahl.**

A	B	C
NOM DU PAYS	NOM DU PAYS	NOM DU PAYS
– capitale	– habitants	– drapeau
– drapeau	– capitale	– habitants
– sport	– villes importantes	– fête nationale
– langues	– langues	– sport
– fêtes	– drapeau	– stars
– stars	– fête nationale	– capitale
– spécialités	– fêtes	– villes importantes
– habitants	– sport	– langues
– villes importantes	– spécialités	– fêtes
– fête nationale	– musique	– spécialités
– musique	– stars	– musique

2 a **Diese Sammlung hat jemand angelegt, um Frankreich vorzustellen. Wähle daraus vier bis sechs Oberbegriffe (= Themen) aus, ordne ihnen passende Unterbegriffe (= Unterthemen) zu und bringe sie dann in eine schlüssige Reihenfolge. Es gibt mehrere Möglichkeiten.**

Nantes | les monuments célèbres | Kylian Mbappé | le 14 juillet | Marseille | le Château de Nantes | la baguette | Lyon | les stars | Cyprien | des endroits qu'il faut voir | la Tour Eiffel | les spécialités | Paris | la Cathédrale Notre-Dame | le croissant | les Champs-Élysées | le Passage du Gois | les macarons | les fêtes et traditions | les villes importantes | la Fête des rois | Bigflo & Oli

b **Stellt einander eure Gliederungen vor und begründet sie. Prüft gemeinsam, ob sie schlüssig sind.**

Présenter un pays francophone d'Europe

Présentez un pays francophone d'Europe à l'aide d'une présentation numérique[1].

1 numérique *adj.* digital

1 **Lisez et analysez les étapes de la tâche. Puis, avec toute la classe, élaborez les critères d'évaluation pour votre exposé.**

2 **Choisissez le pays que vous voulez présenter et faites le plan de votre exposé.**

– Mettez-vous d'accord sur les thèmes qui sont importants ou intéressants pour présenter « votre » pays :

le roi et son rôle

les sports de montagne

Vicky Krieps, actrice

- Quelles informations est-ce qu'il faut toujours pour présenter un pays ?
- Posez-vous des questions sur « votre » pays :
  • Est-ce qu'il est célèbre pour quelque chose ? • Est-ce qu'il y a quelque chose qui n'existe pas dans d'autres pays ? • Est-ce qu'il y a un sport national ? • Est-ce qu'il y a des stars célèbres ? Cela peut vous donner d'autres idées de thèmes.

– Trouvez un bon ordre pour vos thèmes. ▶ Tremplin, p. 24
– Répartissez les thèmes entre vous.

3 **Écris le texte de ta partie.**

– Fais une recherche sur Internet pour trouver des informations sur ton thème. ▶ Méthodes, p. 153/35.1
– Cherche aussi des photos, des vidéos ou des chansons.

> MK: Speichere deine Topseiten als Lesezeichen ab und ordne sie thematisch. So kannst du eine Pause einlegen und deine Suche später fortsetzen: Browser öffnen > neben der Adressleiste auf ✶ oder + klicken > einen kurzen Namen eingeben > speichern.

– Choisis les informations que tu veux donner et trouve un bon ordre.
– Écris ton texte. Utilise des expressions pour le structurer. ▶ Méthodes, p. 144/18
– Corrige ton texte. ▶ Méthodes, p. 149/27.2

4 **Préparez votre présentation et entraînez-vous à faire votre exposé.**

– Préparez votre présentation numérique. ▶ Méthodes, p. 153/36
– Préparez un quiz sur votre exposé pour voir si la classe a bien compris. Mais attention : soyez sympa et posez seulement des questions sur des informations importantes de votre exposé.
– Entraînez-vous à faire votre exposé. Faites attention au temps que vous mettez pour le faire.

5 **Faites vos exposés en classe. Puis, évaluez-les à l'aide de vos critères d'évaluation de 1.**

> Pensez à présenter votre plan au début !

Grammaire en contexte

GH 11 **1** **Du sagst, wo du bist und wohin du fährst.** → **die Präpositionen vor Ländernamen**

la France → Il travaille **en** France.
l'Allemagne → Il habite **en** Allemagne.
le Luxembourg → Il va **au** Luxembourg.
les Pays-Bas → Il est **aux** Pays-Bas.

Merke: la → en, l' → en, le → au, les → aux

Im Französischen haben die Länder meistens einen Artikel. Die meisten Ländernamen, die auf *-e* enden, sind weiblich.

GH 13 **2** **Du sagst, was jemand tut.** → **die reflexiven Verben**

Im *présent*

se coucher *sich hinlegen, schlafen gehen*

singulier		pluriel	
je	me couche	nous	nous couchons
tu	te couches	vous	vous couchez
il / elle / on	se couche	ils / elles	se couchent

❗ Vor Vokal wird *me, te, se* zu *m', t', s'*.

Im *passé composé*

Noah **s'est baigné**.
Issam et Lucas ne **se sont** pas **baignés**.
Chloé **s'est baignée**.
Isabelle et Lise ne **se sont** pas **baignées**.

❗ Reflexive Verben bilden das *passé composé* immer mit dem Hilfsverb *être*. Das Partizip wird angeglichen.

GH 14 **3** **Du ersetzt Ortsangaben.** → das Pronomen *y*

– On va en Belgique, ce weekend ?
– D'accord ! On **y** va en train ?

– Les clés sont dans le sac ?
– Non, elles n'**y** sont pas.

– Qu'est-ce qu'on peut faire sur le Lac Léman ?
– On peut **y** faire de la voile.

– Tu es allé au Luxembourg ?
– Oui, j'**y** suis allé samedi.

❗ Gehört zum Verb ein Infinitiv, steht *y* vor dem Infinitiv.
Je voudrais **y** aller avec toi.
Je ne voudrais pas **y** aller seul.

GH 12 **4** **Du sagst, was jemand tut.** → die Verben auf *-ir* (*ouvrir, découvrir, offrir*)

ouvrir *öffnen, aufschlagen*

singulier		pluriel	
j'	ouvr**e**	nous	ouvr**ons**
tu	ouvr**es**	vous	ouvr**ez**
il / elle / on	ouvr**e**	ils / elles	ouvr**ent**

impératif : Ouvre. Ouvrons. Ouvrez.
passé composé : j'ai ouv**ert**

GH 15 **5** **Weitere Verben** → das Verb *jeter* ► Verbes, p. 154

MK **6** **Hast du alles verstanden? Mach den C-Test!** ► Carnet d'activités, Unité 1, Fais le point

Lerne die wichtigsten Sätze der Unité 1. ► Mots pour le dire, p. 168–177

Écouter et comprendre

1 a Écoute la conversation entre Tifenn et Morgane, puis dessine une courbe qui montre l'humeur de Morgane.

b De quels thèmes parlent Tifenn et Morgane ? Fais un tableau, écoute encore une fois et coche.

la famille • l'école • la musique • une fête • les amis • le shopping • le sport • le week-end

Micro-écoute

2 a Im gesprochenen Französisch verwendet man oft Kurzformen von Wörtern. Finde heraus, zu welchen Wörtern die Kurzformen *l'anniv*, *le ciné* und *le restau* gehören. Hör dir dann den Anfang des Gesprächs an und erkläre, was Tifenn fragt.

b Oft werden beim Sprechen mehrere Wörter zusammengezogen. Hör zu und finde heraus, wie Morgane und Tifenn *je ne sais pas* aussprechen.

c Was ist Morganes Problem? Welche Idee hat Tifenn? Und wie findet Morgane diese Idee? Hör dir noch einmal den ersten Teil des Gesprächs an und beantworte die Fragen.

3 Das Wort *franchement* wird oft zur Verstärkung verwendet und entspricht dem deutschen „ehrlich". Das heißt: Es ist gut, es zu kennen, aber du kannst darüber hinweghören und eher auf das achten, was folgt. Hör dir den zweiten Teil des Gesprächs an und erkläre Tifenns zweite Idee.

Comprendre le français oral : le français familier

4 a Lies den Kurzdialog und finde darin die umgangsprachlichen Entsprechungen für *l'ami/e*, *la femme*, *se stresser*, *la nourriture* (= *les choses qu'on mange*), *par exemple* und *oui* wieder.

– Ça te dit de faire un truc demain ? Genre on va au parc, on chille et on fait de la musique ?
– Ouais, bonne idée ! J'ai une pote qui est une vrai star à la guitare. Je l'invite aussi ?
– Bien sûr ! Si c'est une meuf sympa... Et on apporte de la bouffe ?
– Oh non, on se prend pas la tête, on apporte seulement des boissons. Et si on a faim, on va acheter des sandwichs.

b Hör dir das Ende des Gesprächs an und erkläre, was Morgane und Tifenn vereinbaren.

Découvrir le monde francophone avec TV5MONDE

TV5MONDE

5 Tu veux découvrir encore plus de documents en VO ? Alors regarde cette vidéo authentique et fais les exercices correspondants en ligne.

Apprivoise-moi !

1 a Lis la scène, puis résume ce qui se passe.

b Qu'est-ce que ça veut dire, « apprivoiser » ? Explique en allemand.

2 Entraînez-vous à dire la scène. Puis, jouez-la.

Pate der Szene: Le Petit Prince (*1946)
Beruf: Märchenfigur
Herkunft: ein winziger Planet mit drei Vulkanen, sein „Vater" ist der Pilot und Schriftsteller Antoine de Saint-Exupéry
Berühmt für: seine Neugier, die Liebe zu einer Rose
Markenzeichen: weizenblondes Haar, Schal und ein Schaf in einer Kiste

Le petit prince rencontre un renard.

Renard : Bonjour.

Petit prince : Bonjour... Qui es-tu ? Tu es bien joli...

Renard : Je suis un renard.

Petit prince : Viens jouer avec moi. Je suis tellement triste[1]...

Renard : Je ne peux pas jouer avec toi. Je ne suis pas apprivoisé.

Petit prince : Ah ! pardon... Mais qu'est-ce que ça veut dire « apprivoiser » ?

Renard : Ça veut dire « créer des liens » ... Tu es encore pour moi un petit garçon qui ressemble à cent mille petits garçons. Et je n'ai pas besoin de toi. Et tu n'as pas besoin de moi non plus. Mais, si tu m'apprivoises, nous allons avoir besoin l'un de l'autre.

Petit prince : Je commence à comprendre.

Renard : Et puis regarde ! Tu vois, là-bas, les champs de blé[2] ? Je ne mange pas de pain. Les champs de blés ne me rappellent rien. Et ça, c'est triste ! Mais tu as les cheveux[3] couleur d'or. Alors le blé, qui est doré, me fera souvenir de toi... S'il te plaît... apprivoise-moi !

Petit prince : Je veux bien, mais je n'ai pas beaucoup de temps. J'ai des amis à découvrir et beaucoup de choses à connaître.

Renard : On ne connaît que les choses que l'on apprivoise. Les hommes n'ont plus le temps de rien connaître. Ils achètent des choses toutes faites[4] chez les marchands[5]. Mais comme il n'existe pas de marchands d'amis, les hommes n'ont plus d'amis. Si tu veux un ami, apprivoise-moi !

Petit prince : Que faut-il faire ?

Renard : Il faut être très patient. Tu t'assois[6] d'abord un peu loin de moi, comme ça, dans l'herbe. Je te regarde du coin de l'œil[7] et tu ne dis rien. Et chaque jour, tu peux t'asseoir un peu plus près...

Le petit prince et le renard deviennent amis. Puis, l'heure du départ arrive.

Renard : Ah !... Je vais pleurer[8].

Petit prince : C'est ta faute, je ne te voulais pas de mal, mais tu as voulu que je t'apprivoise...

Renard : Bien sûr.

Petit prince : Mais tu vas pleurer !

Renard : Bien sûr.

Petit prince : Alors tu n'y gagnes rien !

Renard : J'y gagne... à cause de la couleur du blé. Je vais te faire cadeau d'un secret. Il est très simple : on ne[9] voit bien qu'avec le cœur. L'essentiel est invisible pour les yeux.

Petit prince : L'essentiel[10] est invisible pour les yeux.

D'après Antoine de Saint-Exupéry : Le Petit Prince

1 **triste** *adj. m./f.* traurig 2 **le champ de blé** das Weizenfeld 3 **les cheveux** *m. pl.* die Haare 4 **des choses toutes faites** fertige Dinge 5 **le/la marchand/e** der/die Kaufmann/-frau 6 **s'asseoir** sich (hin-)setzen 7 **du coin de l'œil** aus dem Augenwinkel 8 **pleurer** weinen 9 **ne... que** seulement 10 **l'essentiel** *m.* das Wesentliche

Unité 2

PACA : une région, plusieurs visages

1 les champs de lavande

2 la montagne

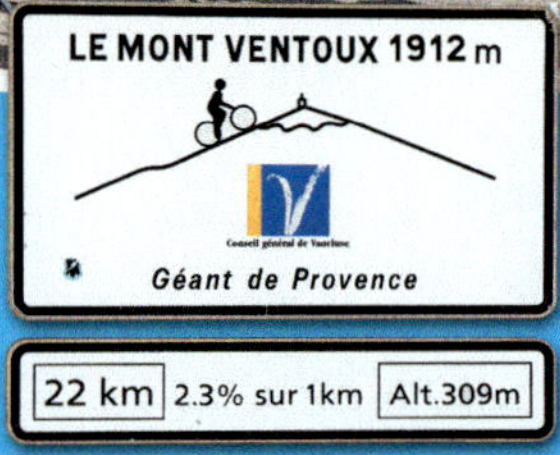

3 un temps de rêve

4 les Gorges du Verdon

In dieser Unité lernst du:

- ein Bild zu beschreiben,
- zu sagen, was früher war und was jetzt ist,
- Sehenswürdigkeiten vorzustellen,
- einen Erlebnisbericht zu verstehen.

Tâche
Am Ende dieser Unité kannst du ein Handlungsgerüst zu einer eigenen Geschichte ausschmücken.

5 les villages

EN CÔTE D'AZUR

6 la Promenade des Anglais à Nice

CANNES

ÈZE

7 la mer

1 a **Lis le titre et les légendes des photos. À ton avis, « PACA », qu'est-ce que ça veut dire ? Explique.**

b **Regardez les photos et la vidéo. Quels endroits est-ce que vous voudriez visiter ? Discutez.**

Exemple : Je voudrais aller à Nice pour voir la Promenade des Anglais. Elle est belle !

beau • génial • extraordinaire • joli • impressionnant • __

2 **Retrouve tous les endroits de cette page et de la vidéo sur la carte de la région.** ▶ début du livre

Décrire une image

Ce tableau de l'artiste Vincent van Gogh date du 19e siècle et s'appelle « La maison de La Crau ». Il montre un beau paysage.

Au premier plan, on voit une petite rivière. Derrière la rivière, il y a des rochers.

Au centre, il y a un escalier qui mène vers une vieille maison typique de la Provence. Autour de la maison, on voit des plantes et un petit jardin.

À gauche, il y a deux personnes (un homme et une femme) qui marchent sur un chemin et qui discutent.

À l'arrière-plan, derrière la maison, on voit des champs et plus loin, derrière les champs, des montagnes. La rivière et les montagnes sont bleues, les maisons sont jaunes, les champs sont verts.

Vincent van Gogh : *La maison de La Crau* (1888)

Il fait assez beau. Dans le ciel, il y a des nuages et on ne voit pas le soleil, mais il y a une très belle lumière. C'est peut-être le matin.

1 a Qu'est-ce que ces mots veulent dire ? Regarde l'image, lis la description et fais des hypothèses.

le tableau • la rivière • le rocher • l'escalier *m.* • les champs *m. pl.* • le ciel • le nuage

b Regarde la vidéo et vérifie tes hypothèses de a.

2 a Range les mots de 1 dans ces trois catégories. Puis, complète par des mots et des expressions que tu connais déjà. ▶ Méthodes, p. 137/2.1

le paysage	le temps qu'il fait	les bâtiments

b Complète le schéma pour décrire une image par les bonnes expressions. ▶ Webcode, S. 1

★ **3** **Complète les phrases par le contraire ≠ de l'expression soulignée ou un mot qui veut dire presque la même chose ≈.** ☆ ▶ p. 131

1. Au premier plan du tableau, on voit la plage. ≠, il y a la mer.
2. En PACA, il y a souvent du soleil et une belle ≈.
3. Le Var est un fleuve, le Verdon est une ≈.
4. Sur les chemins de montagne, il y a souvent des ≈.
5. À gauche, il y a des arbres, à droite, ≈ un lac.
6. Au centre de la place, il y a un arbre et ≠ la place, il y a des maisons.

DELF **4** a **La Maison de la photographie à Toulon propose un audioguide à ses visiteurs. Écoute et retrouve la photo qu'on y décrit.**

b **Décrivez les deux autres photos à l'oral. Faites une chaîne de phrases : un/e élève commence, les autres complètent la description. Utilisez votre liste de 2.**

À cause de sa belle lumière, la Provence est depuis toujours la région préférée de beaucoup d'artistes, comme par exemple van Gogh, Cézanne, Matisse, Picasso et Niki de Saint Phalle.

5 **Le vélo de Madame Garcia n'est plus là ! La police a besoin de votre aide pour trouver qui l'a pris. Qu'est-ce qui a changé entre 13 h 00 et 13 h 30 ? Décrivez et comparez vos photos, puis trouvez la clé du mystère.** B ▶ p. 126

Exemple :
– Sur ma photo, au premier plan, on voit…
– Sur ma photo, c'est pareil / ce n'est pas pareil. …

Des gladiateurs romains aux stars de cinéma : 2 600 ans d'action en PACA !

Le Palais des Papes, à Avignon

AUJOURD'HUI Le Palais des Papes est célèbre pour la beauté de ses bâtiments, mais aussi pour son musée, ses jardins et sa cour. Pourquoi sa cour ? Parce que chaque été, dans la cour du palais, on peut voir les spectacles les plus importants du Festival d'Avignon, qui est le plus grand festival de théâtre du monde !

AUTREFOIS Au Moyen-Âge, c'était un palais pour les papes qui habitaient à Avignon.

L'Estaque, à Marseille

AUTREFOIS Vous connaissez le tableau de Paul Cézanne qui s'appelle « Vue de L'Estaque » ? Autrefois, L'Estaque était un petit village pas loin de Marseille. Entre Marseille et L'Estaque, il y avait des forêts, des champs et la mer… C'était très beau et beaucoup d'artistes venaient dans la région parce qu'ils aimaient ses paysages et sa lumière.

AUJOURD'HUI L'Estaque est un quartier de Marseille et à la place des champs et des forêts, il y a un port gigantesque !

Die course camarguaise, eine traditionelle Sportart in Südfrankreich, ist ein großes Spektakel: Zwischen den Hörnern des Stieres wird ein Band angebracht und die Sportler/innen müssen es ihm mit viel Geschick entreißen. Der Stier wird dabei nicht verletzt.

Les Arènes d'Arles

AUTREFOIS À l'époque romaine, des combats de gladiateurs avaient lieu dans ces arènes devant 25 000 personnes.

AUJOURD'HUI On peut y voir des courses camarguaises et y écouter des concerts.

4

L'Île Sainte-Marguerite

AUJOURD'HUI C'est une petite île près de Cannes où les gens aiment faire des excursions. Les jeunes de 13 à 17 ans qui veulent rester plus longtemps peuvent y passer leurs vacances et participer à un chantier de jeunes. Le matin, ils organisent ensemble la journée de travail, ils réparent les bâtiments et préparent les repas. L'après-midi, ils se baignent, font du paddle ou visitent la région.

AUTREFOIS Au 17e siècle, l'Île Sainte-Marguerite était la prison de « l'homme au masque de fer ». Son histoire est mystérieuse : on ne connaît toujours pas son nom, mais on raconte que c'était peut-être un frère du roi Louis XIV.

5

Le Festival de Cannes

Le Festival de Cannes est le festival de cinéma le plus célèbre du monde. Il a lieu chaque année, en mai.

AUTREFOIS Le premier palais du festival de 1946 était trop petit et il n'y avait pas assez de place pour les stars qui arrivaient, les fans et les équipes de télévision qui les attendaient et les paparazzi qui faisaient des photos. C'était le bazar !

AUJOURD'HUI Depuis 1984, il y a un nouveau palais à Cannes. Pour entrer, on prend un bel escalier. Son tapis rouge est devenu le symbole du festival. Pour les stars, même les plus célèbres, se montrer sur le grand escalier de Cannes reste extraordinaire et les photos de ce moment magique font le tour du monde.

Préparer la lecture

1 Survole l'article, puis explique son titre.

Lire et comprendre

2 a Lis l'article et fais une fiche pour chaque endroit.

b Quel endroit est-ce que tu voudrais voir, et à quelle époque ? Explique à ton/ta partenaire.

Les Arènes d'Arles
Autrefois :
Quand ? à l'époque romaine
Quoi ? ...
Aujourd'hui : ...
Autres infos : ...

Parler

DELF

3 **Imagine que tu as 90 ans. Raconte ta vie d'autrefois à ton/ta partenaire.**

Quand j'avais quatre ans, Quand j'avais dix ans, Quand j'avais quatorze ans,	je faisais du piano / de la guitare / __. je jouais au foot / au basket / __. j'avais un chien / des poissons / __. j'étais fan de __. je regardais la série __. je chattais toute la journée avec __.

Découvrir

4 a **Lies die Sätze. Von welcher Zeit ist jeweils die Rede?**

1. Aujourd'hui, L'Estaque **est** un quartier de Marseille.
2. Autrefois, L'Estaque **était** un petit village.

b **Finde die Formen des *imparfait* der Verben *avoir, aimer, faire, venir* und *attendre* im Text, S. 34–35. Notiere sie in einer Tabelle und vervollständige dann die Bildungsregel.**

> Das imparfait bildet man mit dem Präsensstamm der ? Person ? und den Endungen -ais, -ais, ?, -ions, -iez, ?. Die einzige Ausnahme ist das Verb être, dessen imparfait-Stamm ét- lautet.

c **Écoute les phrases et lève la main quand on parle d'autrefois.**

S'entraîner

5 **Écris un flyer pour la ville de Marseille et utilise l'imparfait et le présent.** ▶ Grammaire, p. 46/1

	Autrefois, …	Aujourd'hui, …
1.	le port de Marseille *être* petit.	il *être* le port le plus important de France.
2.	en 1800, la ville *compter* 100 000 habitants.	elle *compter* presqu'un million d'habitants.
3.	on *aller* à l'Alcazar pour regarder des spectacles.	on y *aller* pour emprunter des livres.
4.	il y *avoir* beaucoup d'industrie à Marseille.	il y *avoir* beaucoup de touristes.
5.	le Fort Saint-Jean *faire* partie d'un château.	il *faire* partie du MuCEM, un musée très original.
6.	les artistes *venir* dans la région pour sa lumière.	les touristes y *venir* pour visiter les musées.

Apprendre à apprendre

6 **Beim Lesen unbekannte Wörter über Wortfamilien erschließen** ▸ Méthodes, p. 146/23.3

a Viele unbekannte Wörter kannst du über verwandte Wörter, die du schon kennst, erschließen, z. B. über ein Adjektiv das dazugehörige Nomen oder über ein Nomen das dazugehörige Verb:
– le soleil (= die Sonne) → ensoleillé/e (= sonnig)
– commander (= bestellen) → la commande (= die Bestellung)

b **Erschließe die Bedeutung dieser Wörter über Wörter derselben Wortfamilie, die du schon kennst.**

1. nuageux/nuageuse 2. intéresser 3. le cri 4. escalader 5. décourager

Lire et comprendre

7 **Ein Freund hat dir diesen Artikel zum Festival von Cannes geschickt. Lies ihn und erschließe dir die Bedeutung der markierten Wörter. Fasse dann zusammen, worum es im Artikel geht.**

JE CHERCHE

La vie du tapis rouge de Cannes après le Festival

La « robe tapis rouge » (17h10 / Be Vernier)

Chaque année, les stars et les passionnés de films se donnent rendez-vous au Festival de Cannes et y fêtent ensemble la magie du cinéma… Oui, le monde du cinéma crée des rêves… mais malheureusement, il crée aussi du gaspillage.

Le symbole du festival est le long tapis rouge de 60 mètres sur lequel les stars montent le grand escalier du palais. Pendant la durée du festival, on déroule un nouveau tapis… trois fois par jour ! À la fin du festival, cela fait plus de 2 km de tapis rouge qui finissent à la poubelle.

Pour trouver une solution à ce gaspillage problématique, on a eu plusieurs idées créatives de recyclage : des idées plutôt technologiques – comme par exemple la réutilisation du tapis dans des nouveaux modèles de voitures – mais aussi des idées artistiques. Le plus bel exemple ? Deux créatrices de mode ont trouvé comment faire du tapis utilisé (et très dur) un objet chic et élégant : la « robe tapis rouge ».

La bloggeuse Fadela Mecheri, célébrité dans le monde de la mode, a été fan tout de suite. Pour montrer à tout le monde l'originalité de la « robe tapis rouge », elle a porté ce vêtement 100 % recyclé à son arrivée au festival en 2019 et cela a beaucoup impressionné les spectateurs. Eh oui, à l'avenir, on peut être design et écologique !

Médiation

8 **Lies die Nachricht deines Freundes und beantworte seine Fragen in einer Textnachricht.**

Texte ▶ p. 37/3

Reto

Hey! Schau dir mal dieses verrückte Kleid an. Was hat das denn mit den Filmfestspielen in Cannes zu tun? Steht darüber etwas im Artikel? Ich verstehe bestimmt etwas falsch, für mich geht es im Artikel die ganze Zeit nur um den roten Teppich ... Vielleicht kannst du mir weiterhelfen 🙂

14:13

Mini-tâche : Écrire

9 **Choisis un des deux endroits. Lis sa fiche d'identité et écris un mini-portrait pour le magazine Magajeune. Donne des informations générales, puis explique comment c'était autrefois et comment c'est aujourd'hui.** ▶ Méthodes, p. 146/23.3

Le Château d'If

Infos générales

- bâtiment du 16e siècle ; sur une île près de Marseille
- connu à cause du roman d'Alexandre Dumas « Le Comte de Monte-Cristo »
- le héros de ce roman, Edmond Dantès = prisonnier au Château d'If

Histoire

- 16e et 17e siècles : surveillance du bord de mer
- 16e et 17e siècles : défense contre les attaques
- depuis le 16e siècle : utilisation du bâtiment comme prison
- de nos jours : beaucoup de visites touristiques ; motivation des touristes = l'ambiance de mystère & voir la prison d'Edmond Dantès

Le Vélodrome

Infos générales

- stade célèbre à Marseille depuis 1937
- connu pour les matchs spectaculaires du club de foot de l'Olympique de Marseille (OM)
- lieu de rencontre d'équipes et de sportifs talentueux

Histoire

- au début : nom du terrain = « Stade Vélodrome »
- au début : grande popularité, matchs de foot et courses de vélo
- au début : 30 000 spectateurs, grande importance régionale
- en 2016 : agrandissement coûteux du stade : 67 000 places nouveau nom → « Orange Vélodrome »
- de nos jours : matchs nationaux, européens et mondiaux

La BD en VO

(D'après une histoire vraie racontée par Esther A., 15 ans)

Riad Sattouf

BIENVENUE EN PACA | EXCURSIONS | CONCOURS DE L'ÉTÉ | CONTACT

Viele Jugendliche in Frankreich nehmen an Feriencamps teil, die man *colonie de vacances* bzw. *colo* nennt.

Ce texte de Victor, 15 ans, a gagné notre concours de l'été.

Attention, Victor ! Un vautour !

Cette année, j'ai fait une colo en Provence. Un jour, nous avons fait une excursion en canoë dans les Gorges du Verdon. Nous sommes partis du pont de Quinson et notre animateur nous a dit : « Restez ensemble, ne quittez pas les canoës, ne vous arrêtez pas, laissez les animaux tranquilles, ne criez pas... Voilà, c'est parti ! »

Il était encore tôt, mais il faisait déjà assez chaud. L'eau était turquoise, c'était impressionnant ! Moi, j'étais avec Djem, Mathilde et Élodie dans un canoë. D'habitude, on s'entendait super bien. Mais là, Mathilde était de mauvaise humeur parce qu'elle voulait aller dans le groupe d'escalade (mais il n'y avait plus de place). En plus, Élodie et Djem se disputaient pour être le capitaine. Bref : le paysage était extraordinaire, mais l'ambiance n'était pas super !

À cause de ça, on est partis cinq minutes après les autres. Comme Djem n'était pas un très bon capitaine, le canoë faisait des zigzags et on a tout de suite perdu les autres. Autour de nous, les montagnes étaient très hautes et on voyait parfois des grottes. À un moment, on a entendu un bruit bizarre... mais on n'a rien vu.

Après un quart d'heure, Djem a voulu échanger sa place avec Élodie. Et là, on a fait n'importe quoi : on s'est levés tous les quatre au même moment, et bien sûr, on a perdu l'équilibre et on est tombés dans l'eau ! Du coup, on s'est baignés sans le vouloir et nos affaires aussi ! Après, on s'est arrêtés près d'un rocher pour échanger nos places. Tout à coup, Mathilde a découvert un chemin qui montait vers une grotte. C'était génial ! Mathilde et moi, on a tout de suite voulu y aller mais Élodie et Djem n'étaient pas d'accord. Alors, je suis monté seul avec Mathilde. Elle était super contente : finalement, le tour en canoë était aussi intéressant que l'excursion d'escalade !

Dans la grotte, il n'y avait pas beaucoup de lumière et il faisait assez froid... Tout à coup, nous avons entendu un bruit. Mathilde a crié : « Il y a quelqu'un ? » Il n'y a pas eu de réponse et on n'a vu personne. C'était bizarre, alors j'ai dit : « Viens Mathilde, j'en ai marre, on y va ! » Mais quand on a voulu sortir, il y avait un oiseau gigantesque devant l'entrée de la grotte ! On a eu super peur, on a crié... et il est parti. Malheureusement, quand nous sommes sortis de la grotte, il était toujours là, et il nous surveillait ! Mathilde a tout de suite compris : « C'est un vautour ! Il a peut-être son nid près d'ici. Cours ! » Nous avons couru jusqu'à la rivière. Djem et Élodie nous attendaient déjà dans le canoë quand nous sommes arrivés. On a crié à Élodie : « Vas-y, capitaine ! » et on est partis très, très vite.

Quand nous avons enfin retrouvé les autres, on était super contents ! Ils nous ont posé plein de questions : « Où est-ce que vous étiez ? », « Qu'est-ce qui s'est passé ? » ... Et on a dû tout leur raconter. On a eu de la chance, les animateurs n'ont pas trop râlé. Mais après, quand ils nous voyaient, ils disaient à chaque fois : « Attention, Victor ! Un vautour ! ». C'est devenu LA blague des vacances !

Lire et comprendre

DELF **1 a C'est qui ? Lis les lignes 1 à 27 de l'histoire de Victor, p. 40, et note les bonnes réponses.**

1. Il/Elle voulait participer à une autre activité.
2. Ils/Elles ne sont pas d'accord parce qu'ils/elles veulent tous/toutes les deux être le/la chef.
3. Il/Elle est le/la capitaine quand le bateau fait des zigzags.
4. Ils/Elles entrent dans la grotte.
5. Il/Elle rencontre deux jeunes aventuriers près d'une grotte.

b Qu'est-ce qui s'est passé ensuite ? Fais des hypothèses. Puis, lis le reste de l'histoire et compare.

★ **c Trouvez des sous-titres pour les six paragraphes du texte et justifiez votre réponse.** ☆ ▶ p. 131

A Tout est bien qui finit bien	E Petits problèmes
B On cherche les vautours	F Pique-nique au bord de l'eau
C Le chemin	G Un animal impressionnant
D Avant le départ	H L'ambiance dans le bateau

Parler

2 a Entraînez-vous avec la chaîne à l'envers.

b Choisis le rôle de Mathilde ou de Djem. Ton/Ta partenaire joue un/e jeune qui n'était pas dans le bateau avec Victor. Réponds à ses questions.

Pour les questions :	**Pour les réponses de Mathilde / de Djem :**
quitter le canoë ?	Moi ? Non. / Oui, mais pas longtemps !
se baigner ?	Non, je suis tombé/e dans l'eau. / Oui, l'eau était super !
voir un animal ?	Non, je n'ai rien vu. / Oui, j'ai vu un vautour !
entendre quelque chose ?	Non, je n'ai rien entendu. / Oui, j'ai entendu un bruit bizarre.
rencontrer des gens ?	Non, je n'ai vu personne. / Oui, j'ai vu un groupe de jeunes.

Découvrir

3 a Welches der beiden Bilder zur Geschichte von Victor stellt eine bestehende Situation dar („Was war?"), welches eine einsetzende Handlung („Was ist passiert?")?

b Suche im Text, S. 40, den Satz, der zu den Bildern aus a passt und erkläre, welche Zeitform für welches Bild verwendet wird.

c Finde im Text weitere Beispiele für eine bestehende Situation und eine einsetzende Handlung.

S'entraîner

4 **Pour chaque phrase, retrouve le bon complément de temps.** ▶Grammaire, p. 47/4

1. ce dimanche / tous les dimanches
   - A ?, on prenait le petit-déjeuner dans le jardin.
   - B ?, on a pris le petit-déjeuner dans le jardin.
2. tous les jours / ensuite
   - A Nous avons joué aux boules et ? nous nous sommes baignés.
   - B ?, nous jouions aux boules et nous nous baignions.
3. d'habitude / un jour
   - A ?, on se levait très tôt et on passait toute la journée à la plage.
   - B ?, on s'est levés très tôt et on a passé toute la journée à la plage.
4. tout à coup / toujours
   - A Avec mon frère, on courait ? sur le chemin de l'école.
   - B Là, ? on a entendu un bruit bizarre et on a vite couru jusqu'à l'école.

5 **Qu'est-ce qui s'est passé ? Regarde les dessins et raconte. Utilise l'imparfait et le passé composé avec *quand* ou *tout à coup*.** ▶Grammaire, p. 47/4

Exemple : Les jeunes écoutaient de la musique et rigolaient quand l'animatrice est entrée.

Les jeunes *écouter* de la musique et *rigoler* • l'animatrice entrer

Tout le monde *manger* et *discuter* • un chat *monter* sur la table et *manger* le fromage

Il *faire* très beau et les jeunes *chiller* au bord de l'eau • l'animateur *proposer* un tour en canoë

Les jeunes *faire* une balade et l'ambiance *ne pas être* super • Éric *découvrir* un animal extraordinaire

Les animateurs *se baigner* dans la rivière • les filles *voir* un poisson gigantesque

Tout le groupe *attendre* déjà au bord de l'eau • Léo et Salif *arriver*

Vocabulaire et expression

6 **Trouve l'intrus et justifie ta réponse en allemand.**

1. On s'entendait très bien. • On se disputait tout le temps. • L'ambiance était bonne. • On s'amusait bien. • On rigolait souvent.
2. L'eau était chaude. • La mer était belle. • C'était très drôle. • Les montagnes étaient très hautes. • Le ciel était bleu.
3. Il faisait froid. • Il y avait du soleil. • Il faisait très chaud. • On avait faim. • Il y avait des nuages.
4. Elle était en colère. • Elle était contente. • Elle râlait. • C'était nul. • Elle était de bonne humeur.

Écouter et comprendre

7 a **Des jeunes ont participé à une colo. Choisis deux jeunes, écoute le podcast et réponds aux questions. Puis, mettez vos résultats en commun.**

1. Quel genre de colo est-ce qu'ils ont fait ? Et où ?
2. Est-ce qu'ils ont aimé leur colo (ambiance, activités…) ? Justifie.

Lola
Karim
Arnaud
Emma

b **Découvrez des chansons de la région PACA ! Écoutez-les, puis expliquez quelle est votre chanson préférée et pourquoi.** Liste des chansons ▶Webcode, S. 1

Comparer les langues

8 a **Lis les phrases et retrouve les phrases allemandes correspondantes.**

1. On a eu peur.	3. On avait peur.	a. Wir waren krank.	c. Wir haben Angst bekommen.
2. On a été malades.	4. On était malades.	b. Wir hatten Angst.	d. Wir sind krank geworden.

★ b **À toi ! Comment est-ce qu'on dit en français ?** ☆ ▶p. 131

Ich bin 15 Jahre alt geworden. • Ich war 15 Jahre alt. • Ich habe Durst bekommen. • Ich hatte Durst.

Mini-tâche : Écrire

9 **Imagine une mini-histoire (200 mots).** ▶Banque de mots, p. 166

Folgende Fragen können dich beim Schreiben leiten:
- Was war? Wie war es?
- Was ist passiert?

Pendant une excursion près de Nice, je discutais avec mon ami/e et on a perdu le groupe…

faire froid/chaud/beau
être seul/bizarre/magique
il y *avoir* __ / on *voir* __

entendre un bruit / quelqu'un / __
découvrir un papier / un paquet / une clé / __
crier : « Au secours ! » / « Attention ! » / « __ »

DELF

Eine Situation beschreiben

In der Tâche werdet ihr ein Handlungsgerüst im *passé composé* durch Situationsbeschreibungen und Kommentare im *imparfait* ergänzen und so eine individuelle Geschichte daraus machen. ▶ Tâche, p. 45

1 a Lest diesen kurzen Auszug aus einer Geschichte. Zu welcher der drei Kategorien gehören die markierten Sätze jeweils? Ordnet zu.

le paysage et le temps qu'il fait | l'ambiance | les commentaires

Nous sommes partis très tôt. Il faisait déjà très chaud. Nous sommes allés au port pour faire un tour en bateau. La mer était super belle, la couleur de l'eau était extraordinaire. Sur le bateau, nous avons mangé nos sandwichs. On s'amusait bien. Tout à coup, nous avons vu un poisson gigantesque près du bateau. C'était vraiment impressionnant.

b Erstellt zu den drei Kategorien aus a eine Liste mit allen passenden Ausdrücken, die ihr findet. ▶ Exercice, p. 32/2

▶ Mots pour le dire, p. 169/3.1 ▶ Banque de mots, p. 167

Soll deine Geschichte eher lustig oder ernst werden? Oder doch abenteuerlich? Entscheide!

2 a Mache aus diesem Handlungsgerüst eine Geschichte, indem du an den angegebenen Stellen Beschreibungen und Kommentare im *imparfait* einfügst. Verwende dazu deine Liste aus 1b.

A Dimanche, avec ma famille, on a fait une excursion à vélo au bord d'un lac. ?
B Après deux heures, on s'est arrêtés pour faire un pique-nique. ? ?
C Ensuite, on a visité un village. ? ?
D Après, on a continué notre balade. ?
E On est rentrés à 18 heures. ?

b Lest eure Geschichten in verteilten Rollen: Zuerst liest A jeweils einen Satz aus dem Handlungsgerüst vor und B die eigene Ergänzung, dann werden die Rollen getauscht. Am Ende vergleicht ihr eure beiden Geschichten.

Faire un concours d'histoires

Montrez vos talents d'auteur/e ! À partir d'un texte de base, écrivez une histoire individuelle, puis faites un concours pour le prix de la meilleure histoire.

Vous ne voulez pas faire de concours ? Faites une exposition virtuelle !

1 **Lisez et analysez les étapes de la tâche. Puis, avec toute la classe, élaborez les critères d'évaluation pour votre histoire.**

2 **Analysez le texte de base.**

– Lisez le texte de base. ▶ Webcode, S. 1
– Trouvez des endroits dans le texte où on pourrait ajouter[1] des descriptions ou des commentaires.

1 **ajouter qc** etw. hinzufügen

3 **Trouvez des idées pour votre histoire.**

– Quel genre d'histoire est-ce que vous allez écrire ? Choisissez ensemble.

une histoire drôle | une histoire mystérieuse | une histoire sérieuse | une histoire d'aventure | une histoire originale

– Par quelles descriptions est-ce que vous allez compléter le texte de base ? Notez vos idées, puis choisissez ensemble.
▶ Tremplin, p. 44

In Online-Pads könnt ihr alle gleichzeitig schreiben. Das ist gerade zum Sammeln von Ideen toll! Jede/r schreibt automatisch in einer anderen Farbe, sodass man immer weiß, wer was geschrieben hat.

4 **Écrivez votre histoire.**

– Formulez vos descriptions et vos commentaires.
– Donnez un titre à votre histoire.
– Ajoutez votre titre et les parties que vous avez écrites dans le texte de base.

Cet été, j'ai passé 15 jours sur la Côte d'Azur avec mes parents, ma tante et mon cousin Édouard. Ce n'était pas super parce qu'Édouard et moi, on ne s'entendait pas bien. Un jour, nous nous sommes levés très tôt et nous avons fait une excursion dans la montagne près de Saint-Tropez. D'habitude, il faisait toujours très beau mais ce jour-là, le temps était moche, il y avait des nuages et il pleuvait même un peu. Nous avons pris le chemin qui…

5 **Partagez vos textes et faites un concours ! Qui a écrit l'histoire la plus drôle, mystérieuse, originale etc. ? Évaluez les histoires à l'aide de vos critères d'évaluation de 1.**

Grammaire en contexte

GH 17 **1** **Du sprichst von früher.** → das *imparfait*

faire *machen*

singulier		pluriel	
je	faisais	nous	faisions
tu	faisais	vous	faisiez
il / elle / on	faisait	ils / elles	faisaient

Merke:
imparfait-Stamm → 1. Pers. Pl. Präsens:
nous fais~~ons~~ → je faisais, tu faisais, ...

❗ Ausnahme: *être*
j'étais, tu étais, ...

GH 19 **2** **Du verneinst etwas.** → die Verneinung mit *ne... personne*

Je n'entends personne.
Je ne parle à personne.

Je ne veux entendre personne.
Je ne veux parler à personne.

Je n'ai entendu personne.
Je n'ai parlé à personne.

❗ Im *passé composé* steht *ne... personne* anders als *ne... rien* und *ne... jamais*:

On n'a rien entendu.
On n'a jamais fait de paddle.
On n'a vu personne.

GH 16
GH 20 **3** **Weitere Verben** → die Verben *connaître* und *courir* ► Verbes, p. 156

Lerne die wichtigsten Sätze der Unité 2. ► Mots pour le dire, p. 168–177

GH 18 4 Du erzählst eine Geschichte in der Vergangenheit. → *imparfait* und *passé composé*

1

Aufeinander folgende Handlungen (Handlungskette): *passé composé*

Il s'est levé, il a mangé et il est parti.

2

Gleichzeitige Handlungen: *imparfait*

Elle écoutait la radio et mangeait.

3

Neu einsetzende Handlung in einer bestehenden Situation:

Hintergrund:	Vordergrund:
Was war? / Wie war es? → ***imparfait***	Was ist passiert? → ***passé composé***

On voyait des grottes. C'était super ! À un moment, on a entendu un bruit.

Djem et Élodie nous attendaient déjà dans le canoë quand nous sommes arrivés.

! 🇫🇷 Elle chattait avec ses amis quand son frère est entré.
🇬🇧 She was chatting with her friends when her brother came in.

MK 5 Hast du alles verstanden? Mach den C-Test!

► Carnet d'activités, Unité 2, Fais le point

Écouter et comprendre

1 Morgane et Tifenn regardent une photo de Morgane quand elle était petite et Morgane raconte. À combien d'endroits est-ce que Morgane a habité ? Et à quels endroits ? Écoute leur conversation et réponds. Carte ▶ début du livre

Micro-écoute

2 **a** Hör dir den Anfang des Gesprächs an, finde das richtige Foto wieder und begründe deine Entscheidung.

> Im gesprochenen Französisch fällt vor einem Vokal das u von tu oft weg, z. B. wird aus tu as → t'as und aus tu es → t'es.

b Was verkaufte Morganes Familie früher auf dem Markt? Hör zu und finde die richtigen Produkte.

c Um bei Zahlen ungefähre Angaben zu machen, gibt es im Französischen besondere Ausdrücke. Vervollständige die Reihen und hör dir dann den Gesprächsausschnitt an: Wie viele Tiere hatte Morganes Familie? Was erfährst du noch über die Tiere?

ca. 10 → une dizaine • ca. 12 → ? • ca. 15 → ?
ca. 20 → une vingtaine • ca. 30 → ? • ca. 40 → ? • ca. 50 → ?

Comprendre le français oral : les formes contractées

3 **a** Im gesprochenen Französisch fallen oft Laute weg. Hier sind typische Beispiele, um deine Ohren zu trainieren. Hör sie dir an und lies mit. Welche Laute bzw. Lautgruppen werden „verschluckt"?

– plein de moments
– autant de travail
– je me suis amusée
– une petite maison
– il faut se coucher tôt
– c'était bien
– notre jambon
– d'autres villes

b Hör dir das Ende des Gesprächs an. Finde heraus, warum Morgane umgezogen ist und welche Vor- und Nachteile ihr neuer Wohnort hat/hatte.

Découvrir le monde francophone avec TV5MONDE

TV5MONDE

4 Tu veux découvrir encore plus de documents en VO ? Alors regarde cette vidéo authentique et fais les exercices correspondants en ligne.

Je vole

1 Trouve la scène du film « La Famille Bélier » sur Internet (→ « Je vole ») et regarde-la. Qu'est-ce que tu apprends sur Paula et sa famille ?

Patin der Szene: Louane Emera (*1996)
Beruf: Sängerin und Schauspielerin
Herkunft: stammt aus Frankreichs Norden, bei Belgien
Berühmt für: ihre Rolle als Paula im Film „La Famille Bélier", ihre Version von Michel Sardous Lied „Je vole"
Markenzeichen: Natürlichkeit und Lebensfreude

2 a Lis cette scène adaptée du film et explique de quel départ elle parle.

b Entraînez-vous à dire la scène. Puis, jouez-la.

Paula : Mes chers parents, je pars
Je vous aime mais je pars
Vous n'aurez plus d'enfant ce soir
Je ne m'enfuis[1] pas, je vole[2]
Comprenez bien, je vole
Sans fumée[3], sans alcool
Je vole, je vole
La mère : Je t'observais hier
Soucieuse[4], troublée[5], moi, ta mère
Comme si je le sentais[6]
En fait, je me doutais[7], j'entendais
Tu as dit que tu étais bien
Tout à fait[8] l'air serein
J'ai fait comme de rien[9]
Le père : Et moi, ton père, démuni[10], j'ai souri[11]
Ne pas te retourner
T'éloigner[12] un peu plus
Il y a la gare, une autre gare
Et enfin l'Atlantique
Paula : Mes chers parents, je pars
Les parents : Tu pars, elle part
Paula : Je vous aime mais je pars
Les parents : Tu pars, elle part
Paula : Vous n'aurez plus d'enfant ce soir
Les parents : Ce soir, ce soir
Paula : Je ne m'enfuis pas, je vole
Les parents : Tu voles, elle vole
Paula : Comprenez bien, je vole
Les parents : Tu voles, elle vole
Paula : Sans fumée, sans alcool
Je vole, je vole

1 s'enfuir fliehen **2 voler** fliegen **3 la fumée** der Rauch **4 soucieux/soucieuse** *adj.* besorgt **5 troublé/e** *adj.* unruhig, durcheinander **6 sentir qc** *hier:* etw. spüren **7 se douter de qc** etw. ahnen **8 tout à fait l'air serein** avec un air tranquille **9 faire comme de rien** so tun, als wäre nichts **10 démuni/e** *adj.* hilflos **11 sourire** lächeln **12 s'éloigner** partir

Hier kannst du überprüfen, was du in den Unités 1–2 gelernt hast …

C-Test

Wo ein [?] steht, fehlt die Hälfte des Wortes (und bei ungerader Buchstabenanzahl ein Buchstabe mehr).

1 **Complète les textes dans ton cahier.**

a

Quelles sont les activités qu'on peut faire à Nice en hiver ? En fév[1], on y fê[2] le Carnaval de Nice. C'est une trad[3] qui da[4] de 1873. Les ge[5] se dégu[6] et dan[7] dans les ru[8]. Un déf[9] extraordinaire a li[10]. Tout le monde s'am[11]. Et à la f[12], on je[13] des fleurs[1]. C'est mag[14] ! En PA[15], il y a plus[16] fêtes qui resse[17] au Carnaval de Nice. Mais la fête de Nice est la plus célèbre.

1 **la fleur** die Blume

b

Vous aimez la course ? Al[1] venez déco[2] « le Trail des 3 dauphins », une cou[3] qui a li[4] au Lavandou cha[5] printemps. On y pro[6] deux parc[7] sur un che[8] qui trav[9] la fo[10] et cont[11] au bo[12] de la m[13]. À ca[14] du te[15] (il fait sou[16] très ch[17]), il faut beau[18] de cou[19] pour cou[20] sans s'arr[21] et les pers[22] qui parti[23] à ce[24] course s'entr[25] pendant des mo[26]. Mais la bea[27] du pay[28] les ai[29] et il ne bais[30] pas les br[31]. C'est ça, la Côte d'Azur !

c

Qui suis-je ? Je suis né en 1895, à Aubagne. À cette épo[1], il n'y av[2] pas enc[3] de voit[4] et on ne voy[5] presque pers[6] qui se baig[7] dans la m[8] ou qui se repo[9] sur les pla[10]. J'ai éc[11] du thé[12] et des rom[13] et j'ai fa[14] des films célè[15], « Marius » par exe[16]. Mes hist[17] ne so[18] pas mystér[19] et n'off[20] pas beaucoup d'act[21] au lec[22], mais j'y ai déc[23] la vie des habi[24] de la rég[25]. Elles sont typi[26] de la Prov[27] et font par[28] de sa cul[29]. Je suis… Marcel Pagnol !

Compréhension des écrits

2 **Lis l'article, p. 51, et réponds aux questions.**

1. On a inventé le rap en France. Vrai ou faux ? Justifie.
2. IAM a terminé sa carrière dans les années 1990. Vrai ou faux ? Justifie.
3. Au début de sa carrière, Soprano faisait partie d'un groupe. Vrai ou faux ? Justifie.
4. Dans ses chansons, Keny Arkana…
   - A s'engage pour une vie meilleure et l'avenir de notre planète.
   - B critique les médias.
   - C raconte sa vie avec humour.
5. Dans le monde du rap, on trouve…
   - A déjà beaucoup de chanteuses.
   - B beaucoup de très jeunes artistes.
   - C moins de femmes que d'hommes.
6. Jul a vite eu du succès. Vrai ou faux ? Justifie.
7. Pour créer une chanson, Jul…
   - A met 200 minutes.
   - B met 15 jours.
   - C met plusieurs semaines.
8. Quel est le thème qu'on retrouve dans les chansons de tous ces rappeurs ? Note.

Die Lösungen des Bilan findest du online. ▶ Webcode, S. 1

... und bereitest dich außerdem auf die DELF-Prüfung vor.

Le rap « made in Marseille »

Le rap est né à New York dans les années 1970 et arrive en Europe bientôt après. Depuis, il est devenu un des styles de musique les plus écoutés. Alors, aujourd'hui, quelle ville est la capitale du rap française ? Paris, disent les Parisiens. Est-ce qu'ils ont raison ? Non ! Voici les portraits de quatre stars marseillaises qui montrent que Marseille est LA ville du rap.

Premiers aventuriers du rap

Retour en arrière sur les débuts du rap à Marseille. **IAM** est le premier groupe de rap français qui réussit. En 1990, les six membres du groupe enregistrent leur premier album « De la planète Mars » ... sur cassette ! Puis, en 1993, c'est leur chanson « Je danse le Mia » qui leur apporte le succès dans toute la France. Le rap français devient « in » et pour IAM, c'est le début d'une grande et longue carrière. Aujourd'hui, presque trente ans après, IAM fait toujours partie des grands de la scène.

Soprano commence le rap au début des années 90. Encouragé par Akhenaton (le chef d'IAM), il crée le groupe « Psy 4 de la rime ». Puis, en 2005, Soprano continue sa carrière en solo. Une de ses chansons célèbres est « Regarde-moi ». Le chanteur y parle des gens qui n'ont pas la chance de réussir dans la vie. La musique et les textes de Soprano sont moins durs que les chansons d'autres rappeurs et cassent les clichés qu'on peut avoir sur le rap. Soprano donne beaucoup de concerts dans des grands stades devant des milliers de personnes, en France et dans d'autres pays d'Europe.

Deuxième génération

Née près de Paris, **Keny Arkana** grandit à Marseille et a une enfance très difficile. À seulement douze ans, elle commence le rap. Dans ses chansons, qui sont très engagées, elle parle des problèmes sociaux et écologiques. Très vite, Keny Arkana devient une rappeuse très célèbre qui participe à beaucoup de grands festivals. Elle est un modèle pour beaucoup de jeunes femmes parce qu'elle réussit dans un monde encore très masculin.

Jul, Julien Mari de son vrai nom, est né à Marseille. Il fait ses débuts en ligne dans les années 2010 et a tout de suite beaucoup de fans. Comme il travaille très vite (il met seulement trois ou quatre heures pour créer une chanson), il sort un album après l'autre (15 albums en 6 ans). Avec ses chansons, idéales pour danser et pour rouler en voiture, il est devenu le rappeur français qui vend le plus d'albums et l'un des artistes français les plus écoutés de tous les temps. Respect !

Planète Marseille

On le voit bien, Marseille est la reine du rap. Mais est-ce qu'on peut dire qu'il existe un « rap marseillais » ? La réponse est oui ! Même si ces artistes et leurs musiques ne se ressemblent pas, il y a une chose qu'ils partagent : ils sont tous amoureux de leur ville – avec ses cultures différentes, ses quartiers difficiles et ses paysages extraordinaires –, ils parlent d'elle dans leurs chansons et l'appellent « Planète Marseille ».

Compréhension de l'oral

3 Tu es à Marseille, à la station de métro « Saint-Charles » et tu veux aller à la plage du Prado. Ton appli te propose deux routes pour y aller. Sur le quai du métro, tu entends une annonce. Écoute-la. Quelle route est-ce que tu dois prendre ?

A
- Saint-Charles
- M1 La Fourragère 3'
- Vieux Port 1'
- Vieux Port
- 83 MuCEM St. Jean 23'
- La Plage

B
- Saint-Charles
- M2 Sainte Marguerite Dromel 7'
- Rond Point du Prado 2'
- Rond Point du Prado
- 83 MuCEM St. Jean 5'
- 19 Madrague de Montredon 5'
- La Plage

4 Copie le tableau dans ton cahier. Puis, écoute le podcast une première fois et note dans quel pays Nico, Sonia et Amal sont allés. Puis, écoute encore une fois et coche de quels thèmes les jeunes parlent.

	pays	paysage	langues	capitale	spécialités	activités
Nico						

Production orale

5 À quelle colonie de vacances est-ce que tu voudrais participer ? Et pourquoi ? Explique à ton/ta partenaire à l'aide des informations que les affiches te donnent sur les deux colonies.

Die Lösungen des Bilan findest du online. ► Webcode, S. 1

Production écrite

6 **Choisis un des deux thèmes et écris un texte (80–100 mots).**

Le magazine *Planète ado* a demandé à ses lecteurs et lectrices : « C'était comment quand tu étais petit/petite ? » Utilise l'imparfait et raconte :

Thème n° 1
- Qu'est-ce que tu faisais ?
- Qu'est-ce que tu aimais ?
- Où est-ce que tu habitais ?
- Où est-ce que tu aimais aller ?

Was du erzählst, muss nicht unbedingt stimmen. Du kannst auch Dinge erfinden!

Thème n° 2 Ton corres luxembourgeois Carl t'a écrit ce message. Réponds.

> Salut, ça va ? Tu as passé une belle journée ? Tu peux me raconter une journée typique de ta semaine ? L'école, tes activités, les endroits où tu vas... D'ailleurs, tu as un endroit préféré ? Qu'est-ce qu'on peut y faire ? Et tu aimes y aller quand et avec qui ? À tantôt ! Carl 20:59

Médiation

7 **Imagine que tu habites dans le centre-ville de Hambourg et que ta copine française Oriane va venir chez toi pour deux semaines. Lis son message, puis réponds à ses questions dans un mail.**

> Coucou, comment ça va ? Moi, ça va bien, je me prépare pour mon voyage qui commence bientôt ! Regarde, j'ai trouvé cet article sur la « Elbphilharmonie » et ça a l'air super intéressant, mais je ne sais pas si j'ai bien compris. C'est loin de là où tu habites ou on peut y aller sans problème ? Pourquoi le bâtiment a deux parties très différentes ? On peut le visiter comme ça ou il faut acheter des places de concert ? Et qu'est-ce qu'on peut y voir ? 😀 Merci pour ta réponse. Bisous, Oriane 19:12

DIE ELBPHILHARMONIE • Modernes Konzerthaus und neues Hamburger Wahrzeichen

Sie steht am östlichen Rand des Hamburger Hafens, mit den Füßen in der Elbe und ragt majestätisch in den Himmel. Die Elbphilharmonie oder „Elphi", wie sie von den Hamburgern häufig genannt wird, ist ein 110 Meter hohes Konzerthaus aus Glas, das – je nach Betrachter – einer Welle oder einer Wolke ähnelt und auf dem roten Backsteinsockel eines Hafenspeichergebäudes aus den 1960er Jahren erbaut wurde. 2017 wurde dieses spektakuläre Gebäude eröffnet und ist seitdem ein Anziehungsort, nicht nur für Musikliebhaber. Und ein Besuch lohnt sich zweifelsohne: Auf langen Rolltreppen gelangt man in die oberen Stockwerke. Dort befinden sich zwei Konzertsäle – der kleine und der große Saal – ein Restaurant und Café sowie Aussichtsterrassen, von denen man einen atemberaubenden Blick über die Elbe und den Hafen hat.

Doch die Elbphilharmonie versteht sich nicht nur als musikalischer Ort für wenige. Im Programm findet man vor allem klassische Musik, doch es sind auch andere Musikstile vertreten und selbst an die Kleinen ist gedacht. Kurzum: Ob jung oder alt, klassik-interessiert oder nicht, die Elphi begeistert!

Unité 3

Vive les échanges franco-allemands !

avoir des habitudes différentes

découvrir une autre culture

In dieser Unité lernst du:

- einen Gegenstand zu beschreiben,
- zu sagen, auf welche Art und Weise man etwas macht,
- Probleme und Missverständnisse zur Sprache zu bringen und sie zu klären.

Städtepartnerschaften sind eine deutsch-französische Erfindung. Zwischen Deutschland und Frankreich gibt es über 2200 Städtepartnerschaften – so viele wie nirgendwo sonst auf der Welt! Hat deine Stadt auch eine französische Partnerstadt?

Tâche
Am Ende dieser Unité kannst du in einem Rollenspiel ein Missverständnis zwischen Franzosen und Deutschen darstellen und klären.

comprendre un malentendu

participer à un échange de l'OFAJ

habiter dans une famille d'accueil

1 « Quand je pense à un échange en France, je pense à.... » Regardez les photos et continuez la phrase.

Je pense à ma famille d'accueil.

Moi, je pense aux cours à l'école.

...

2 L'OFAJ, qu'est-ce que c'est ? Faites une recherche, puis mettez vos résultats en commun.

Décrire un objet

A
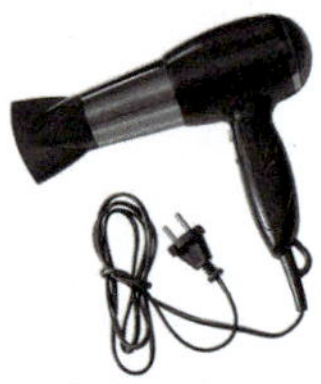
un sèche-cheveux

B

un oreiller

C
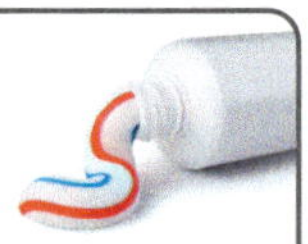
un dentifrice

D
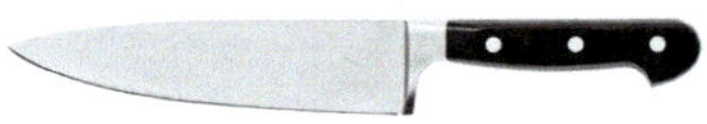
un couteau

E

un pansement

F

un volet

G

une poubelle

Je ne connais pas le mot en français. C'est l'endroit où on jette des emballages. Tu vois ce que je veux dire ?

1 C'est un objet qu'il y a dans un lit. On y met sa tête pour dormir.

2 C'est un objet long, en métal qu'on utilise pour couper quelque chose.

3 C'est quelque chose de grand, en métal ou en plastique, qu'on met devant la fenêtre quand il y a trop de soleil dans la chambre ou quand on veut dormir.

4 C'est un objet qu'on utilise après la douche pour les cheveux. Ça fait du bruit.

5 C'est quelque chose qu'il faut quand on s'est coupé.

6 C'est une sorte de crème pour les dents.

7 C'est l'endroit où on jette des emballages.

1 **Lis les définitions et retrouve les objets correspondants. Puis, vérifie à l'aide de la vidéo.**

2 **Décris les objets à l'aide des expressions, p. 57. Ton/Ta partenaire dit le mot en allemand.**

Exemple :
– C'est un objet en métal qu'on utilise dans le jardin.
– C'est une « Schaufel » ?
– Oui.

G

H

E

A

F

D

I

B

C

Expressions pour décrire un objet

c'est un objet c'est quelque chose c'est un truc	qu'on trouve dans la cuisine • qu'on utilise pour manger • qu'on utilise dans le jardin • qu'il faut quand on est malade • qu'il faut à l'école • qu'on utilise quand il pleut • __
	en métal • en plastique • en papier
c'est une sorte de	crème • papier • __
c'est quelque chose de	grand • petit • court • long • __

MK **3** **Welche Begriffe, die du noch nicht gelernt hast, könntest du bei einem Aufenthalt in einem französischsprachigen Land gut gebrauchen? Schlage sie in einem Online-Wörterbuch nach und schreibe sie dir auf.** ► Méthodes, p. 152/34

S.O.S. ÉCHANGE

1. LES CHOSES IMPORTANTES POUR MOI

Ernährung	Technik	Hygieneartikel	Medikamente	Sonstiges
les cacahuètes (allergie)				

4 a **Décris « tes » objets à ton/ta corres français/e. Il/Elle devine.** B ► p. 127

Exemple :
– C'est un objet qu'on utilise pour les boissons, mais ce n'est pas une bouteille, c'est plus petit. Je ne connais pas le mot en français. Tu vois ce que je veux dire ?
– Tu veux dire « un verre » ? Regarde. Ça, c'est un verre.
– Oui, c'est ça !

Wenn du einen Gegenstand umschreibst und dir dein/deine corres das französische Wort dafür nennt, schreibe es gleich auf, z. B. in einer Notiz-App.

A

« Tes » objets

Les objets de B ?

der Löffel = la cuillère [lakɥijɛʀ]
die Steckdose = la prise
das Klebeband = le scotch
das Toilettenpapier = le papier-toilette
das Ladegerät = le chargeur
die Bettdecke = la couverture
die Pfanne = la poêle [lapwal]
das Schneidebrett = la planche

b **Faites un quiz comme dans la vidéo, p. 56.**

À Nice, chez mon corres

Regarder et comprendre

1 a **Jannis est en France, chez son corres Milo. Regarde les quatre scènes et explique à chaque fois le problème.**

b **Retrouve pour chaque scène de a les bulles de pensées correspondantes. Puis, vérifie à l'aide de la deuxième version des scènes.**

A Ich hab's kaputt gemacht. Wie werden sie reagieren?

C Die essen aber wenig.

D Zut ! La prof ne va pas être contente.

F Ich sterbe vor Hunger!

G Was? Gibt's jetzt noch mehr zu essen?

I Heißt „hallo" nicht „salut"?

c **Comment est-ce que vous trouvez ces situations ? Échangez vos avis.**

bizarre • difficile • drôle • fou/folle • intéressant/e • normal/e • grave

Exemple : Je trouve que la situation dans la scène numéro un est drôle parce que…

Lire et comprendre

2 a **Lis les questions de l'interview de Jannis, p. 59. À quelles questions est-ce que tu peux déjà répondre à l'aide de tes résultats de 1 ?**

b **Qu'est-ce qu'on apprend sur Jannis ? Lis l'interview et réponds aux questions.**

1. Quels problèmes est-ce que Jannis a au début ?
2. Pourquoi est-ce qu'il est très fatigué le soir ?
3. Comment est-ce qu'il trouve l'école en France ?
4. Qu'est-ce qu'il a aimé pendant son échange ?

c **« Pendant un échange, on apprend des choses qu'on n'apprend pas à l'école » (l. 29). Expliquez cette phrase de Jannis en allemand et commentez-la ensemble.**

COLLÈGE JEAN GIONO – NICE

ACCUEIL | CLASSES | ACTIVITÉS | JOURNAL | CONTACT | JE CHERCHE

Voir la vie à Nice avec les yeux d'un jeune Allemand

Jannis vient de Cologne, en Allemagne. Il a passé un mois à Nice chez Milo, un élève de troisième. Nous avons demandé à Jannis de nous raconter son expérience.

Pourquoi est-ce que tu as choisi de passer un mois en France?

Notre prof de français nous a montré le message d'un jeune Français qui cherchait un corres en Allemagne. Il avait l'air cool et moi, je voulais faire des progrès en français... On a chatté un peu sur les réseaux sociaux. Et après trois semaines, on a décidé de faire un échange!

Est-ce que c'était une bonne expérience?

Oui, Milo et moi, on s'est tout de suite bien entendus et toute la famille a été super sympa avec moi.

Tu as eu des problèmes pour communiquer?

Oui! Au début, je ne comprenais presque rien. En allemand, on a une expression pour ça: « Ich verstehe nur Bahnhof. » Mot à mot, ça veut dire « je comprends seulement gare ». J'ai essayé de dire ça à ma famille d'accueil, mais bien sûr, ils n'ont pas compris 🙂... C'était un peu compliqué... Mais ensuite, Milo et ses parents ont commencé à faire des phrases faciles et on a réussi à communiquer.

Par contre, le soir, j'étais toujours très fatigué. En plus, ici, on mange tard et longtemps, ce n'est pas comme en Allemagne... Alors après le repas, je voulais seulement une chose: dormir!

Qu'est-ce que tu as trouvé très différent chez nous?

Ici, les journées d'école sont très longues et en plus, il y a des devoirs... Je me demande comment les élèves français font pour tenir toute l'année. Avant, je râlais contre l'école en Allemagne, mais en fait, c'est assez cool!

Est-ce qu'il y a un truc qui va te manquer quand tu vas rentrer chez toi?

Les via ferrata! La première fois, quand j'ai vu le parcours, j'ai pensé: « Ce n'est pas possible. On ne peut pas monter là. » Mais Milo et son père m'ont montré comment on fait et j'ai réussi. Maintenant, je sais même faire des parcours difficiles et je voudrais continuer, mais ça n'existe pas dans ma région, c'est dommage.

Il y a des élèves qui se demandent pourquoi il faut faire un échange. Tu as un message pour eux?

Pendant un échange, on apprend des choses qu'on n'apprend pas à l'école. Alors, n'ayez pas peur de partir, même si vous ne savez pas bien parler la langue! C'est comme pour les via ferrata: on pense que c'est trop difficile, mais ensuite, on essaie... et quand on réussit, on est super fier!

Parler

DELF

3 **Est-ce qu'un échange en France, ça te dit ? Qu'est-ce que tu voudrais faire ? Qu'est-ce que tu ne voudrais pas faire ? De quoi est-ce que tu as peur ? Discutez.**

Exemple : – Moi, j'ai peur de ne pas comprendre les gens.
– Moi non, seulement un peu. Je voudrais apprendre le français.
– Moi aussi, mais je ne voudrais pas parler français tout le temps .

je voudrais je ne voudrais pas j'ai peur de	*quitter* ma famille / mes amis *habiter* dans une famille française / que je ne connais pas *rencontrer* des Français *découvrir* la France / __ *manger* des choses que je ne connais pas *apprendre* des choses qu'on n'apprend pas à l'école *apprendre* le français / *parler* français tout le temps ne pas *comprendre* les gens *aller* à l'école en France / *avoir* cours toute la journée —

Comparer les langues

4 a **Lis ces deux phrases de l'interview, p. 59, traduis-les en allemand et compare.**

1. On ne **peut** pas monter là. (l. 25)
2. Maintenant, je **sais** même faire des parcours difficiles. (l. 26)

b **Fais l'exercice sur le verbe *savoir* dans ton carnet d'activités.** ► Unité 3, Volet 1

c **Décris les situations. Utilise *savoir* ou *pouvoir*.** ► Grammaire, p. 71/5

1. *chanter*

2. *nager*

3. *utiliser* son portable

4. *couper* les cheveux

S'entraîner

5 **Jannis ne comprend pas très bien la grand-mère de Milo. Mets-toi à la place de Milo et reformule les questions de sa grand-mère pour Jannis. Utilise l'interrogation indirecte.** ▶ Grammaire, p. 70/1

Exemple : – Qu'est-ce qu'elle dit ? – Elle veut savoir combien de semaines tu restes.

1. Combien de semaines est-ce que tu restes ?
2. D'où est-ce que tu viens, en Allemagne ?
3. Comment est-ce que tu trouves la vie en France ?
4. Est-ce que tu aimes l'école de Milo ?
5. Quand est-ce que Milo va partir chez toi, en Allemagne ?

Écouter et comprendre

DELF

6 a **Dans un podcast, Colin, Nino, Sophie et Leïla parlent de leur échange. Fais un tableau et note d'abord comment ils ont trouvé l'échange en général : ☺, 😐 ou ☹.**

b **Qu'est-ce qu'ils ont aimé ? Qu'est-ce qu'ils n'ont pas aimé ? Prenez des notes, puis mettez vos résultats en commun et vérifiez vos réponses de a.**

Vocabulaire et expression

★ **7** a **Dans la vidéo et les textes, p. 58–59, retrouve pour chaque verbe la bonne préposition et la traduction de l'expression en allemand.** ☆ ▶ p. 132

Exemple : rêver de + *inf.* = davon träumen, etw. zu tun

rêver • apprendre • essayer • commencer • choisir • continuer • aider • arriver • réussir • demander • dire

b **À l'aide des verbes de a, raconte un moment qui a changé ta vie, où tu as essayé quelque chose de difficile ou fait quelque chose de nouveau : un concours sportif, un voyage sans tes parents, un nouveau hobby, quelque chose qui te faisait peur… Tu peux aussi écrire une histoire inventée.**

8 **Fais l'exercice sur les « faux amis » dans ton carnet d'activités.** ▶ Unité 3, Volet 1

9 **Qu'est-ce que Milo et Jannis disent quand il y a un problème ? Regarde la vidéo encore une fois, continue ta liste « S.O.S. échange » (▶ p. 56/2), puis complète-la par des expressions que tu connais déjà.**

S.O.S. ÉCHANGE — 2. LES EXPRESSIONS QUI M'AIDENT

Ich verstehe etwas nicht.	Ich weiß nicht, wie man etwas auf Französisch sagt.	Ich weiß nicht, wie man etwas macht.	Ich erkläre etwas.	Ich habe etwas verstanden.	Ich bin freundlich und höflich.

Apprendre à apprendre

10 **Ein Gespräch aufrechterhalten** ▶ Méthodes, p. 140/12

a Wenn ein Gespräch ins Stocken gerät, weil du etwas nicht verstehst, nicht kennst oder nicht sagen kannst, kannst du die Situation durch Nachfragen wieder in den Griff bekommen.

b **Ergänze die Sätze mit den passenden Ausdrücken.**

... c'est ça ?

Tu peux me montrer, s'il te plaît ?

Tu vois ce que je veux dire ?

Tu peux répéter, s'il te plaît ?

1. Je ne comprends pas. ?
2. Tu m'as dit de t'attendre, ?
3. Je n'arrive pas à appeler en Allemagne. ?
4. C'est un objet qu'on utilise pour ouvrir la porte. ?

S'entraîner au dialogue

11 **Écoute et répète après le signal sonore.**

1. – Je n'arrive pas à sonner. ?
   – Il faut faire le 113.
   – J'ai peut-être mal compris. ?
   – Non, je t'ai dit de faire le 113. C'est un numéro.
   – Ah, d'accord !

2. – J'ai un problème. ?
   – Ah, c'est facile. Il faut monter la poignée[1]. ?
   – Non, ?.
   – Attends, ?.

1 **monter la poignée** die Klinke hochdrücken

Mini-tâche : Parler

12 **Tu as rendez-vous avec ton/ta corres français/e chez son amie Juliette. Tu es déjà devant la porte de Juliette quand ton/ta corres t'appelle. Jouez le dialogue.** B ▶ p. 127

A

1. Du begrüßt B und sagst, dass du dich vor Juliettes Haus befindest.
3. Du sagst, dass es 3 Uhr ist.
5. Du sagst, dass du das Ding zum Klingeln nicht findest und dass du das Wort auf Französisch nicht kennst.
7. Du sagst, dass du nicht verstehst und fragst, was ein *digicode* ist.
9. Du sagst, dass du nicht verstanden hast und bittest B zu wiederholen.
11. Du sagst, dass es aber ein Problem gibt und es dir nicht gelingt, die Tür zu öffnen. Du fragst nach, ob es richtig ist, dass B dich gebeten hat, die 8-4-3-7 einzugeben.
13. Du sagst, dass es klappt, und bedankst dich. Du sagst, dass es das bei euch nicht gibt.

La BD en VO

ClairiKine, On va chez nos corres berlinois !, 2015

tu crois du glaubst **serrer la main à qn** jdm die Hand geben **la saucisse** die Wurst **se marrer** s'amuser

COLLÈGE JEAN GIONO – NICE

ACCUEIL CLASSES ACTIVITÉS JOURNAL CONTACT JE CHERCHE

La vie de tous les jours : les petites différences

Avec nos correspondants allemands, nous avons regardé l'émission « Karambolage » sur Arte qui explique les différences entre l'Allemagne et la France dans la vie de tous les jours. Ensuite, nous avons demandé autour de nous : « Que faisons-nous de manière différente dans les deux pays ? Quels sont pour nous les traditions ou les objets typiquement allemands ou français ? » Voilà nos réponses.

Le fromage à la française

Bien sûr, il y a aussi des fromages en Allemagne. Mais savez-vous combien de sortes de fromages il y a en France ? Environ 1200 sortes ! Voilà nos conseils pour manger votre fromage à la française.

Quand mange-t-on le fromage ? Au petit-déjeuner ? Non ! On le mange à la fin du repas, avant le dessert ou à la place du dessert.

Savez-vous couper correctement le fromage ? Dans le fromage, il y a en général deux parties : la croûte, qui est dure, et le cœur, où il y a beaucoup de crème. C'est pourquoi il faut couper le fromage comme un gâteau. Comme ça, tout le monde a un morceau de croûte et un morceau de cœur...

Et après ? Si vous tartinez le fromage sur le pain, on va vous regarder sévèrement, parce que les Français ne mangent pas le fromage comme les Allemands : ils préfèrent mettre un petit morceau de fromage sur un morceau de pain... Après ils recommencent... Un petit morceau de fromage pour terminer le pain, un petit morceau de pain pour terminer le fromage... Ça peut durer longtemps !

La « Pfandflasche »

En Allemagne, quand vous achetez une bouteille d'eau ou de coca, en général, vous payez le prix de la boisson et le prix de la consigne. Quand vous avez fini votre boisson, vous rapportez votre bouteille – qu'on appelle « la Pfandflasche » – dans un magasin et on vous rend l'argent de la consigne. Parfois, les gens qui ne veulent pas rapporter leurs bouteilles les laissent près d'une poubelle dans la rue. D'autres personnes qui n'ont pas beaucoup d'argent peuvent alors les rapporter au magasin et garder l'argent. Pourquoi a-t-on inventé les « Pfandflaschen » ? Parce que comme ça, vous ne mettez pas votre bouteille à la poubelle et il n'y a pas de gaspillage : on peut laver les bouteilles et les réutiliser. Ça aide à protéger l'environnement.

Vos commentaires :

Anna : Heureusement, nous aussi, en France, on trie les emballages. Mais je me demande pourquoi on n'a pas un truc comme la « Pfandflasche »... C'est beaucoup plus écologique que nos bouteilles qu'on jette !

Emre : Maintenant, je comprends pourquoi les Français préfèrent couper le fromage comme un gâteau... Mais ce n'est pas la fin du monde si on le fait autrement, non ? Il ne faut pas s'énerver pour des petites choses. Le plus important, c'est de bien s'entendre et de rester curieux.

Préparer la lecture

1 a **Lis les lignes 1 à 5 du blog, p. 64, puis explique l'idée des élèves du Collège Jean Giono.**

b **Quelles choses typiquement françaises ou allemandes est-ce que les élèves pourraient décrire sur leur site ? Mettez vos idées en commun.**

Lire et comprendre

2 a **Comment coupe-t-on et mange-t-on un fromage « à la française » ? Lis l'explication (l. 6–20) et fais un dessin.**

b **Comment trouves-tu les informations sur la « Pfandflasche » ? Est-ce que tu es d'accord ? Lis le paragraphe, l. 21–32, commente et complète, si nécessaire.**

C'est vrai que __.
Le texte ne dit pas que __.
Je n'ai encore jamais vu __.
Ce n'est pas vrai que __.

Parler

3 DELF **Comment est-ce que vous faites à la maison ? Posez-vous des questions et répondez. Vous pouvez aussi faire des gestes.**

Exemple :
– Quand est-ce que vous mangez du fromage ?
– Chez nous, on mange du fromage le matin au petit-déjeuner. / On ne mange jamais de fromage. Et vous ?
– Chez nous, c'est différent. On...

Quand est-ce que Où est-ce que Comment est-ce que Qu'est-ce que	*manger* du fromage ? *manger* du gâteau ? *couper* le pain ? *faire* les courses ? *faire* avec les bouteilles ? *trier* les emballages ? *regarder* la télé ? *dire* quand *rencontrer* des profs ? *dire* quand *se coucher* ? —

Découvrir

4 a Übersetze die Sätze und beschreibe, was im Französischen anders ist als im Deutschen.

1. La prof est **sévère**. 2. La prof regarde **sévèrement** les élèves.

b Lies die Sätze und finde heraus, mit welcher Form des Adjektivs das Adverb gebildet wird.

1. **Normalement**, je mange le fromage le matin. 2. **Heureusement**, on trie aussi les emballages.

c Bilde die Adverbien zu diesen Adjektiven.

autre • bizarre • curieux • courageux • drôle • facile • fier • gratuit • rapide • mystérieux • officiel • propre • seul • timide • traditionnel • typique

d Jouez ! Prenez six papiers. Sur trois papiers, vous écrivez trois actions et sur les trois autres papiers, vous écrivez trois adverbes de c. Échangez les papiers, puis mimez l'action. Les autres devinent.

S'entraîner

★ **5 Sur le site de leur collège, des élèves allemands présentent leurs correspondants français. Complète par la bonne forme de l'adjectif ou de l'adverbe.** ☆ ▶ p. 132 ▶ Grammaire, p. 71/4

1
? , j'ai rencontré Morgane pendant cet échange. Elle est ? . On a rigolé tout le temps. **Sofia, 8b**
heureux | drôle

2
Pauline a préparé une quiche, c'est un repas ? français. C'était ? très bon ! **Cecilia, 8a**
typique | vrai

3
Mon corres Gabriel et moi, nous sommes devenus des ? amis. ? , je vais aller chez lui dans six mois. **Nabil, 8c**
vrai | normal

4
Mon corres Arthur est resté ? un mois et il a ? fait des progrès en allemand. Je suis ? de lui ! **Anton, 8a**
seul | rapide | fier

6 a Voici des titres d'articles sur le site du Collège Jean Giono. Reformule ces questions avec *est-ce que* pour les poser à un copain français / une copine française. ▶ Grammaire, p. 70/3

- *Connais-tu des traditions allemandes ?*
- Comment trouve-t-on un/e correspondant/e ?
- Que penses-tu de l'émission « Karambolage » ?
- *Pourquoi faut-il faire un échange ?*
- Quelle ville allemande voudrais-tu visiter ?
- Sais-tu comment on trie les bouteilles ?

b À toi ! Sur le modèle de a, imagine cinq titres d'article intéressants.

Comparer les langues

7 a **Übersetze die Sätze und finde heraus, was die Vorsilbe *re-* bedeutet.**

1. J'ai vu mon oncle il y a deux semaines. Aujourd'hui, je le revois.
2. Quand on est venus, il est parti. Et il n'est pas revenu depuis.

> Die Vorsilbe re- kann auch ré- oder nur r- lauten.

b **Vervollständige die Sätze mit den passenden Verben und übersetze sie ins Deutsche.**

1. Tu m'as prêté ce livre pour mon exposé. Merci ! Maintenant, je te le ?.
2. Elle s'est couchée, elle s'est levée et elle ?.
3. J'ai essayé de t'appeler. Est-ce que tu peux me ?, s'il te plaît?
4. J'ai perdu ton stylo. Heureusement, je l'ai ?.
5. J'ai utilisé cette bouteille hier et aujourd'hui, je la ?.

réutiliser | retrouver | se recoucher | rappeler | rapporter

Recherche

8 **Fais une recherche sur le site de l'émission « Karambolage » (dans la rubrique « Le quotidien »), choisis quelque chose de typiquement français ou allemand, puis présente-la à l'aide des questions à droite. Tes partenaires prennent des notes sous forme de fiche.**

Quoi ?	Quand ?
Où ?	Depuis quand ?
Comment ?	—
Pourquoi ?	

Écrire

DELF **9** **Choisis une des choses présentées en 8 et écris un commentaire comme les jeunes, p. 65.**
▶ Méthodes, p. 149/26.1

Mini-tâche : Médiation

10 **Lis le message de ta corres Lucie et l'article sur la « Schultüte », p. 162–163. Puis, écris un message à Lucie et réponds à ses questions.** ▶ Textes, p. 162–163 ▶ Méthodes, p. 150/28

Lucie

Coucou ! Ça va ? J'ai trouvé un article sympa dans un blog, mais je pense que je n'ai pas tout compris. Qu'est-ce que les enfants mettent dans leur « Schultüte » ? C'est quoi, un « Zuckertütenbaum » ? Est-ce que la « Schultüte », c'est une tradition partout en Allemagne ? Toi aussi, tu as eu une « Schultüte » ? Et puis, il y a un mot que je n'ai pas compris : « ABC-Schütze ». Tu peux m'expliquer, s'il te plaît ? Merci pour tes réponses ! ❤ Bisous ! Lucie
14:13

DELF

Austauschsituationen gekonnt meistern

In der Tâche wirst du in einem Rollenspiel ein deutsch-französisches Missverständnis während eines Austauschs spielen. Damit der Austausch für alle eine positive Erfahrung wird, ist es wichtig, auch in verwirrenden Situationen höflich, respektvoll und freundlich zu sein. Hier übst du, wie das geht. ▶ Tâche, p. 69

1 a Welche dieser Ausdrücke sind unfreundlich 😬, welche freundlich 🙂? Ordne zu.

N'importe quoi ! | Regarde, je vais te montrer. | Oh non ! | Qu'est-ce que ça veut dire ? | Non, merci ! | Je veux ___. | Pardon. | Beurk ! | Est-ce que tu pourrais m'aider, s'il te plaît ? | Mais qu'est-ce que tu fais ? | Ah, je ne savais pas. | Tu en veux ? | Ne fais pas ça, s'il te plaît. | Chez nous, ça n'existe pas / c'est différent. | Ce n'est pas grave. | C'est nul ! | Et alors ? | C'est bizarre, ce truc. | Tu es fou/folle ? | Ça ne veut rien dire. | J'en ai marre !

b Erstelle in deiner Liste *S.O.S. échange* eine neue Rubrik. Befülle sie mit den Ausdrücken aus a.

2 a Du bist in Frankreich bei deiner Gastfamilie und erlebst diese Situationen. Finde heraus, was jeweils zu Verwirrung geführt hat: die Sprache, eine Gewohnheit oder ein Gegenstand.

1. Beim Abendessen gibt es als Vorspeise *foie gras*. Da es für dich wie Leberwurst aussieht, verstreichst du es auf dem Toast. Du bemerkst, dass dein Gastvater irritiert auf deinen Toast schaut. Da siehst du, dass alle ihre Scheibe *foie gras* so wie sie war auf den Toast gelegt haben.
2. Deine Gastschwester zeigt dir dein Zimmer und erklärt dir, wie die Fensterläden funktionieren. Du sagst, dass du bei dir zu Hause *des jalousies* im Zimmer hast. Sie sieht dich mit großen Augen an. (Auf Französisch heißt *jalousie* „Eifersucht".)
3. Du verbringst die erste Nacht im Gästezimmer. Nachdem du die Deko-Rolle, die auf dem Bett lag, beiseite geräumt hast, fragst du dich, wo das Kopfkissen ist. (Die Deko-Rolle ist eigentlich eine Kopfkissenrolle, auf Französisch *le traversin*.)

b Findet passende Ausdrücke aus 1a, um freundlich auf diese Situationen zu reagieren.

3 Max und sein Austauschpartner Léon brauchen noch ein wenig Nachhilfe in Sachen Freundlichkeit. Was hätten die beiden in diesen Situationen besser gesagt? Spielt dann die Szenen nach und ersetzt dabei die unfreundlichen Ausdrücke durch freundliche.

1. **Max :** C'était bon ! Il y a encore un dessert ?
   Léon : Oui, mais d'abord il y a du fromage.
   Max : Du fromage avant le dessert ? Beurk !

2. **Max :** « Bon matin ! »
   Léon : Ça ne veut rien dire, « bon matin » !
   Max : Et alors ? Tu as compris, non ?

3. **Léon :** Vite, le métro arrive !
   Max : Attends, je n'arrive pas à ouvrir ce truc avec la carte.
   Léon : Mais qu'est-ce que tu fais ? Zut ! À cause de toi, on l'a raté !

Présenter un malentendu franco-allemand dans un jeu de rôle

Présentez et filmez un jeu de rôle sur un malentendu entre Français et Allemands.

1 **Lisez et analysez les étapes de la tâche. Puis, avec la classe, élaborez les critères d'évaluation pour votre jeu de rôle.**

> *Vous avez des partenaires e-tandem en France ? Alors partagez vos vidéos avec eux !*

2 **Quel malentendu voulez-vous montrer ? Notez vos idées et mettez-vous d'accord. Vous pouvez :**

- vous inspirer des textes et des exercices de l'unité,
- trouver des idées dans le tableau des « faux amis » et dans la banque de mots, p. 167,
- choisir quelque chose de drôle ou d'intéressant qui vous est arrivé ou qu'on vous a raconté,
- raconter l'histoire de manière classique (▶Webcode, S. 1) ou inventer une histoire avec deux fins.

traduction allemande	FAUX-AMIS mot français	FAUX-AMIS mot allemand	traduction française
die Sporthalle	le gymnase	das Gymnasium	le collège, le lycée
der Termin	le rendez-vous	das Rendezvous	le rendez-vous galant
der Schläger	la raquette	die Rakete	la fusée
der Kräutertee	l'infusion *f.*	die Infusion	la perfusion
die Tastatur	le clavier	das Klavier	le piano
tapfer	brave	brav	sage
verrückt	fou/folle	voll	plein/pleine

3 **Préparez votre scénario.**
- Écrivez le dialogue de votre jeu de rôle. Utilisez votre liste « S.O.S. échange ». ▶Tremplin, p. 68/1
- La post-production (bulles de pensées, symboles, pancartes, musique, bruits...) peut vous aider à faire une vidéo plus facile à comprendre et/ou plus drôle. Notez vos idées dans votre scénario.

4 **Préparez votre vidéo.**
- Entraînez-vous à jouer votre jeu de rôle.
- Filmez votre jeu de rôle.
- Faites la post-production de votre vidéo.

> MÉDIAS
> Für das Bearbeiten von Videos gibt es viele Apps. Ihr könnt aber auch Schilder basteln und ins Bild halten.

5 **Montrez vos vidéos et évaluez-les à l'aide des critères d'évaluation de 1.**

Grammaire en contexte

GH 21 **1** **Du gibst wieder, was jemand fragt.** → die indirekte Frage mit Fragewort

Elle **veut savoir** pourquoi Ben n'aide pas.
Il **se demande** comment ça marche.
Léa **demande** qui a cassé son stylo.
Nous ne **savons** pas où elle est.

❗ Entscheidungsfrage mit *est-ce que* → *si*
Flo : « Est-ce que les corres sont déjà là ? »
→ Flo demande si les corres sont déjà là.

GH 22 **2** **Du sagst, was jemand tut.** → die Verben mit Infinitivergänzung

Noah **commence à** faire ses devoirs.
Noah **décide de** passer chez Claire.
Noah **préfère** ___ travailler avec elle.

Ob ein Verb mit à, mit de oder direkt anschließt, kannst du dir nicht erschließen. Da hilft nur auswendig lernen!

GH 26 **3** **Du stellst eine Frage.** → die Inversionsfrage

Subjekt Verb

Est-ce que tu as un sèche-cheveux ?
As-tu un sèche-cheveux ?

Qu'est-ce que qu'il fait ?
Que **fait-il** ?

Où est-ce qu'elles dorment ?
Où **dorment-elles** ?

❗ Wenn zwei Vokale aufeinandertreffen:
Mange-**t**-on ? Mange-**t**-elle ? Mange-**t**-il ?

❗ Die Inversionsfrage wird vor allem in der geschriebenen Sprache verwendet.

GH 25 4 Du sagst, wie jemand etwas macht. → die Adverbien auf *-ment*

Adjektiv	Adverb
heureux/heureuse	heureuse**ment**
normal/normale	normale**ment**
sévère	sévère**ment**
typique	typique**ment**

Merke:
Adverb = weibliche Form des Adjektivs + *-ment*

❗ vrai/vraie → **vraiment**
bon/bonne → **bien**
mauvais/mauvaise → **mal**

❗ Einige Adverbien haben eine andere Bedeutung als das dazugehörige Adjektiv:
seul/seule = allein *seulement* = nur

❗ Nicht zu allen Adjektiven gibt es ein Adverb auf *-ment*.

GH 23 5 Du sagst, dass jemand etwas weiß oder kann. → das Verb *savoir*

savoir *wissen, können*

singulier		pluriel	
je	**sais**	nous	**savons**
tu	**sais**	vous	**savez**
il / elle / on	**sait**	ils / elles	**savent**

impératif: **Sache. Sachons. Sachez.**
passé composé: j'ai **su**

GH 24 6 Weitere Verben → die Verben auf *-yer* (*essayer, payer*) ►Verbes, p. 154

MK 7 Hast du alles verstanden? Mach den C-Test! ►Carnet d'activités, Unité 3, Fais le point

Lerne die wichtigsten Sätze der Unité 3. ►Mots pour le dire, p. 168–177

Hier liest du eine Erzählung ...

L'échange

LUNDI 13 OCTOBRE, DANS L'APPARTEMENT DE MONSIEUR ELFASSI, 22 H 00

Quand Monsieur Elfassi dit « au revoir » à Madame Mayer, il est déjà dix heures du soir. Ils ont téléphoné longtemps, mais c'est normal, ils avaient beaucoup de choses à organiser. Il est très content. Les Français vont aller à Tübingen en décembre à l'époque du marché de Noël et les Allemands vont venir à Aix-en-Provence en juin au moment où les champs de lavande sont en fleurs. Il a aussi pu parler de son élève Elsa à Mme Mayer, qui a tout de suite eu de bonnes idées pour organiser le séjour[1] de la jeune fille. Jana Mayer est sympa et l'échange va sûrement être super. Ils ont même fini ensemble la lettre d'infos pour les parents, c'est génial. Demain, Amir Elfassi va parler du projet à ses élèves. Est-ce qu'ils vont être contents ? Il prépare ses affaires de cours et imagine déjà leurs réactions.

MARDI 14 OCTOBRE, AU COLLÈGE VINCENT VAN GOGH, SALLE D'ALLEMAND, 9 H 50

C'est le chaos dans la tête de Tom. M. Elfassi a fini de parler. Maintenant, il demande qui veut participer. Autour de Tom, les premières mains se lèvent et M. Elfassi donne à tous les élèves intéressés une feuille avec les informations sur l'échange. Il y a de la place pour 24 élèves, mais dans la classe, ils sont 32. Tom hésite. L'année dernière, avec Mme Maurice, il était bon en allemand, mais depuis cette année, ses notes sont mauvaises parce que M.Elfassi demande toujours à ses élèves de parler et Tom n'aime pas parler en allemand. D'ailleurs, il n'aime pas parler en français non plus. Tom est timide. Quand on a 14 ans, c'est un vrai problème. Le prof n'a plus beaucoup de feuilles en main. Tout à coup, Tom voit qu'Elsa lève la main. Elsa a eu un problème avec ses yeux quand elle était petite, et depuis, elle voit très mal. Par exemple, elle ne voit pas les couleurs, elle ne voit pas les choses qui sont à sa droite ou à sa gauche, et elle reconnaît le visage des gens seulement quand ils sont très près d'elle. Et elle doit porter des lunettes noires. Mais Elsa veut aller en Allemagne. Tout à coup, Tom a honte[2] d'avoir peur. Il lève la main et M. Elfassi lui donne la dernière feuille.

MARDI 14 OCTOBRE, DANS L'APPARTEMENT D'ELSA DUMONT, 19 H 30

Quand Elsa entend sa mère qui ouvre la porte d'entrée, elle ne lui laisse pas le temps de ranger sa veste dans l'armoire : « Maman, lis ça, tu vas voir, c'est super ! » Elle lui donne la feuille de M. Elfassi et l'accompagne jusqu'au sofa. « Lis à haute voix, s'il te plaît ! » Pendant que Mme Dumont lit les informations, Elsa écoute et attend. Mais quand elle a fini, sa mère ne dit rien. Elsa déteste ce genre de silence parce qu'en général, ce sont les moments où sa mère imagine toutes les catastrophes qui peuvent arriver. Finalement, la mère demande : « Tu veux vraiment participer à cet échange ? » Elsa est sûre d'elle : « Oui, je veux y aller et je sais que je vais y arriver. » Mais Mme Dumont n'a pas confiance. Sa fille est débrouillarde, c'est sûr, mais comment est-ce qu'elle va faire sans rien voir dans une ville qu'elle ne connaît pas et avec des gens qu'elle ne comprend pas ? Mme Dumont dit : « Je vais en parler à ton père. »

JEUDI 16 OCTOBRE, CHEZ TOM VABRE, 11 H 00

La mère de Tom ne travaille pas aujourd'hui. Elle entre dans la chambre de Tom pour y poser des affaires. Tout à coup, elle voit un papier du collège sur son bureau. Elle regarde. C'est une lettre

1 **le séjour** der Aufenthalt 2 **avoir honte de qc** sich für etw. schämen

... und lernst, einen inneren Monolog für eine Figur zu schreiben.

d'information pour un voyage de 15 jours en Allemagne, et il faut rendre la feuille avant le 20 octobre. Un échange avec Tübingen en Allemagne ? Mais c'est génial ! Tom a écrit son nom et son adresse, mais il n'a pas continué. Pourquoi est-ce qu'il ne lui a pas montré la feuille ? Elle lit encore un peu. Passer deux semaines dans une nouvelle famille va faire du bien à son fils. Il ne va pas pouvoir compter sur ses parents, il va devoir communiquer seul, c'est super. Mme Vabre pense depuis longtemps qu'une « thérapie de choc » est la bonne solution pour lui. Il ne faut pas rater cette chance. Vite, elle écrit un message à Tom qui est à l'école : « Mon chéri[3] ! J'ai trouvé une feuille pour un échange en Allemagne sur ton bureau. C'est génial ! On la complète ensemble ce soir ? »

VENDREDI 17 OCTOBRE, DANS L'APPARTEMENT D'ELSA DUMONT, 20 H 00

Chez les Dumont, c'est le stress. Les parents d'Elsa se disputent à cause du voyage en Allemagne. La mère d'Elsa pense que tous les Allemands roulent très vite dans des très grandes voitures... À son avis, c'est vraiment trop dangereux pour une fille qui ne voit pas les choses qui arrivent à droite ou à gauche quand elle traverse la rue ! Le père d'Elsa, par contre, pense qu'en Allemagne, tout le monde fait du vélo. Pour lui, une personne comme Elsa, qui ne peut pas faire de vélo, ne va même pas pouvoir aller à l'école. Les parents d'Elsa n'ont pas la même idée[4] de l'Allemagne, mais ils sont déjà d'accord pour dire que ce voyage n'est pas une bonne idée. Et Elsa ? Elsa explose : « Ça suffit, j'en ai marre de vos clichés ! » Et elle part dans sa chambre. Là, elle met de la musique et imagine des phrases en allemand pour communiquer avec la corres qu'elle n'a pas encore.

SAMEDI 18 OCTOBRE, AU MARCHÉ, 11 H 00

Tom accompagne sa mère au marché. Tout à coup, devant un stand de fruits et légumes, il voit Elsa avec son père. Mme Vabre et M. Dumont se connaissent, ils s'arrêtent pour discuter. Mme Vabre est enthousiaste[5] : « Vous avez entendu ? Le nouveau prof d'allemand organise un voyage en Allemagne ! Est-ce qu'Elsa va y aller ? Tom hésite encore parce qu'il est un peu timide, mais moi, je trouve que c'est une chance extraordinaire. J'ai passé trois mois à Hambourg quand j'étais jeune et j'ai adoré ! Et vous, qu'est-ce que vous pensez de ce voyage ? ». Tom devient tout rouge et déteste sa mère. Il pense : « Heureusement, Elsa ne me voit pas ». Mais Elsa n'a pas l'air d'entendre Mme Vabre. Elle tourne la tête vers un autre stand et dit : « Hmm... Ça sent les crêpes ! Tu en veux une, Tom ? » Et comme Tom ne répond pas tout de suite, elle ajoute : « Je t'invite ! »

SAMEDI 18 OCTOBRE, DEVANT LE STAND DE CRÊPES, 11 H 10

Tom et Elsa mangent leurs crêpes... En fait, c'est surtout Tom qui mange parce qu'Elsa parle tout le temps et oublie de manger. Elle explique son plan à Tom : « J'ai besoin de toi. Mes parents ont peur de ce voyage. Ta mère et toi, vous allez m'aider. Ta mère adore l'Allemagne, elle va persuader[6] mon père que c'est génial. Et toi, tu vas dire à mes parents que tu vas m'aider si j'ai des problèmes là-bas et tu vas leur donner ton numéro de portable. Ça va les rassurer[7]. » Tom proteste : « Mais je ne suis même pas encore sûr d'y aller ! ». Elsa ne veut rien entendre : « Mais si ! Tu veux y aller ! » Tom trouve qu'Elsa exagère : « Et tu penses que je vais faire tout ça pour une crêpe au chocolat ? » Elsa rigole : « Non, tu vas faire ça parce que ça t'encourage à participer à ce voyage. Tu m'aides et je t'aide, c'est ça, un échange. »

3 **mon chéri / ma chérie** mein Schatz   4 **une idée** *hier:* eine Vorstellung   5 **enthousiaste** *adj. m./f.* begeistert
6 **persuader qn que** jdn davon überzeugen, dass   7 **rassurer qn** jdn beruhigen

JEUDI 8 NOVEMBRE, AU COLLÈGE VINCENT VAN GOGH, DANS LA SALLE D'ALLEMAND, 15 H 00

Les messages des corres sont arrivés ! M. Elfassi donne les lettres aux élèves qui les lisent tout de suite. Laurine montre à tout le monde la photo de son corres qui est super mignon[8]. Chloé s'entraîne à prononcer à haute voix le nom des huit chats de sa corres. Hugo crie que son corres est fan de foot, mais qu'il déteste le Bayern de Munich. Alix a un corres qui joue de la batterie et elle se demande s'il va être fan de Rammstein comme M. Elfassi, qui a étudié une chanson de ce groupe avec la classe. Tom, comme d'habitude, ne dit rien. Il a vite lu la lettre de son corres. Il a même regardé de l'autre côté de la feuille, mais il n'y avait rien. C'est dommage. Son corres ne donne pas beaucoup d'informations. Il dit seulement qu'il s'appelle Jakob, qu'il a 14 ans et qu'il habite avec ses grands-parents. Par contre, il a envoyé une photo de la maison qui est exactement comme Tom imagine une maison allemande : romantique, au bord de la rivière, blanche avec des colombages[9]. Tom voudrait raconter ça à Elsa, mais aujourd'hui, Elsa n'est pas là. Tout à coup, Tom a peur. Pourquoi est-ce que M. Elfassi n'a demandé à personne de prendre la lettre pour Elsa ? Est-ce qu'il n'y a rien pour elle ? Est-ce que ça veut dire qu'elle ne participe plus au voyage ?

JEUDI 8 NOVEMBRE, DANS L'APPARTEMENT D'ELSA DUMONT, 17 H 00

Elsa ne va pas très bien. D'abord, elle est un peu malade. Ensuite, ses parents l'énervent. Ils ont dit « d'accord » pour l'échange après la rencontre avec Tom et sa mère au marché, mais maintenant, elle a l'impression qu'ils changent d'avis. Par exemple ce matin, sa mère a dit : « et qu'est-ce qu'on va faire si tu es malade en Allemagne ? » Elsa est courageuse mais elle n'arrive pas toujours à se protéger contre les peurs de ses parents. Et maintenant, elle se demande si ce voyage est vraiment une bonne idée. Mais tout à coup, ça sonne à la porte. Qui vient à cette heure ?

« Elsa, c'est moi, Tom ! M. Elfassi m'a donné un truc pour toi. C'est un paquet de ta corres ! » Elsa ouvre. Tom est tout excité : « Regarde ! Ta corres a même écrit un truc en braille sur le paquet ! » Il lui prend la main[10] et la met sur les petits trous : « Lis ! » Elsa ne sait pas quelle est la plus grande surprise, le paquet d'Allemagne ou la voix de Tom qui est beaucoup plus forte que d'habitude. Elle découvre ce que sa corres lui a écrit : C'est super sympa ! Maintenant Elsa ouvre le paquet. À l'intérieur, il y a une clé USB et un petit bonhomme en chocolat. Elsa partage le chocolat avec Tom et met la clé USB dans son ordinateur. Ils écoutent ensemble le message de la corres qui s'appelle Ida. Elle ne parle pas trop vite, c'est cool : Elsa comprend presque tout, pour Tom, c'est un peu plus compliqué, mais ensemble, ils se débrouillent. Ida a un chien qui s'appelle Hermann (on l'entend sur le message), elle aime la danse et le piano (elle joue un morceau pour Elsa), et elle a un petit frère qui sait dire bonjour en français (il dit « bonjour » à Elsa, c'est super chou !). Ida raconte aussi qu'elle prend le bus pour aller au collège, que sa mère est infirmière et que son père travaille à la maison. Pour Elsa, c'est une très bonne nouvelle. Si elle habite chez une infirmière et que le père est tout le temps à la maison, ses parents ne peuvent plus rien dire ! Elle discute longtemps avec Tom, qui lui parle de la lettre de son corres et de sa maison allemande. Elsa trouve que Tom pourrait poser des questions à Jakob pour avoir plus d'informations. Et comme elle veut aussi entendre les réponses, elle demande : « Tu ne veux pas l'appeler tout de suite ? »

8 mignon/mignonne *adj.* chou, joli/jolie **9 le colombage** das Fachwerk **10 la main** die Hand

1 a **Lis la première partie de l'histoire (l. 1–71), puis fais un schéma avec les personnages principaux de l'histoire et les informations les plus importantes.** ► Méthodes, p. 148/24.3

- Qui fait quoi?
- Qui veut quoi?
- Qui réagit comment?

b **Lis le reste de l'histoire et complète ton schéma à l'aide de ces expressions :**

avoir une idée • *avoir* besoin de qn/qc • *demander* à qn de faire qc • *persuader* qn de faire qc • *aider* qn à faire qc • *encourager* qn à faire qc • *réussir* à faire qc • *essayer* de faire qc

c **À l'aide de l'alphabet Braille, p. 199, lis le message sur le paquet.** ► Dessin, p. 74

1825 hat der Franzose Louis Braille eine Schrift für Blinde erfunden: die Brailleschrift.

2 a **Qui pourrait penser cela ? Et de qui est-ce qu'il/elle pourrait le penser ? Retrouve les bons personnages et indique les phrases du texte qui justifient ta réponse.**

Exemple : 1. Tom pourrait penser cela de sa mère. On le voit dans cette phrase à la ligne X : « … »

1. Elle ne m'aime pas comme je suis.
2. Ils ont trop peur de me laisser partir.
3. Si elle part en Allemagne, je n'ai plus d'excuse pour rester ici.
4. Elle ne comprend pas que c'est dangereux.
5. Il a vraiment besoin de cet échange.
6. J'espère qu'il n'est pas fan de Rammstein…
7. Elle m'utilise pour pouvoir partir.
8. Ils ont des clichés dans la tête.
9. Il doit m'aider.

★ **b** **À deux, choisissez au moins quatre phrases de a et commentez-les ensemble.** ☆ ► p. 132

Exemple : 1. Tom pense que sa mère ne l'aime pas comme il est. À mon avis, ce n'est pas vrai. Elle trouve seulement qu'il est trop timide et qu'il doit faire des progrès. Qu'est-ce que tu en penses ?

3 a **Choisis Elsa ou Tom, relis l'histoire et complète ton schéma de 1 avec toutes les informations que tu trouves sur elle/lui.**

b **Fais le portrait du personnage que tu as choisi.** Expressions utiles ► Webcode, S. 1

4 **Einen inneren Monolog schreiben** ► Méthodes, p. 148/25

a In einem inneren Monolog malst du dir die Gedanken einer Figur in einem bestimmten Moment der Erzählung aus. Das setzt voraus, dass du dich schon intensiv mit der Handlung und der Figur (ihren Eigenschaften, Gefühlen und Beziehungen zu anderen Figuren) beschäftigt hast.

b **Lies die Hinweise im Methodenteil, S. 148/25. Wähle dann einen Moment in der Erzählung aus und schreibe einen inneren Monolog für Elsa oder Tom.**

Exemple : « Tom devient tout rouge et déteste sa mère. » (l. 68)

« Oh non ! Maman… !!! Vraiment, ce n'est pas possible !!! Pourquoi est-ce que… »

Unité 4

Bienvenue au Québec !

1 l'été indien dans les Laurentides

2 la ville de Québec avec le Château Frontenac

3 un ours noir

4 des panneaux en français

5 une baleine dans le fleuve Saint-Laurent

In dieser Unité lernst du:
- zu sagen, aus welchem Land du kommst,
- über die Geografie und Geschichte eines Landes zu sprechen,
- Handlungs- und Lebensweisen zu vergleichen,
- über typische Gegenstände eines Landes oder einer Region zu sprechen.

Tâche
Am Ende dieser Unité kannst du Tipps für eine Themenreise in Quebec zusammenstellen.

6 Montréal

7 les drapeaux du Québec et du Canada

8 un mur peint dans la vieille ville de Montréal

9 lumière du nord sur le Lac Saint-Jean

1 a **Qu'est-ce que tu apprends sur le Québec (géographie, Histoire, culture…) ? Regarde les photos et fais des hypothèses.**

b **Vérifie tes hypothèses sur la géographie du Québec à l'aide de la carte, p. 227.**

2 **Qu'est-ce que vous voulez encore savoir sur le Québec ? Notez vos questions.**

Exemple : Pourquoi est-ce qu'on parle français au Québec ?

Parler de la géographie d'un pays

> Le Québec est la plus grande des dix provinces du Canada.

Le Québec est une province francophone du Canada. On l'appelle aussi « la Belle Province » parce que les paysages y sont extraordinaires.

Le Québec se trouve dans l'est du Canada, au bord de l'Océan Atlantique.

Avec ses 1,5 million de km^2, il est trois fois plus grand que la France.

50 % du territoire sont des forêts, mais il y a aussi beaucoup d'eau au Québec : des fleuves, des rivières et un million de lacs.

En hiver, il fait en général très froid, jusqu'à -40 degrés Celsius (°C). En été, il fait chaud, jusqu'à 30°C. Mais le climat dépend aussi des régions. Dans le nord, il y a de la neige et de la glace neuf mois sur douze. C'est pourquoi la plupart des villes se trouvent dans le sud de la province, au bord du fleuve Saint-Laurent.

La capitale de la province est la ville de Québec, mais la plus grande ville est Montréal.

Aujourd'hui, le Québec compte 8,6 millions d'habitants. 80 % des Québécois sont d'origine française (les Français ont colonisé la région aux 16e et 17e siècles) et 2,3 % font partie des peuples autochtones. Et il y a des habitants qui viennent d'autres pays du monde : par exemple de Chine, du Maroc ou des États-Unis.

1 a **À l'aide de la vidéo, trouvez, si possible, des réponses à vos questions sur le Québec (▸ p. 77/2).**

b **Lisez la présentation du Québec. Puis, résumez les informations les plus importantes dans une fiche.**

2 **Complète les phrases par des mots de la présentation du Québec.**

1. Une très grande mer est ?.
2. Les habitants du Québec s'appellent ?.
3. ? habitent au Québec depuis toujours.
4. Au Canada, ? sont un peu comme les régions en France.
5. On donne la température en ?.
6. Le nord et le sud du Québec n'ont pas le même ?.
7. En hiver, quand il fait moins 5°C, il y a de ? et de ?.
8. Une ville peut se trouver dans ?, dans ?, dans ? ou dans l'ouest d'un pays.
9. Avec ses 1,5 million de km^2, le Québec a un très grand ?.
10. Le Québec est devenu français au 17e siècle parce que les Français l'ont ?.

3 a À l'aide des expressions de la présentation, p. 78, trouve une autre formulation pour ces phrases.

1. Le Québec est une partie du Canada où on parle français.
2. La France est trois fois plus petite que le Québec.
3. 12 % du Québec sont des lacs, des fleuves et des rivières.
4. 17 % des habitants du Québec ne sont pas d'origine française ou autochtone.
5. En hiver, dans le nord du Québec, il fait parfois très froid.
6. Seulement 2 % des villes du Québec ne se trouvent pas dans le sud.

b Regarde la carte du Québec, p. 227, et complète les informations. Il y a toujours plusieurs possibilités.

1. Les villes Ivujivik et Salluit se trouvent __.
2. Dans le nord du Québec, les villes __.
3. Tadoussac se trouve __.
4. Les parcs nationaux se trouvent __.
5. Au centre du Québec, il y a __.

4 a Écoute et devine d'où viennent Saïd, Louis, Ida et Vera.

- l'Allemagne
- la France
- la Tunisie
- le Canada
- les Pays-Bas
- la Suisse
- le Luxembourg
- la Belgique

la France		**de** France
l'Allemagne	→ venir	**d'**Allemagne
le Québec		**du** Québec
les États-Unis		**des** États-Unis

b D'où viennent vos amis et votre famille ? Racontez. Carte du monde ► p. 226

5 a Finde die passenden Oberbegriffe zu folgenden Wörtern und Ausdrücken und ordne sie in einem Wortnetz zum Thema „Quebec" an. ► Méthodes, p. 137/2.1

1. la neige • il fait chaud
2. en été • au printemps
3. la forêt • le fleuve
4. l'ours • la baleine
5. dans le nord • au bord de l'océan
6. la plupart de • x % de
7. les peuples autochtones • les personnes d'origine française

les habitants | combien ? | le climat | les animaux | quand ? | le paysage | où ?

b Ergänze dein Wortnetz im Laufe der Unité mit weiteren Ober- und Unterbegriffen.

6 Sur le modèle de la présentation, p. 78, et à l'aide des informations de la carte, présente l'Allemagne et sa géographie. Carte ► Webcode, S. 1

Huit endroits qui racontent le Québec

❶ En 1534, l'explorateur Jacques Cartier arrive au Canada par le fleuve Saint-Laurent. Les Français commencent à coloniser la région et ses habitants, les peuples autochtones. En 1608, c'est un autre explorateur français, Samuel de Champlain, qui fonde la ville de Québec.

❷ Au 18e siècle, les Anglais veulent aussi coloniser le territoire qui est aujourd'hui le Québec et ils entrent en guerre avec les Français. En 1763, le Canada devient anglais, mais les Français restent au Québec et continuent à y parler leur langue. Depuis 1977, le français est la langue officielle de la province et les Québécois essaient de ne pas utiliser de mots anglais quand ils parlent français. Par exemple, ils ne disent pas « week-end » ou « faire du shopping », mais « fin de semaine » et « magasiner » !

❸ Vous vous demandez à quoi ressemble le bout du monde ? Venez en Gaspésie ! Ici, vous pouvez observer les animaux typiques du Québec, comme l'orignal, qui vit dans les forêts, ou la baleine, qu'on peut voir dans l'océan et même dans le Saint-Laurent !

❹ Dans les Laurentides, on peut faire des excursions à pied en été, et à ski ou en traîneau à chiens en hiver. Mais c'est en automne que la région est la plus belle. Vous allez adorer les couleurs des arbres pendant l'été indien !

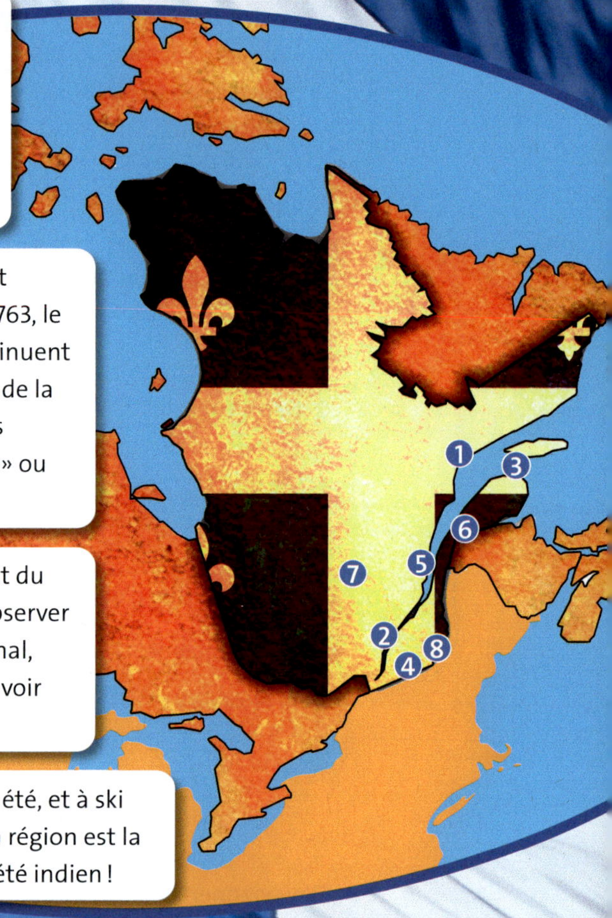

Apprendre à apprendre

1 **Einen Text nach bestimmten Informationen absuchen** ► Méthodes, p. 145/21

a Wenn du prüfen sollst, ob ein Text zu einem bestimmten Thema Informationen enthält, lies ihn nicht im Detail, sondern überfliege ihn und suche dabei gezielt nach „Signalwörtern".
Ein Beispiel: Wenn du nach Informationen zum Klima eines Landes suchst, sind Jahreszeiten (*été*, *hiver* usw.) und Temperaturangaben (*température*, *il fait chaud/froid*, *°C*) Signalwörter.

★ **b** **Erstellt eine Liste mit Signalwörtern zu diesen Themen. Jede/r übernimmt ein Thema. Tragt dann eure Ergebnisse zusammen und ergänzt eure Listen.** ☆ ► p. 133

Histoire | géographie | culture | activités | population[1]

[1] **la population** die Bevölkerung

❺ La devise du Québec est « Je me souviens ». On la trouve à l'entrée du parlement et à beaucoup d'autres endroits. Mais de quoi et de qui se souviennent les Québécois ? Ils se souviennent des moments importants de leur Histoire et des personnes qui ont compté pour le Québec.

❻ On dort peu à Québec pendant le plus grand carnaval d'hiver du monde ! Il dure quatre jours et propose beaucoup de spectacles extraordinaires. Mais ce sont les défilés de nuit que les habitants et les touristes préfèrent. Avec le Château Frontenac sous la neige à l'arrière-plan, l'ambiance est vraiment magique !

❼ La réserve du Lac Simon est une des plus grandes réserves du peuple des Algonquins. Savez-vous pourquoi il y a des réserves au Québec ? Autrefois, les peuples autochtones étaient des nomades et vivaient de la chasse et de la pêche sur des territoires gigantesques. Mais les Européens voulaient ces territoires pour eux. Ce sont eux qui ont proposé aux peuples autochtones d'habiter dans des réserves. Et en échange, les peuples autochtones ont laissé leurs territoires aux Européens. Mais cet échange n'était pas juste, c'était un piège. Aujourd'hui, 40 % des Autochtones du Québec vivent encore dans des réserves. Ils peuvent y parler leurs langues et y protéger leurs traditions, mais la vie dans les réserves n'est pas toujours facile. C'est pourquoi il y a des Autochtones qui quittent les réserves et cherchent du travail dans les villes.

❽ D'où vient le nom « Montréal » ? De Jacques Cartier, bien sûr ! C'est lui qui a découvert une petite montagne avec une vue extraordinaire sur le Saint-Laurent. Il a appelé cet endroit « Mont-Royal » et c'est devenu plus tard « Montréal ». Aujourd'hui, le Mont-Royal est un parc qui se trouve au centre de Montréal et c'est de là qu'on a la plus belle vue sur la ville. Après une balade dans la nature, vous pouvez aussi visiter la vieille ville, aller à la patinoire ou manger des poutines. 🙂

Lire et comprendre

2 a **Lisez l'article et notez les informations sur deux thèmes de 1b. Puis, mettez-les en commun.**

DELF b **Vrai ou faux ? Corrige les phrases fausses.**

1. Les Français sont arrivés au Canada au 14e siècle.
2. Les Français et les Anglais se sont disputés pour le territoire qui est aujourd'hui le Québec.
3. Le français qu'on parle au Québec est le même que le français qu'on parle en France.
4. Les Québécois sont très fiers de leur Histoire.
5. Les Autochtones ont eu l'idée de créer des réserves.
6. Le nom « Montréal » vient d'une langue autochtone.

c **Explique pourquoi on parle français au Québec.**

Parler

DELF

3 **Pour vous les vacances, qu'est-ce que c'est ? Et quelles sont vos vacances de rêve ? Discutez.**

Exemple : ● Quand je dis « vacances », à quoi est-ce que tu penses ?
○ Je pense au soleil, à la mer...

- Quand je dis « vacances », à quoi est-ce que tu penses ?
- Où est-ce que tu voudrais aller en vacances ?
- Avec qui est-ce que tu voudrais y aller ?
- Qu'est-ce que tu voudrais y faire ?

Découvrir

4 a **Hör dir die deutschen Sätze an und ordne sie ihren französischen Entsprechungen zu. Vergleiche, wie man im Deutschen und im Französischen Informationen hervorhebt.**

A **C'est** moi **qui** vais avec mon père au Québec en juillet.
B **C'est** au Québec **que** je vais avec mon père en juillet.
C **C'est** en juillet **que** je vais avec mon père au Québec.
D **C'est** avec mon père **que** je vais au Québec en juillet.

b **Welche Satzteile hebt man mit *c'est... qui* hervor, welche mit *c'est... que*? Formuliere eine Regel.**

c **Complète les phrases par *qui* ou *que/qu'*.**

1. C'est ici ? tu veux faire le pique-nique ?
2. C'est toi ? as pris les sandwichs ?
3. C'est moi ? devais les prendre ?
4. Ce sont des ours ? ont fait ça ?
5. C'est déjà maintenant ? on rentre ?
6. C'est à cause des ours ? tu as peur ?

S'entraîner

5 **Faites un petit quiz sur les informations de l'article, p. 80–81. Utilisez *c'est / ce sont... qui* et *c'est / ce sont... que/qu'*.** B ▶ p. 128 ▶ Grammaire, p. 92/2

Exemple : **A :** C'est en 1534 ou en 1608 que Jacques Cartier arrive au Québec ?
B : C'est en 1534.

- en 1534 / en 1608 • Jacques Cartier *arriver* au Québec
- Jacques Cartier / Samuel de Champlain • *fonder* la ville de Montréal
- les Européens / les peuples autochtones • *avoir* l'idée des réserves
- dans les réserves / dans les villes • la plupart des Autochtones *vivre* aujourd'hui
- l'automne / l'été • on *appeler* « l'été indien »

6 a **Cilia, guide de traîneau à chiens au Québec, a répondu aux questions d'un journaliste. Complète les questions du journaliste, puis écoute l'interview et vérifie.** ▶ Grammaire, p. 93/3

avec combien de • d'où • de quoi (2x) • depuis quand • à qui • avec qui

1. Cilia, tu n'es pas d'origine québécoise. ❄ est-ce que tu viens ?
2. ❄ est-ce que tu es guide de traîneau à chiens ?
3. Tous les chiens ne sont pas des bons chiens de traîneau. ❄ est-ce que ça dépend ?
4. ❄ est-ce que tu travailles ?
5. ❄ chiens est-ce que vous travaillez en ce moment ?
6. ❄ est-ce que vous proposez cette activité ?
7. Faire du traîneau à chiens dans cette région, c'est une activité d'hiver. ❄ est-ce que vous vivez en été ?

b **Qu'est-ce que tu apprends sur Cilia et les balades en traîneau à chiens ? Écoute l'interview encore une fois et prends des notes, puis raconte.**

DELF

c **Est-ce que tu voudrais faire une balade en traîneau à chiens ? Discute avec ton/ta partenaire.**

Exemple : Oui, parce que ça doit être extraordinaire ! Et en plus, j'adore les chiens !

c'est / ça doit être	génial • extraordinaire • rapide • sportif • difficile • __
j'adore / je n'aime pas	les chiens • la neige • __
j'ai	peur de tomber • peur des chiens • une allergie • __

Comparer les langues

7 a **Au Québec, on parle français. Mais parfois, on utilise d'autres mots qu'en France. Trouve les expressions qui veulent dire la même chose. Puis, écoute les expressions québécoises.**

français du Québec		français de France	
le chum	ça clique	le vélo	ça marche
être en amour	Bon matin !	on rigole bien	le copain
À tantôt !	c'est le fun	être amoureux	Bonjour !
le trip	le break	le week-end	la pause
magasiner	la fin de semaine	le voyage	faire du shopping
le bicycle	Allô !	Salut !	À plus !

b **Trouvez les mots d'origine anglaise en français du Québec et en français de France. Qu'est-ce que vous remarquez ? Et comment pourrait-on l'expliquer ? Faites des hypothèses.**

Regarder et comprendre

TV5MONDE

8 **Découvre le Québec avec TV5MONDE ! Qu'est-ce que tu reconnais ? Qu'est-ce que tu apprends ? Regarde la vidéo et raconte.**

Mini-tâche : Médiation

9 **Deine Familie plant eine Reise nach Quebec und deine Mutter sammelt Informationen. Lies ihre Nachricht und die Webseite und antworte ihr in einer Sprachnachricht.**

▶ Méthodes, p. 150/28

Guck mal, ich habe eine Seite über Bären gefunden! Aber ich verstehe leider nicht alles. Wie soll man denn reagieren, wenn man einem Bären begegnet? Ich dachte immer, man soll viel Krach machen, um den Bären in die Flucht zu schlagen. Lies doch bitte mal und sag mir, was man tun soll. Mama. 14:13

BIENVENUE AU QUÉBEC | EXCURSIONS | CONSEILS | CONTACT | JE CHERCHE

VOUS VOULEZ FAIRE UNE EXCURSION DANS LA FORÊT ?

Alors, vous devez savoir comment il faut réagir si vous rencontrez un ours noir.

RESPECTEZ LES RÈGLES SUIVANTES :

1. Prenez les enfants dans vos bras et restez en groupe.
2. Parlez à l'ours. Il va comprendre que vous êtes un être humain et penser que vous êtes plus forts que lui. Il va probablement partir.
3. Ne vous approchez jamais d'un ours. Gardez toujours une distance d'au moins 50 m entre l'ours et vous.
4. Ne courez jamais quand vous rencontrez un ours. Il va vous courir après, et… un ours est toujours plus rapide qu'un être humain !
5. Quand l'ours vient vers vous, il faut distinguer deux situations différentes :

L'ours a l'air stressé parce que vous êtes entrés dans son monde, il a peur.
Ne criez pas. Ne faites rien. Ne lui bloquez pas le chemin. S'il vient près de vous, ne courez pas, couchez-vous et faites le mort ! Mettez votre sac sur votre dos pour vous protéger.

L'ours a l'air « cool », pas stressé, il n'a pas peur. Il vous regarde comme un chat regarde une souris. Cet ours ne veut pas se défendre. Au contraire, il veut vous manger.
Dans cette situation, il faut crier. Faites du bruit, bougez. Montez par exemple sur un rocher pour avoir l'air plus grand que l'ours. L'ours va comprendre qu'il ne faut pas vous attaquer parce que vous êtes plus forts que lui. Mais ne vous inquiétez pas : ce genre de rencontre est très rare.

Pour moi, le Québec, c'est…

… le chandail des Canadiens

Maya, 16 ans, Montréal

Je suis fan de hockey sur glace, alors un objet typique du Québec, pour moi, c'est le chandail des Canadiens de Montréal ! Vous les connaissez, bien sûr ! C'est l'équipe qui a été le plus souvent championne de la LNH. Et pour moi, c'est la meilleure équipe du monde ! 😊 Quand on va voir un match des Canadiens au Centre Bell avec mon père (et on y va le plus souvent possible), on porte nos chandails rouges et bleus aussi fièrement que Maurice Richard, la star des stars !

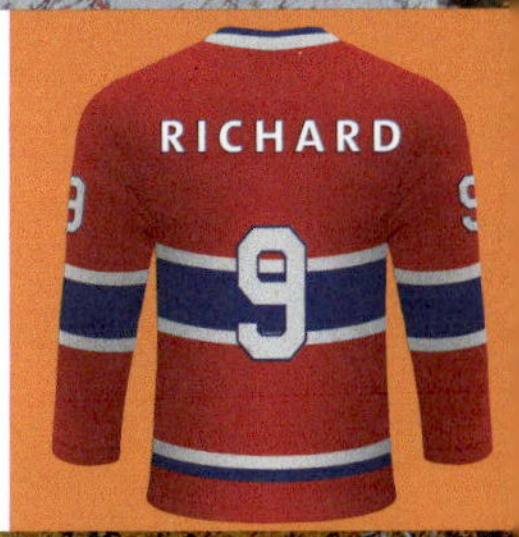

… l'érable

William, 15 ans, Québec

Vous voulez savoir quelle est la chose qui symbolise le mieux le Québec pour moi ? C'est l'érable. La feuille d'érable est sur le drapeau canadien, mais le sirop d'érable est surtout une spécialité québécoise ! Il n'y a pas d'autre région dans le monde où on fait autant de choses avec du sirop d'érable. Chez nous, on en met partout, dans le café, dans les gâteaux et même dans des plats avec de la viande ! Au printemps, ma famille et moi, on passe souvent la fin de semaine dans une cabane à sucre. J'adore ça ! On y apprend comment on fabrique le sirop d'érable et on mange de la tire d'érable. Pour la faire, il faut mettre du sirop très chaud sur de la glace et ça fait une sorte de bonbon très bon !

… la motoneige

Éric, 15 ans, Sept-Îles

J'habite à un peu moins de 900 km de Montréal, à un endroit où il n'y a pas beaucoup de routes. Alors l'objet le plus important pour moi, c'est la motoneige. Avec la motoneige, on va moins vite qu'en voiture, mais plus loin ! On peut aussi transporter plus de choses qu'en traîneau à chiens. Par exemple : mes parents ont construit une cabane près du Lac des Rapides. C'est un endroit génial, mais y aller sans motoneige, c'est un peu compliqué. Le problème : pour conduire une motoneige, il faut avoir 16 ans. Alors je dois encore attendre un peu pour pouvoir passer des fins de semaine avec les copains dans la cabane. Pour moi, la motoneige, ce n'est pas seulement un objet typiquement québécois, c'est aussi la liberté !

… le wampum

Abequa, 14 ans, Trois-Rivières

Vous connaissez le wampum ? C'est une ceinture que faisaient les peuples autochtones autrefois avec des perles. On échangeait des wampums pour montrer son amitié ou pour faire la paix à la fin d'un conflit. Sur les wampums, il y a des symboles qui racontent une histoire et on peut « lire » le wampum pour se souvenir. Le wampum que j'aime le plus, est **le wampum que les peuples autochtones ont donné aux premiers Européens**. La ceinture symbolise le fleuve de la vie. Il y a une ligne pour le bateau des Français et une ligne pour le canoë des peuples autochtones. Au milieu, il y a trois lignes blanches qui symbolisent l'amitié, la paix et le respect. Ça reste un message important pour vivre ensemble au Québec aujourd'hui.

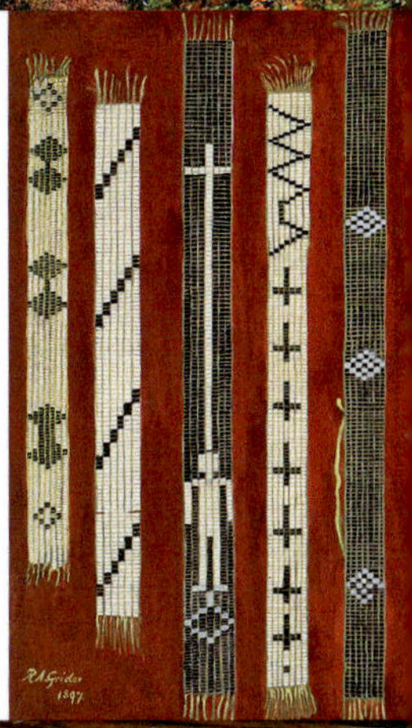

Lire et comprendre

1 a **Lis l'article, p. 85, et retrouve pour quelles choses de l'article ces phrases sont vraies. La plupart du temps, il y a plusieurs possibilités.**

1. On peut y passer le week-end.
2. On le/la construit.
3. On le/la fabrique.
4. Il/Elle est un cadeau traditionnel.
5. Il/Elle est sucré/e.
6. Il/Elle est un vêtement.
7. Il/Elle est un symbole officiel d'un pays.
8. On peut y voir des matchs.
9. Il/Elle est dans la forêt.
10. On le/la conduit dans la neige.

b **Dans l'article, quatre jeunes Québécois présentent une chose qui symbolise le Québec pour eux. Explique pourquoi ils trouvent ces choses importantes.**

c **Et vous, que trouvez-vous le plus intéressant ou le plus cool dans l'article ? Discutez.**

Parler

DELF

2 **Tu as déjà appris beaucoup de choses sur le Québec. Imagine que tu vas y passer tes vacances. Où est-ce que tu voudrais aller ? Et quand ? Explique à tes partenaires.**

à Montréal à Québec en Gaspésie dans les Laurentides au Lac Saint-Jean dans le nord __	au printemps en été en automne en hiver au mois de __	pour	voir __ découvrir __ apprendre (à) __ faire (de) __ __
		parce que j'adore __ parce que __	

S'entraîner

3 **B te dit quelque chose. Est-ce que tu es d'accord ? Réagis. Utilisez le comparatif de l'adverbe.**

B ▶ p. 128 ▶ Grammaire, p. 93/4

Exemple :
– Je pense qu'on va plus vite en traîneau à chiens qu'en motoneige.
– Non, je pense qu'on va aussi vite en traîneau à chiens.

Oui, je pense aussi que…
Oui, peut-être.
Je ne sais pas.
Non, je pense que…

A

– *aller* vite : en traîneau à chiens • en motoneige
– *observer* facilement au Québec : un orignal • une baleine
– *manger* souvent du sirop d'érable : au Québec • dans le reste du Canada
– *durer* longtemps : le voyage de Montréal à Québec • de Paris à Marseille
– *comprendre* bien l'anglais : les Québécois • les Français

4 **À l'aide du tableau, comparez le Québec et la France. Utilisez *plus de… que, moins de… que* et *autant de… que*.**

Exemple : Au Québec, il y a moins d'habitants qu'en France. / En France, il y a plus d'habitants qu'au Québec.

	au Québec	en France
habitants	8 576 000	66 993 000
francophones	6 684 125	66 060 000
grandes villes (> 500 000 habitants)	2	3
langues officielles	1	1
parcs nationaux	28	11
lacs (> 3 km^2)	500 000	900
ours	70 000 (ours noirs)	50 (ours bruns)
km de routes	325 000	1 103 451
mois d'hiver	7	3
sortes de fromage	700	1 200

Écouter et comprendre

5 a **Marie-Claire vient du Québec. Pour préparer l'écoute de son interview, écoute la prononciation québécoise de ces mots, puis compare-la au français standard de France.**

- [y] : le sud • la nature • la température • plus
- [i] : la fille • la ville • l'hiver • vivre
- [d] : dix • perdu • d'hiver
- [t] : typique • petite • l'artiste
- [a] : c'est ça • le plat • pas • là
- [ɑ̃] : le blanc • les Français • vraiment • facilement
- [ɛ̃] : plein • moins • vingt • rien • bien • le train

Le français standard en France est la même chose que le « Hochdeutsch » en Allemagne.

b **Écoute l'interview de Marie-Claire et réponds aux questions. Parfois, il y a plusieurs possibilités.**

DELF

1. Quelle partie du Québec et quelle ville est-ce que Marie-Claire connaît bien ?
2. Quelle saison est-ce qu'elle aime le plus et qu'est-ce qu'elle adore dans cette saison ? Donne au moins deux exemples.
3. Quels sont les deux plats qu'elle trouve typiques du Québec ?

A le gâteau à l'érable

B la soupe aux pois

C la poutine

D la tourtière

4. Pour Marie-Claire, est-ce qu'on se parle plus facilement au Québec ou en Europe ?

▶ Question n° 5 →

5. Quels sont les quatre conseils qu'elle donne aux Européens qui veulent visiter le Québec ?

A acheter des vêtements chauds
B venir au Québec pendant l'été indien
C aller manger une poutine à Montréal
D écouter la musique québécoise
E regarder des films québécois
F faire un tour en traîneau à chiens
G ne pas faire de commentaires sur le français québécois

c **Écoute la deuxième version de l'interview (en français de France) et vérifie tes réponses de b.**

Vocabulaire et expression

6 a **Qu'est-ce qui va ensemble ? Retrouve les expressions. Parfois, il y a plusieurs possibilités.**

Exemple : fonder une ville

VERBES

fonder • vivre • observer • construire • se souvenir • échanger • fabriquer • dépendre • conduire • symboliser

COMPLÉMENTS

de la région • une motoneige • des animaux • l'amitié • de la pêche • de l'Histoire • un pont • du sirop d'érable • une ville • des wampums

b **Trouve d'autres compléments pour les verbes de a.**

Exemple : fonder un club

c **Complète ta carte mentale sur le thème du Québec (**► p. 79/5**) par des expressions de a et de b.**

Apprendre à apprendre

Le Cirque du Soleil

7 **Einem Text die wichtigsten Informationen entnehmen** ► Méthodes, p. 147/24.1

a Wenn du den Inhalt eines Textes wiedergeben sollst, ist es sinnvoll, von allen Informationen, die der Text liefert, nur die wichtigsten zu behalten. Lies die Hinweise im Methodenteil und wende sie in b und c an.

b **Lest den Text zum *Cirque du Soleil* und den dazugehörigen Durchstreichungsvorschlag. Prüft gemeinsam, ob ihr mit den Durchstreichungen einverstanden seid, und berichtigt sie, falls nötig.** ► Webcode, S. 1

c **Qui est Maurice Richard ? Et pourquoi est-ce qu'il est célèbre au Québec ? Lis l'article, trouve les informations les plus importantes, puis complète la fiche.** ► Webcode, S. 1

nom : Maurice Richard
son activité :
né/e en :
ses débuts :
ses plus grands succès :

Recherche

8 **Choisissez une de ces personnalités québécoises, faites une recherche, puis présentez-la. Utilisez la fiche de l'exercice 7c pour structurer votre recherche et votre présentation.**

Xavier Dolan

Jenny Salgado

Émile Bilodeau

Guy Delisle

Naomi Fontaine

Sheila Watt-Cloutier

Kevin Ledo

Maude Landry

Mahdi Ba

les sœurs Dufour-Lapointe

Regarder et comprendre

9 a **Regarde le film « Le Chandail », puis explique en deux ou trois phrases de quoi il parle.**

la mite die Motte
prier beten

★ b **Qu'est-ce qui se passe ? Quel est le problème ? Résume l'action du film plus en détail.** ☆ ► p. 133

commander qc • *demander* à qn d'essayer qc • *devoir* porter qc • *échanger* qc • *être* en colère • *être* fan de qn • *être* trop petit • *avoir* des trous • *prier* • *garder* qc • *laisser* qn jouer • *porter* qc

c **Explique pourquoi le chandail est important pour le garçon.**

Mini-tâche : Écrire

DELF **10** **À toi ! Écris un texte pour présenter un objet, comme les jeunes, p. 85.** ► Banque de mots, p. 167

Cet objet peut être :
– un objet important pour toi,
– un objet typique de ta région / de ton pays,
– un objet important pour toi et typique de ta région / de ton pays.

Recherche-Ergebnisse in eigenen Worten wiedergegeben

In der Tâche wirst du Tipps für eine Themenreise in Quebec zusammenstellen. Dazu recherchierst du auf echten französischsprachigen Webseiten, musst ihren Inhalt grob erfassen und dann die wichtigsten Informationen in eigenen Worten wiedergeben, damit deine Mitschüler/innen diese verstehen und interessant finden. Hier übst du, wie das geht. ▶ Tâche, p. 91

MK

Übernimm Texte oder Textteile aus dem Internet nicht wortwörtlich: Dieses Kopieren verletzt Urheberrechte und heißt „Plagiat".

1 **Stell dir vor, du hast das Thema Wintersport gewählt und im Internet diesen Text gefunden. Lies ihn und wende dabei die Erschließungsstrategien an, die du schon kennst.** ▶ Méthodes, p. 146/23 **Erschließe dann die markierten Wörter aus dem Zusammenhang.**

OÙ FAIRE DU SKI DE FOND ET DE LA RAQUETTE ?

- **Dans les parcs**

Les parcs nationaux du Québec (Sépaq) offrent près de 450 kilomètres de sentiers balisés et entretenus mécaniquement. Certains parcs régionaux et municipaux proposent également de belles randonnées pour toute la famille.

- **Dans certains centres de ski alpin**

Plusieurs centres de ski alpin offrent des pistes de ski de fond et des sentiers de raquette. C'est l'occasion pour chacun de pratiquer son activité préférée.

- **Sur nos plus hauts sommets**

Nos plus hauts sommets varient entre 800 et 1192 mètres. Le Mont Gosford est le plus élevé et comprend un sentier de raquette de 14 kilomètres. On a aussi des fantômes au sommet du parc national des Monts-Valin...

- **Sur nos plus longs sentiers**

Des sentiers de raquette variant de 100 à 1000 kilomètres permettent aux plus aventuriers de découvrir toute la beauté de notre nature sauvage. Le Sentier national au Québec (SNQ) traverse neuf régions touristiques du Québec. Il parcourt des parcs nationaux et régionaux, ainsi que des zecs, pourvoiries et terrains privés.

Source : Bonjour Québec > Quoi faire > Activités hivernales

2 **Gib die wichtigsten Informationen des Textes aus 1 in eigenen Worten wieder.**

3 a **Damit ein Text seine Leser/innen anspricht, muss er nicht nur wissenswerte Informationen enthalten, sondern auch lebendig und interessant geschrieben sein. Lies diesen Text und finde heraus, mit welchen „Tricks" darin versucht wird, das Interesse der Leser/innen zu wecken.**

Vous aimez les histoires bizarres et vous êtes fan de nature ? Alors venez à Percé ! Vous pouvez y découvrir la culture gaspésienne et un des paysages les plus impressionnants du Québec. Et avec l'excursion en bateau qui part du village, pas besoin de choisir, vous pouvez voir le rocher célèbre de près et écouter les vieilles légendes qui parlent de lui. C'est vraiment extraordinaire !

b **Formuliere deinen Text aus 2 um und wende dabei die „Tricks" aus 3a an.**

Présenter des bons plans pour un voyage au Québec –

Imaginez un voyage thématique au Québec et créez une carte numérique avec vos bons plans[1] (au moins quatre). Pour chaque étape du voyage, écrivez un texte où vous présentez l'endroit et expliquez pourquoi il faut y aller.

1 **le bon plan** der Tipp

1 **Lisez et analysez les étapes de la tâche. Puis, avec toute la classe, élaborez les critères d'évaluation pour votre voyage thématique.**

2 **Choisissez un thème pour votre voyage. Vous pouvez aussi choisir des sous-thèmes plus précis ou originaux. Voici des idées :**

- les habitants
  - les langues
  - les peuples autochtones
- la nature
  - les paysages
  - les parcs nationaux
    - les animaux
- le sport
  - le hockey sur glace
    - les légendes du hockey
  - le lacrosse
- les spécialités
  - la poutine
  - les oreilles de crisse
- les fêtes et traditions
  - le pow-wow
  - les festivals
- l'art et les siences
  - la musique
  - les inventions

3 **Trouvez des informations sur le thème que vous avez choisi.**

- Survolez les documents sous webcode, trouvez les documents qui vont avec votre thème, puis lisez-les. Notez les informations intéressantes et, éventuellement, des idées pour votre recherche en ligne. ► Webcode, S. 1
- Faites une recherche en ligne et trouvez des bons plans pour votre thème : endroits, activités, autres... Utilisez les stratégies pour comprendre un texte et notez seulement les informations importantes ou intéressantes. ► Tremplin, p. 90/1+2
- Organisez les informations que vous voulez donner. Puis, cherchez des photos (et/ou des audios, des vidéos...) pour les illustrer.

Le site officiel « Bonjour Québec » est un bon point de départ pour votre recherche.

4 **Préparez votre carte numérique.**

- Écrivez les textes pour vos bons plans. Formulez-les de manière intéressante. ► Tremplin, p. 90/3
- Corrigez vos textes. ► Méthodes, p. 149/27
- Préparez votre carte numérique avec vos textes et vos autres documents.

Digitale Karten mit eingebetteten oder verlinkten Audios und Videos kannst du in vielen Apps erstellen!

5 **Partagez vos voyages thématiques. Puis, évaluez-les à l'aide de vos critères d'évaluation de 1.**

Grammaire en contexte

GH 27 **1** **Du sagst, aus welchem Land du kommst.** → *venir/être de* + Ländernamen

la France → Il vient **de** France.
l'Allemagne → Ils viennent **d'**Allemagne.
le Luxembourg → Elle est **du** Luxembourg.
les Pays-Bas → Elles sont **des** Pays-Bas.

Merke: la → de | le → du
l' → d' | les → des

GH 28 **2** **Du betonst etwas.** → die Hervorhebung (*la mise en relief*)

C'est ma mère **qui** a voulu vivre ici.
Ce sont mes parents **qui** ont tout fait.
C'est depuis 1995 **que** la maison existe.
C'est l'endroit **que** je préfère.
C'est ici **que** je suis né.

Merke:
c'est... qui / ce sont... qui – hervorgehobenes Subjekt
c'est... que / ce sont... que – hervorgehobene Ergänzung

❗ Bei *c'est... qui* und *ce sont... qui* stehen die unverbundenen Personalpronomen:
C'est lui qui part. Ce sont eux qui restent.

❗ Bei *c'est... qui* wird das Verb an das Subjekt angeglichen:
C'est moi qui **suis** partie.
C'est toi qui **es** restée.

Lerne die wichtigsten Sätze der Unité 4.
▶ Mots pour le dire, p. 168–177

GH 29 3 Du stellst eine Frage. → die Frage mit Präposition und Fragewort

Depuis quand est-ce que tu vis ici ?
À qui est-ce que tu penses souvent ?
Avec qui est-ce que tu aimes voyager ?
De quoi est-ce que tu rêves ?

Merke:

parler de qn →	De qui... ?	Von wem ...?
parler de qc →	De quoi... ?	Wovon ...?

! In der gesprochenen Sprache wird *est-ce que* oft weggelassen.

GH 31 4 Du vergleichst, wie jemand etwas macht. → der Komparativ des Adverbs

(–) Laure lit **moins vite que** Théo.
(=) Ada lit **aussi vite que** Théo.
(+) Ada lit **plus vite que** Laure.

!		
beaucoup →	**plus (que)** [plys]	mehr (als)
peu →	**moins (que)**	weniger (als)
bien →	**mieux (que)**	besser (als)

GH 32 5 Du vergleichst, wie jemand etwas macht. → der Superlativ des Adverbs

(+)(+) En avion, on va **le plus loin**.
(–)(–) À pied, on va **le moins loin**.

!		
beaucoup →	**le plus** [ləplys]	am meisten
peu →	**le moins**	am wenigsten
bien →	**le mieux**	am besten

GH 30 GH 34 6 Weitere Verben → die Verben *vivre*, *construire* und *conduire*

▸ Verbes, p. 156–157

MK 7 Hast du alles verstanden? Mach den C-Test!

▸ Carnet d'activités, Unité 4, Fais le point

Hier liest du einen Sachtext …

De la motoneige au métro de New York

L'histoire extraordinaire de l'entreprise[1] Bombardier

Tout commence au début du XXe siècle, à 125 kilomètres de Montréal, dans le petit village québécois de Valcourt où Joseph-Armand Bombardier naît[2] en 1907. Ses parents ont un magasin général, ces magasins qu'on trouve dans les villages du Québec et où on peut acheter de tout. Joseph-Armand est le premier d'une famille de huit enfants. Très vite, ses parents remarquent qu'il y a seulement une chose qui compte pour lui : la mécanique. Réparer des objets et inventer des machines est sa passion et il utilise même des pièces de la voiture de ses parents pour finir ses constructions. Un jour, son père en a vraiment assez et achète une vieille voiture cassée que son fils peut démonter[3] comme il veut.

À 15 ans, Joseph-Armand construit une première machine pour se déplacer[4] sur la neige. Elle fonctionne comme un avion avec un moteur et une hélice[5]. Mais quand son père découvre son invention, il est très en colère parce que la machine est extrêmement dangereuse : elle pourrait couper le bras de quelqu'un ! Joseph-Armand doit la démonter. Mais il n'oublie pas son idée.

Après son baccalauréat, il fait une année de stage[6] dans un garage[7] et une année d'études de mécanique à Montréal. À seulement 21 ans, il ouvre le « Garage Bombardier » à Valcourt. L'été, il y répare tous les genres de machines. L'hiver, quand il a moins de travail, il calcule, dessine, invente... Il est très créatif : pour avoir de l'électricité, il construit un barrage[8] avec une turbine sur la rivière près de chez lui. Et quand il a besoin d'une pièce qui n'existe pas encore, il invente une machine pour créer la pièce !

Le « Garage Bombardier » grandit et tout va bien pour Joseph-Armand, qui a maintenant une femme et deux petits garçons. Mais en 1934, c'est le drame : son fils de deux ans est gravement malade et pour le sauver[9], il faut aller à l'hôpital. Le problème : c'est l'hiver québécois, il y a trop de neige, et on ne peut pas rouler sur les routes. L'enfant meurt[10]. Joseph-Armand n'a rien pu faire.

le B12

Après cet épisode tragique, il travaille encore plus : il veut absolument trouver une solution pour se déplacer vite sur la neige. Moins de trois ans plus tard, il invente le B7 (B comme Bombardier et 7 comme sept personnes), puis le B12 (pour 12 personnes), qu'il appelle des « autoneiges » et qui sont comme des mini-bus sur des skis. La première année, en 1937, le « Garage Bombardier » vend trois autoneiges. Cinq ans plus tard, en 1942, le succès est tellement grand que[11] Joseph-Armand fonde une entreprise : l'« Auto-neige Bombardier Limitée ». En 1947, elle produit déjà plus de 1000 autoneiges par an. Bientôt, toute la famille Bombardier et presque tout le village de Valcourt y travaillent.

Malheureusement, à la fin des années 40, les choses changent tout à coup. À cause de la construction de nouvelles routes et de deux hivers sans neige, les gens achètent moins de B7 et de B12. Joseph-Armand doit trouver une nouvelle idée s'il veut sauver son entreprise. Il invente alors le « Muskeg », un tracteur qui roule aussi bien sur la neige que sur la terre[12] et qui est idéal pour le travail en forêt. C'est un nouveau succès pour l'entreprise Bombardier.

En même temps, Joseph-Armand, qui n'a pas oublié l'idée qu'il avait à 15 ans, continue ses recherches et invente en 1959 la première motoneige, une moto sur skis pour deux personnes. Elle est très pratique pour les habitants des régions où il y a beaucoup de neige, mais elle est aussi passionnante pour les sportifs et très « fun » pour les touristes. Le succès est gigantesque.

Au moment où tout va bien pour l'entreprise Bombardier, en 1963, on découvre que son fondateur[13] a une maladie grave. Il meurt en 1964. Sa famille mène alors l'entreprise, qui grandit encore. Mais en

1973, les gens n'achètent plus beaucoup de motoneiges à cause de la crise du pétrole[14]. Il faut trouver un autre marché. En 1974, comme Bombardier est déjà très célèbre, on commande à l'entreprise les trains du nouveau métro de Montréal, puis, en 1982, les trains du métro de New York !

Pour l'entreprise Bombardier, un marché extraordinaire s'ouvre. À partir des années 80, elle construit surtout des trains et des avions et participe à beaucoup de grands projets : par exemple, en Europe, le TGV français, l'ICE allemand et le tunnel sous la Manche[15]. En 2021, Bombardier fusionne[16] avec l'entreprise française Alstom et devient l'une des plus grandes entreprises de transport du monde.

Que reste-t-il de tout cela à Valcourt ? D'abord, le petit village est devenu la capitale mondiale de la motoneige. Ensuite, on y vient de partout pour visiter le « Musée de l'Ingéniosité[17] Joseph-Armand Bombardier », créé en souvenir du mécanicien québécois pour qui « impossible n'était pas possible ».

1 **l'entreprise** *f.* das Unternehmen 2 **il/elle naît** il est né 3 **démonter qc** etw. auseinanderbauen, zerlegen 4 **se déplacer** sich fortbewegen 5 **l'hélice** *f.* ein Propeller 6 **le stage** das Praktikum 7 **le garage** *hier:* die Werkstatt 8 **le barrage** der Staudamm 9 **sauver qn/qc** jdn/etw. retten 10 **il/elle meurt** er/sie stirbt 11 **tellement grand que...** so groß, dass ... 12 **la terre** die Erde 13 **le fondateur / la fondatrice** la personne qui a fondé 14 **le pétrole** das (Erd-)Öl 15 **le tunnel sous la Manche** le tunnel entre la France et l'Angleterre 16 **fusionner avec qc** mit etw. fusionieren, Teil von etw. werden 17 **l'ingéniosité** *f.* der Erfindungsreichtum

1 a Lis l'article, p. 94–95. Puis, explique en une phrase de quoi il parle.

★ **b Fais une frise avec les étapes qui sont décrites dans l'article (moments et évènements).** ☆ ► p. 134

2 Ein *résumé* schreiben

a In einem *résumé* (dt. *Inhaltsangabe*, engl. *summary*) gibst du die wichtigsten Informationen eines Textes in eigenen Worten wieder.

b Markiere nur die wichtigsten Informationen des Artikels oder streiche Unwichtiges weg. Vergleicht eure Ergebnisse zu zweit. Text ► Webcode, S. 1 ► Méthodes, p. 147/24.1

3 a Bestimme die beste Zusammenfassung des ersten Abschnitts (Z. 3–16). Begründe deine Wahl.

1. Déjà quand il était petit, Joseph-Armand Bombardier, né en 1907, réparait toujours des objets.
2. Joseph-Armand Bombardier naît en 1907. Il adore la mécanique et il énerve son père. Finalement, son père lui achète une voiture. C'est super !
3. Joseph-Armand Bombardier naît en 1907 dans un petit village du Québec. Très tôt, la mécanique devient sa passion.

- ✔ Einleitungssatz (Textsorte, Titel, ...)
- ✔ im Präsens
- ✔ in der dritten Person
- ✔ deutlich kürzer als der Originaltext (ca. ein Drittel)
- ✔ keine wörtliche Rede
- ✔ nur Fakten, keine persönliche Meinung
- ✔ nur wichtige Informationen

b Fasse die übrigen Abschnitte des Artikels jeweils in ein bis zwei Sätzen zusammen.

c Vervollständige dein *résumé* mit einem Einleitungssatz. Überarbeite dazu deinen Satz aus 1a.

Hier kannst du überprüfen, was du in den Unités 3–4 gelernt hast …

C-Test

Wo ein [?] steht, fehlt die Hälfte des Wortes (und bei ungerader Buchstabenanzahl ein Buchstabe mehr).

1 **Complète les textes dans ton cahier.**

a

J'ai fait un échange au Québec ! Heureu[1], ma famille d'acc[2] était sy[3]. Ils m'o[4] tout mon[5] et m'ont expl[6] leurs habi[7]. C'est pour[8] j'ai déco[9] plein de nouv[10] choses et j'ai fa[11] beaucoup de pro[12]. J'ai mê[13] adoré le cli[14] : très fr[15] avec beau[16] de ne[17]. Br[18], cet éch[19] a é[20] une tr[21] bonne expér[22] pour moi. Mê[23] si je compr[24] les ge[25] la plu[26] du te[27], les expre[28] québécoises sont par[29] un peu biza[30] et il y a eu des malen[31] très drô[32] entre mon corres[33] et moi. Par exemple, à ton avis, ça veut dire quoi « chauffer le char » ?

b

Vous connaissez les Inuits, bien sûr. Mais sa[1]-vous que la prov[2] du Québec com[3] onze peu[4] autochtones ? Un exe[5] : les Attikameks. Ils viv[6] dans le s[7] du Québec, près de la Riv[8] Saint-Maurice, sur un terri[9] qu'ils appe[10] « Nitaskinan » (ça ve[11] dire « notre terre ») et qui fait env[12] 80 000 km². Dans la cul[13] des Attikameks, l'an[14] a six sai[15] où les ge[16] ont tradition[17] des acti[18] différentes co[19] la cha[20], la pê[21] ou fabr[22] des vête[23]. Même si, à ca[24] des Fran[25], les Attikameks sont dev[26] catholiques, ils ont ga[27] leurs viei[28] traditions : le res[29] de la nat[30] et tout part[31] avec les aut[32]. Ce sont deux idées qui sont à nouveau très modernes aujourd'hui !

c

Que suis-je ? Je suis né en 1890, à Gevoudaz. Je su[1] un objet typiq[2] français de la v[3] de to[4] les jo[5]. Je suis que[6] chose de co[7], en mé[8] qu'on uti[9] pour cou[10] quelque ch[11]. En gén[12], on peut m'ouv[13] et me fermer facil[14]. Je suis une so[15] de cou[16] de pique[17]. Je suis… un Opinel !

Compréhension des écrits

2 **Lis le blog de Malik, p. 97, réponds aux questions.**

1. Malik est né au Québec. Vrai ou faux ? Justifie.
2. Malik n'aime pas trop vivre au Québec. Vrai ou faux ? Justifie.
3. La Chute Montmorency est une cascade
   - A à 10 km des Chutes du Niagara.
   - B que peu de touristes connaissent.
   - C plus haute que la cascade célèbre de la Rivière Niagara.
4. Note quatre activités qu'on peut faire au Québec en hiver.
5. Pour fabriquer du sirop d'érable, il faut un climat
   - A -20°C
   - B ±0°C
   - C +20°C
6. Maintenant, Malik utilise quelques mots québécois. Vrai ou faux ? Justifie.
7. En France, Malik mangeait plus tôt qu'au Québec. Vrai ou faux ? Justifie.
8. Maintenant, le sport préféré de Malik, c'est le hockey sur glace. Vrai ou faux ? Justifie.

Die Lösungen des Bilan findest du online. ▶ Webcode, S. 1

... und bereitest dich außerdem auf die DELF-Prüfung vor.

BIENVENUE | BLOG | PAYSAGES DU MONDE | CONTACT | JE CHERCHE

Salut tout le monde et bienvenue sur le BLOG TROTTEUR !

Moi, c'est Malik. Depuis presque un an, je vis au Québec et j'adore ça ! C'est vraiment différent de la France, où je vivais avant. C'est pourquoi j'ai décidé de faire un blog pour vous présenter des choses typiquement québécoises.

Tout d'abord, le paysage ! La couleur des arbres pendant l'été indien est extraordinaire ! Le Québec est aussi une province où il y a beaucoup d'eau : il y a des lacs, des fleuves, des rivières et des cascades un peu partout. Saviez-vous qu'il y a environ un million de lacs au Québec ? Tout près de notre maison, à 10 kilomètres environ, il y a la Chute Montmorency. C'est une cascade impressionnante, plus haute que les Chutes du Niagara ! Et en hiver, quand il fait très froid, elle devient presque une cascade de glace ! C'est très beau. Mais il y a toujours beaucoup de touristes...

Ensuite, il y a le climat ! L'hiver est vraiment froid au Québec, (il fait jusqu'à -25 °C pendant la journée) et il dure de novembre à mars. Heureusement, il y a beaucoup de choses qu'on peut faire quand il fait froid : aller à la patinoire, faire de la motoneige, faire du traîneau à chiens, aller dans une cabane à sucre ou participer au Carnaval d'hiver. Et puis, le climat est important pour faire du sirop d'érable. C'est seulement quand il fait très froid en hiver qu'on peut fabriquer cette spécialité typiquement québécoise !

Il y a aussi la langue : le français du Québec est différent du français de France. Il y a des mots que je ne comprenais pas au début, mais maintenant, je les utilise aussi. Par exemple, je dis facilement « mes chums » pour « mes copains ». Et puis, les Québécois ont des habitudes différentes. Au début, j'étais un peu surpris quand « mes chums » voulaient manger à 18 heures. C'est beaucoup plus tôt qu'en France. Avec mes amis français, on mangeait plutôt vers 20 heures.

Enfin, parlons du sport. Ici, tout le monde s'intéresse au hockey sur glace. Quand il y a des matchs, on voit beaucoup de gens dans la rue qui portent le maillot de leur équipe, parfois même quand ils travaillent. C'est vraiment <u>le</u> sport national, un peu comme le foot en France. Au début, je ne comprenais pas bien les règles, mais maintenant, ce n'est plus un problème. Mais je continue à préférer le foot !

Voilà. C'est tout pour aujourd'hui. La prochaine fois, je vais vous parler de l'Histoire du Québec et des peuples autochtones. (Et bien sûr, il me reste encore beaucoup de choses à découvrir !) À plus !

Hier kannst du überprüfen, was du in den Unités 3–4 gelernt hast ...

Compréhension de l'oral

3 a **Vous êtes des élèves français et vos corres allemands sont chez vous. Quel est votre programme pour lundi et mardi ? Fais un tableau dans ton cahier, écoute le dialogue entre Céline et son père, puis complète.**

	lundi	mardi
matin	cours	
midi		
après-midi		
soir		

b **Pour quels repas est-ce que le père de Céline doit faire des courses ?**

A lundi midi   B lundi soir   C mardi midi   D mardi soir

4 **Écoute l'interview de Sam dans l'émission « Les spécialités du monde francophone » sur Radio Bleue et trouve les bonnes réponses.**

1. La poutine traditionnelle est un plat végétarien. Vrai ou faux ? Justifie.
2. Quelle recette est-ce que Sam prépare avec son père ?
   A la recette traditionnelle
   B la recette végane
   C la recette italienne
3. À quelle saison a lieu le Grand Poutinefest ?
4. Trouve la bonne publicité[1] pour le restaurant « Chez Ashton ».

1 **la publicité** die Werbung

A

B

C

Médiation

5 **Tu es en France avec tes parents et vous voulez commander des plats dans le restaurant « La Table de Julie ». Tu as trouvé ce menu sur Internet et tu appelles le restaurant pour commander. Écoute et fais la médiation entre l'homme du restaurant et tes parents.**

LA TABLE DE JULIE

Entrées – 8 €

Fonds d'artichaut à la provençale
Chèvre frais à la provençale
Tian provençale

Plats – 15 €

Bouillabaisse
Soupe au pistou
Daube provençale

Desserts – 7 €

Crème brûlée à la lavande
Tarte Tatin
Mousse au chocolat

Die Lösungen des Bilan findest du online. ▶ Webcode, S. 1

Production écrite

6 **Tu cherches un/e corres en France. Tu as trouvé l'annonce d'Éric et tu aimerais avoir plus d'informations sur lui. Lis sa fiche d'identité et écris un mail (environ 100 mots) où :**

- **tu lui poses des questions sur sa vie de tous les jours (école, vie de famille, activités...),**
- **tu lui décris trois choses qu'il peut découvrir s'il vient chez toi (école, vie de famille, habitudes, plats...).**

PROFIL

Nom : ROUX
Prénom : Éric
Âge : 15 ans
Ville : Carpentras, près d'Avignon
Hobbys : être dans la nature, faire la cuisine, jouer à des jeux vidéo

Production orale

7 **Imaginez que vous pouvez faire un voyage de classe au Québec. À quelle saison est-ce que vous voulez partir ? Pourquoi ? Discutez, puis mettez-vous d'accord.**

Le Québec en hiver

Le Québec en été

Unité 5

Vivre sa vie, vivre ensemble

A réaliser ses rêves

B aider les autres

C faire des choses ensemble

In dieser Unité lernst du:
- eine Diskussion zu führen,
- einen Wunsch, einen Willen oder eine Notwendigkeit auszudrücken,
- Gefühle auszudrücken und etwas zu bewerten,
- über einen Film zu sprechen.

D lutter contre les inégalités

Tâche
Am Ende dieser Unité kannst du eine Diskussion zum Thema Gerechtigkeit führen.

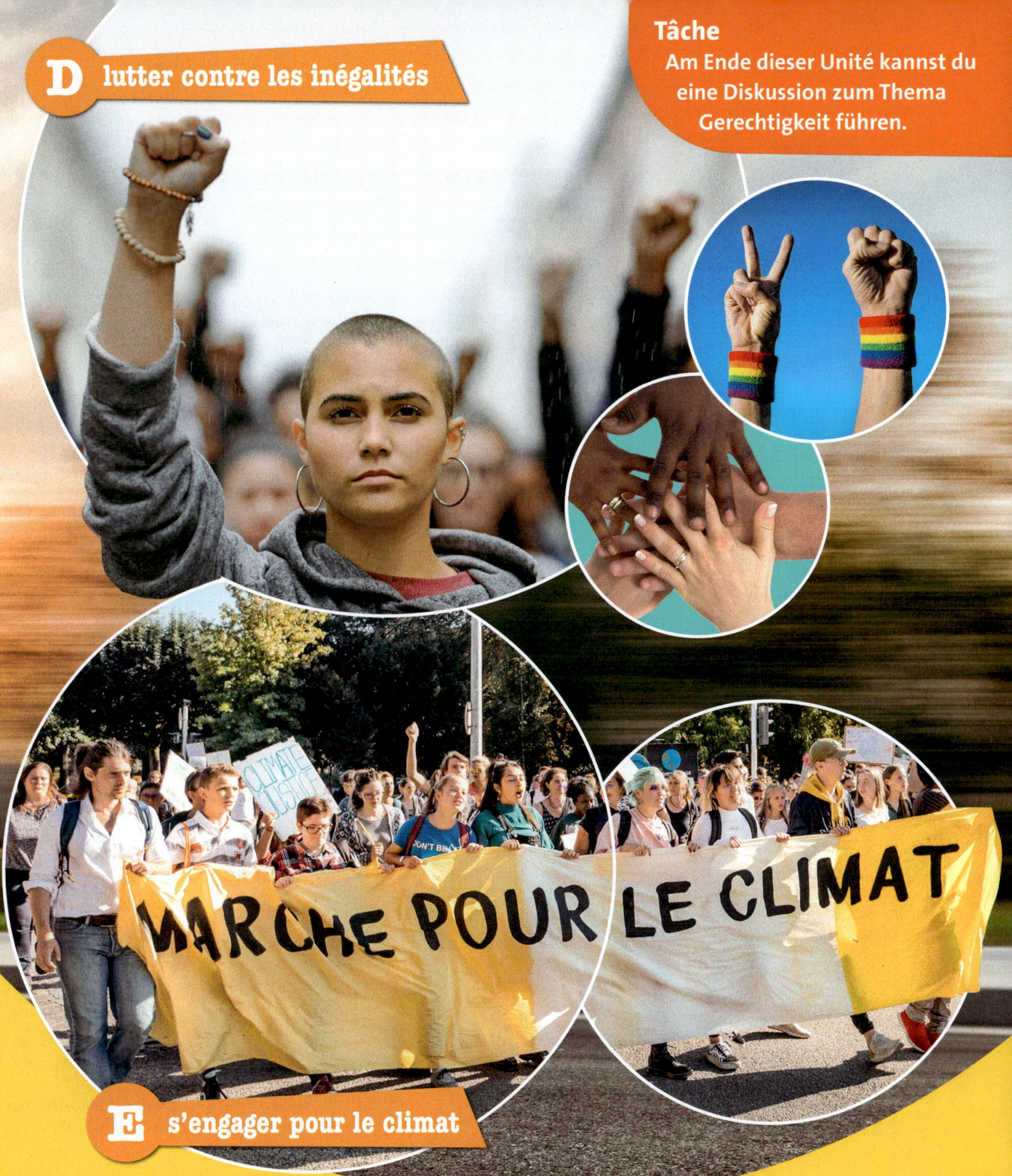

E s'engager pour le climat

1 **Regarde la page. « Réaliser ses rêves, aider les autres, faire des choses ensemble, lutter contre les inégalités et s'engager pour le climat », qu'est-ce que ça peut être ? Donne des exemples.**

Exemple : Réaliser ses rêves, ça peut être par exemple faire un voyage à Paris ou devenir célèbre.

2 a **De tous les thèmes de cette page, quel thème est le plus important pour toi ? Échangez vos avis.**

b **Trouve ton ordre d'importance pour les thèmes de cette page.**

Échanger des arguments dans une discussion

À mon avis, pour être écolo, il faut être végétarien.

? Tu es sûr/e ?

Mais oui ! Une personne végétarienne protège la planète de manière très active.
? Tu ne trouves pas ?

Ça dépend. D'un côté, tu as raison, manger de la viande est très mauvais pour le climat. D'un autre côté, il y a des choses encore plus horribles pour la planète.
ex: Par exemple, les gens qui prennent tout le temps l'avion.
→ Donc il ne suffit pas de devenir végétarien, il faut aussi changer ses autres habitudes !

✓ Tu as raison.
≠ Mais manger autrement, c'est le plus important parce que tout le monde mange tous les jours.
→ Donc ça change le monde si les gens mangent autrement.

? Alors tu penses vraiment que les gens vont manger seulement des légumes et du riz ?
Ce n'est pas du tout réaliste.

≠ Si, justement ! Il ne faut plus manger de viande. C'est la seule solution.
Et en plus, c'est facile !

≠ Là, je ne suis pas d'accord avec toi. Ce n'est pas facile parce que dans une société, il y a beaucoup de gens très différents !

≠ Ce n'est pas ce que je veux dire. Mais nous ne pouvons pas continuer comme ça.
! Il faut faire quelque chose. C'est une question de respect pour la nature !

✓ Là, je suis d'accord avec toi. Tout le monde doit faire quelque chose pour protéger l'environnement.

1 a **Regarde la vidéo et explique de quoi les personnes discutent. Puis, lis le dialogue et vérifie.**

b **Lis ces expressions de la discussion de a et trouve comment on dit en allemand.**

Ce n'est pas du tout réaliste. • Si, justement. • Donc il ne suffit pas de devenir végétarien. • D'un côté, tu as raison. • C'est une question de respect pour la nature. • Ça change le monde. • Il y a des choses encore plus horribles. • Tu es sûr/e ? • Ce n'est pas ce que je veux dire.

2 **Complète le dialogue par des expressions de la discussion, p. 102.**

– À mon avis, les cours commencent trop tôt. On pourrait commencer plus tard. [?] ?
– Ça dépend. [?], j'aimerais dormir plus longtemps. [?], je ne veux pas terminer plus tard !
– Tu as raison. Pour avoir des journées plus courtes, [?] changer l'emploi du temps du lundi au vendredi, [?] aller en cours le samedi.
– [?] les élèves préfèrent avoir cours tous les samedis pour des journées plus courtes en semaine ? [?].
– [?] On pourrait aller à l'école un samedi sur deux, par exemple.
– Là, je ne suis pas d'accord avec toi. Il faut deux jours sans école pour se reposer, [?] liberté !

3 a **Symbole helfen dir, einen Gesprächsablauf zu veranschaulichen und zu strukturieren. Zudem kannst du sie zum Lernen von Wortschatz und von Dialogen nutzen. Finde heraus, welche der Kategorien 1–6 zu welchem Symbol passt.**

A 👍 / 👎 B ⚖ C ? D [! → … ex:] E ≠ F ✓

1. seinen Standpunkt äußern und erklären / donner son avis et l'expliquer
2. zustimmen / être d'accord
3. widersprechen / ne pas être d'accord
4. etwas bewerten / évaluer quelque chose
5. etwas abwägen / peser le pour et le contre
6. eine Rückfrage stellen / poser une question

★ **b** **Retrouve dans la discussion, p. 102, les expressions qui vont avec chaque catégorie de a et note-les dans un « moulin à paroles » (= *Sprechfächer*). Puis, complète-le par des expressions que tu connais déjà.** ☆ ▶ p. 134 ▶ Méthodes, p. 141/13 ▶ Mots pour le dire, p. 175/10

4 **« Est-ce que les petits frères et les petites sœurs ont toujours de la chance ? » Jouez la discussion sur le thème et utilisez votre « moulin à paroles » de 3b.** B ▶ p. 129

A

1. […] les petits frères et les petites sœurs ont toujours de la chance et ont moins de problèmes avec les parents
3. [!]
   [ex:] mon petit frère joue super longtemps aux jeux vidéo et mes parents ne disent rien
   ? les parents sont toujours plus sévères avec les grands
5. ≠ les petits ont de la chance parce que les parents les laissent tranquilles
   […] les parents doivent surveiller les petits comme les grands
   [!] égalité[1]
7. ≠ si ça continue, mon petit frère va devenir accro aux jeux vidéo ! Il faut le protéger !

1 **l'égalité** *f.* ≠ l'inégalité

Je trouve ça injuste !

Préparer l'écoute

1 *Être* ou *avoir* ? Retrouve les bonnes expressions, puis trouve les expressions correspondantes en allemand.

> une mauvaise note • peur pour la planète • sur les réseaux sociaux • le diabète[1] • malade • accro au portable • un contrôle • engagé/e • des conséquences pour qn/qc • fatigué/e

[1] **le diabète** Diabetes

Je trouve ça injuste !

LE PODCAST DE RADIO FM

RADIO FM

Aujourd'hui, c'est la journée de la justice sociale dans le monde. C'est donc un bon moment pour vous demander : « Et vous, qu'est-ce que vous trouvez injuste dans votre vie de tous les jours ? » **RADIO FM** a posé la question à quatre jeunes. Écoutez leurs réponses.

Hugo : « Mes parents ne veulent pas que d'autres personnes utilisent mes données personnelles.»

Lina : « Je ne trouve pas normal que mes parents connaissent mes notes avant moi ! »

Zoé : « On n'a plus beaucoup de temps, il faut que le monde réagisse ! »

Tiago : « Je voudrais vivre comme les autres. »

Apprendre à apprendre

2 **Das Hörverstehen vorbereiten** ► Méthodes, p. 138/3

a Hörtexte sind leichter verständlich, wenn man vorher weiß, um welche Art von Text es sich handelt und eine Vermutung hat, worum es inhaltlich geht. Deshalb lohnt es sich, vor dem Hören alle Informationen gründlich zu lesen und Hypothesen zum Inhalt zu formulieren.

b **Lis la présentation de l'émission, p. 104. À ton avis, de quels thèmes parlent Hugo, Lina, Zoé et Tiago ?**

des réseaux sociaux | du collège | du climat | des maladies | de l'argent | de la faim dans le monde

Écouter et comprendre

3 a **Écoute l'émission de radio et vérifie tes hypothèses de 2b.**

★ b **Quelles personnes et/ou quelles choses est-ce qu'Hugo, Lina, Zoé et Tiago trouvent injustes ? Écoute encore une fois, prends des notes pour chaque jeune et explique.** ☆ ▶ p. 135

c **Écoute encore une fois et complète les phrases.**

1. Le problème d'Hugo, c'est que __.
2. Lina veut que les élèves connaissent __.
3. Zoé explique que les adultes __.
4. À cause de sa maladie, Tiago __.

VOS COMMENTAIRES, VOS TÉMOIGNAGES

ISSA
à 21:07

On me demande souvent d'où je viens. Mais quand je réponds : « De Nantes », on me demande d'où viennent mes parents. « Ma mère est de Brest et mon père de Paris. » Et après, bien sûr, ça ne suffit pas, je dois dire d'où viennent mes grands-parents. Je trouve ça bizarre et du coup, je me sens mal à l'aise parce qu'à mon avis, les gens me demandent ça à cause de ma couleur de peau. Mais je n'ai pas envie de raconter ma vie à tout le monde ! Il faut qu'on leur dise que ce sont des préjugés racistes... #NonAuRacisme

CAMÉLIA
à 21:13

Moi, ce sont les inégalités entre les hommes et les femmes que je trouve injustes ! Je voudrais que mes frères fassent la cuisine ou le ménage aussi souvent que moi. Je voudrais aussi que ma sœur et moi, nous puissions sortir sans dire où nous allons et quand nous rentrons. Mes frères, eux, ont le droit de sortir comme ils veulent et ils peuvent rentrer tard sans devoir tout expliquer. Bref, à la maison et dans la société, je veux que les règles soient les mêmes pour tout le monde ! C'est une question d'égalité !

Lire et comprendre

4 a **Lis le texte du podcast et vérifie tes réponses de 3.** ▶ Textes, p. 163–164

b **Lis les témoignages d'Issa et de Camélia, p. 105. Indique de quels thèmes ils parlent.**

c **Lis encore une fois et réponds aux questions :**

1. Qu'est-ce qu'Issa a remarqué ?
2. Comment est-ce qu'il trouve cela, et pourquoi ?
3. Qu'est-ce qu'il faut faire à son avis ?

1. Quelles sont les situations que Camélia décrit ?
2. Quelles sont les différences qu'elle remarque ?
3. Qu'est-ce qu'il faut faire à son avis ?

Parler

5 DELF **Et toi ? Qu'est-ce que tu voudrais ? Discute avec ton/ta partenaire.**

Je voudrais que	les profs mes parents les gens mes amis mes frères et sœurs mes grands-parents __	soient	(plus) (moins)	sévères • sportifs • cool • engagés • bizarres • drôles • vieux • écolos • sympa • timides • jeunes • __.

+		–
Moi aussi. Je suis d'accord (avec toi). Tu as raison. Je te comprends.	Pour moi, ça dépend ! Je ne sais pas.	Moi non. Je ne suis pas d'accord (avec toi). Tu exagères ! Je trouve que ce n'est pas grave.

Découvrir

6 a Ordne jedem dieser vier Sätze mit *subjonctif* die Redeabsicht zu, die mit ihm ausgedrückt wird.

1. Je trouve injuste que les profs mettent nos notes en ligne.
2. Il faut que le monde réagisse !
3. Je veux que les règles soient les mêmes pour tout le monde !
4. Je voudrais que les adultes nous écoutent enfin.

Wunsch | Bewertung | Wille | Notwendigkeit

b Findet im Podcast-Text, S. 163–164, und in den Kommentaren, S. 105, weitere Sätze, die diese Redeabsichten ausdrücken, und schreibt sie auf. Welche *subjonctif*-Formen lassen sich nicht über diese Bildungsregel bilden und sind also unregelmäßig?

subjonctif-Stamm = 3. Pers. Pl. Präsens ohne Endung -ent	*subjonctif*-Endungen = -e, -es, -e, -ions, -iez, -ent

c Écoutez la chanson « Faux amis ». Expliquez le problème du jeune qui parle. Texte ▶ Webcode, S. 1

S'entraîner

7 Des jeunes donnent leur avis. Reformule les phrases à l'aide du subjonctif. ▶ Grammaire, p. 114/1

Exemple : Noureddine trouve nul que son ami soit exclu du collège.

1. **Noureddine :** Mon ami est exclu du collège parce qu'il a manqué trop de cours. Je trouve ça nul !
2. **Kim :** Les homosexuels n'ont pas les mêmes droits que les autres. Je trouve ça injuste !
3. **Mila :** Ma cousine de Paris ne réagit jamais quand je lui écris. Je trouve ça dommage.
4. **Ethan :** Notre génération est engagée. Je trouve ça important !
5. **Rose :** Ma mère fait toujours la cuisine pour tout le monde. Je ne trouve pas ça normal.

8 a Pour créer un monde plus juste, qu'est-ce qu'il faut changer ? Note tes idées. Utilise *je voudrais que* et *il faut que* avec le subjonctif. ► Grammaire, p. 114/1

école | amis | famille | société

Exemple : Il faut qu'il y ait moins de gens exclus.

prendre l'avion • manger qc • travailler • gaspiller qc • faire les courses • laisser qn tranquille • surveiller qn/qc • faire attention à qn/qc • râler • protéger qn/qc • __

moins (de) • plus (de) • autrement • plus/moins souvent

b Mettez vos idées en commun. Puis, choisissez les trois meilleures et présentez-les à la classe.

Vocabulaire et expression

9 a Retrouve les bonnes expressions. Parfois, il y a plusieurs possibilités.

avoir | faire | être | se sentir

mal à l'aise • le ménage • envie de voyager/__ • le droit de sortir/__ • exclu d'un groupe/__ • peur d'un contrôle / d'appeler quelqu'un/__ • la fête • sûr/e de quelque chose • le temps de ranger ma chambre/__

b Qu'est-ce que tu fais quand… ? Fais des phrases avec des expressions de a et les adverbes *toujours*, *souvent*, *d'habitude* et *parfois*.

Exemple : D'habitude, quand je fais le ménage, j'écoute de la musique.

Mini-tâche : Parler

10 a Toi aussi, participe à l'émission « Je trouve ça injuste ! ». Choisis un thème et prépare ton témoignage. Tu peux prendre les témoignages, p. 105 et 163–164, comme modèle.
► Banque de mots, p. 167

b Enregistrez vos témoignages, puis faites une exposition audio de toute la classe.

MK

Ladet eure Aufnahmen auf einer digitalen Tafel hoch und macht einen virtuellen Rundgang durch eure Audio-Ausstellung.

Réaliser ses rêves

Préparer la compréhension

1 **Lisez la présentation du film « 9.58 » et notez les questions que vous vous posez sur le film.**

NOUVEAUTÉS FILMS SÉRIES SPÉCIAL CONTACT JE CHERCHE

Réaliser ~~les~~ ses rêves ~~de ses parents~~

Djal est un jeune très sportif qui admire le champion Usain Bolt et rêve de courir aussi vite que lui. Malheureusement, cela lui crée des problèmes avec son père et son école. Il va devoir choisir son chemin...

Regarder et comprendre

2 **a** **Regardez le film, puis partagez vos premières impressions avec votre partenaire.** ☆ ► p. 135

Je trouve ce film impressionnant parce que __. Et toi ?

b **Regarde le film encore une fois et retrouve qui fait quoi.**

Djal | le père | l'entraîneur de l'équipe de France | la CPE | Lucas, l'ami de Djal | famille

observe Djal quand il s'entraîne • n'est pas souvent à l'école • oblige Djal à venir à l'école samedi • encourage Djal • regarde des courses sur Internet • se disputent • casse les chaussures[1] de Djal • court sans chaussures • interdit à Djal d'aller à la course samedi • veut devenir un champion de course

1 la chaussure der Schuh

c **Qui veut quoi ? Regardez les photos, notez au moins une phrase pour chaque personnage et comparez vos résultats. Puis, racontez l'action du film.**

Exemples :
Djal veut...
Le père de Djal veut que son fils...

Pense au subjonctif après *vouloir que* !

la scène chez la CPE

la scène dans la voiture

la scène des chaussures

la scène de la course

d **Comment est-ce que vous trouvez la fin du film ? Qu'est-ce qui va se passer après ? Discutez.**

Écouter et comprendre

DELF

3 a **Des jeunes ont vu le film « 9.58 ». Écoute le dialogue et trouve de quelles scènes ils parlent.**

1. la scène du début
2. la scène des chaussures
3. la scène dans la voiture
4. la scène chez la CPE
5. la scène de la fin
6. la scène de la course dans la rue

b **Qu'est-ce que les jeunes ont aimé dans le film ? Qu'est-ce qu'ils n'ont pas aimé ? Fais un tableau dans ton cahier et complète-le.**

☺	☹
– la relation entre...	– la scène où le père...

c **Que disent les jeunes de Djal, du père, de la CPE et de Lucas ? Choisissez un personnage, écoutez encore une fois, puis mettez vos résultats en commun. Vérifiez à l'aide du texte, p. 164.**

Parler

DELF

4 **Et vous, comment est-ce que vous avez trouvé le film ? Discutez.**

Ce qui me plaît, Ce qui ne me plaît pas, Ce que je préfère,	c'est l'histoire / la fin / le message / __. c'est le personnage de __ / ce sont les personnages de __. c'est la scène __ / ce sont les scènes. c'est l'acteur/l'actrice qui joue le rôle de __.	
Je trouve qu' À mon avis,	il/elle (n')est (pas) ils/elles (ne) sont (pas)	*super* • *génial* • *réaliste* • *impressionnant* • *fort* • *intéressant* • *original* • *touchant* • *horrible* • *dur* • *ennuyeux* • *courageux* • __

Vocabulaire et expression

★ **5 a** **Retrouve dans le dialogue, p. 164, les expressions pour parler d'un film et note-les dans une carte mentale.** ☆ ▶ p. 135

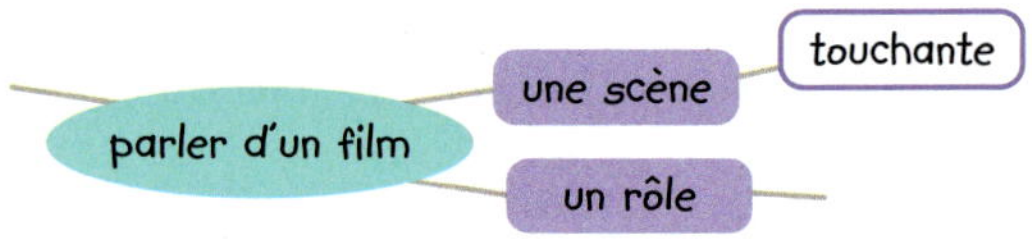

b **Choisis un film ou une série et fais une mini-présentation à l'aide des expressions de a.**

Exemple : J'adore la série « Vampires ». Elle raconte l'histoire du personnage principal Doïna, qui habite à Paris avec sa famille. Doïna ressemble à une jeune fille normale, mais on comprend assez vite qu'en fait, elle a un secret. Ce que je préfère, ce sont les scènes entre Doïna et sa mère, qui est aussi mystérieuse qu'elle.

Comparer les langues

6 a **Lisez les expressions françaises et trouvez les mots allemands correspondants. Puis, comparez-les. Qu'est-ce que vous remarquez ?**

le personnage principal | la série préférée | l'œuvre d'art | la vie de tous les jours | le festival de cinéma | le héros national

b **Traduis ces mots en français et complète ta carte mentale de 5.**

Lieblingsschauspieler/in • Hauptrolle • Lieblingsfigur • Alltagskleidung • Hauptproblem

Médiation

7 **Ton correspondant t'a envoyé ce message. Lis les commentaires, p. 165. Puis, écris-lui un message et réponds à ses questions.**
☆ ▶ Textes, p. 165

„SKAM" ist eine ursprünglich norwegische Web-Serie, die in mehreren Ländern adaptiert wurde: In Frankreich als SKAM France, die deutsche Version hat den Titel „DRUCK".

Alex

Salut ! Ça va ? Tu sais que j'adore la série « SKAM France ». Et maintenant, sur un blog de fans allemands, j'ai découvert qu'il existe une série en allemand qui ressemble à « SKAM France ». Du coup, j'ai plein de questions, parce que je ne comprends pas très bien : « Druck », c'est la même idée que « SKAM », mais pas la même série, c'est ça ? Et pourquoi la série ne s'appelle pas « SKAM » en allemand ? Est-ce que les jeunes du blog ont vu les deux séries ? Et si oui, quelle est la série qu'ils préfèrent et pourquoi ? Merci pour ton aide ! 👍

14:13

Regarder et comprendre

8 a **De quoi pourrait parler un film qui s'appelle « Golden Girl » ? Faites des hypothèses. Puis, regardez le film.**

b **Regarde les photos du film et imagine pour chaque scène les pensées de Céline, le personnage principal.**

1

2

3

c **Décris l'action du film en dix à quinze phrases.**

Céline | le père | les clients[1] | la femme | l'ami de Céline | le groupe de jeunes

1 **les clients** *m. pl.* die Kunden

d **Que veulent les personnages ? Comment est-ce qu'ils se sentent ? Explique ou fais des hypothèses.**

Il/Elle veut (que) __.
Ils/Elles veulent (que) __.

On a l'impression qu'il/elle	est	fatigué/e.
Peut-être qu'il/elle	se sent	__.

Apprendre à apprendre

9 **Filmische Bildsprache zum Verstehen nutzen** ► Methodes, p. 140/10.1

a Lies die Methodenhinweise, S. 140/10.1, und wende sie in b an.

b **Regarde le film « Golden Girl » sans le son et indique les contrastes que tu remarques.**

Exemple : Il y a un contraste entre les scènes dehors et les scènes dans le bâtiment : ...

dehors/dedans | jeunes/adultes | lumière/noir | drôle/sérieux | ensemble/seul | haut/bas | ...

Mini-tâche : Parler

10 DELF **Comment trouvez-vous le film « Golden Girl » ? Discutez du film et parlez de ces thèmes :**

► Méthodes, p. 141/13 ► Carte mentale, p. 110/5 ► Mots pour le dire, p. 173/7

– les personnages et leur comportement
– les scènes que vous aimez / n'aimez pas
– les acteurs/actrices
– les contrastes
– les relations
– la fin
– le titre

DELF

Ein Gespräch aufrechterhalten

In der Tâche werdet ihr zu zweit eine Diskussion zum Thema „Ungerechtigkeit" führen. Das ist nicht ganz einfach und vielleicht habt ihr Sorge, mitten in der Diskussion nicht weiterzuwissen. Hier übt ihr, wie es euch gelingt, das Gespräch in Gang zu halten. Tâche ► p. 113

1 **Es gibt verschiedene Strategien, um ein Gespräch aufrechtzuerhalten. Notiere zu jeder Strategie Ausdrücke, die du schon kennst, in deinem Sprechfächer.** ► Méthodes, p. 140/12

A wiederholen, was der/die Gesprächspartner/in gesagt hat
B ausdrücken, dass man etwas nicht verstanden hat
C sich rückversichern, dass man es richtig verstanden hat
D sich vergewissern, dass der/die Gesprächspartner/in verstanden hat
E Füllwörter verwenden

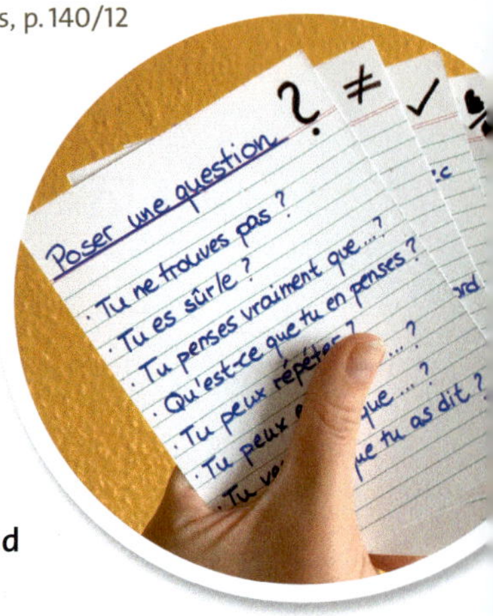

2 a **Zwei Schüler haben geübt, ein Gespräch in Gang zu halten. Hör zu und prüfe, ob sie dabei alle Strategien aus 1 verwendet haben.**

b **Haben die Gesprächspartner/innen Ausdrücke verwendet, die du noch nicht in deinem Sprechfächer notiert hattest? Lies im Dialog nach und schreibe sie dazu.** ► Webcode, S. 1

3 **Hör dir die Aussagen an und reagiere mit einer Strategie aus 1. Nutze dazu deinen Sprechfächer.**

4 **Führt ein Gespräch und versucht, es so lange wie möglich aufrechtzuerhalten:**

– A wählt eine der vier Aussagen aus und vertritt sie,
– B wendet so viele Strategien wie möglich an, um das Gespräch aufrechtzuhalten,
– A reagiert darauf.

Im Anschluss tauscht ihr die Rollen.

In diesem Gespräch geht es weniger um Argumente, sondern darum, das Gespräch so lange wie möglich in Gang zu halten. Also: Wenn es zwischendurch absurd wird, macht das gar nichts!

1. Tu as mal dormi ?

2. Mon oncle s'appelle Jean Sébastien Philippe Martin.

3. J'ai rencontré le roi de Belgique.

4. Je voudrais avoir deux éléphants chez moi !

Exemple:
– Tu as mal dormi ?
– Je ne comprends pas ta question. Tu peux répéter, s'il te plaît ?
– Oui, bien sûr ! Tu as mal dormi ?
– Qu'est-ce que tu veux dire ? Tu peux expliquer ?
– Oui, alors…

Mener une discussion

« Ce n'est pas juste ! ». Préparez une discussion sur un thème de votre choix et menez-la.

1 Lisez et analysez les étapes de la tâche. Puis, avec toute la classe, élaborez les critères d'évaluation pour votre discussion.

2 Choisissez un thème pour votre discussion et répartissez les rôles.

Thème n° 1 « Mes parents ne me donnent pas assez d'argent ! »

Thème n° 2 « Je n'ai pas le droit d'utiliser mon portable après 20 heures ! »

Thème n° 3 « Pendant un travail en groupe, c'est moi qui fais tout, les autres ne font rien. »

Thème n° 4 « Les profs ne nous préparent pas assez bien pour les contrôles. »

Thème n° 5 « Mes parents disent qu'ils sont écolos mais ils ont décidé, sans me demander mon avis, de prendre l'avion pour aller en vacances en Italie. »

Thème n° 6 « Quand quelqu'un dit quelque chose de raciste dans le métro, les gens ne disent rien. »

MK: Ihr wollt den Zufall über das Thema entscheiden lassen? Dann nutzt eine Würfel-App.

3 Prépare-toi pour la discussion.

- Note les arguments que tu veux donner.
- Imagine les arguments de ton/ta partenaire. Trouve des réactions à ces arguments et note-les.
- Mets-toi à la place d'autres personnes (tes parents, tes grands-parents, tes amis, d'autres élèves, tes profs, tes voisins...) et imagine leurs avis et leurs arguments. Note les arguments que tu peux utiliser pour défendre ton avis.
- Reprends ton « moulin à paroles » et relis les expressions pour échanger des arguments et pour continuer la discussion. | Nimm deinen Sprechfächer und lies dir noch einmal die Ausdrücke durch, mit denen du eine Diskussion führen und ein Gespräch aufrechterhalten kannst. ► Tremplin, p. 112

4 Menez votre discussion. Puis, évaluez-la à l'aide de vos critères d'évaluation de 1.

MK: Ihr könnt eure Diskussionen auch aufnehmen, digital teilen und euch gegenseitig Feedback geben.

Grammaire en contexte

GH 35 **1** **Wunsch, Wille, Notwendigkeit oder Bewertung ausdrücken** → der *subjonctif*

1

<u>Wunsch:</u>
Je voudrais que tu réussisses.
<u>Wille:</u>
Je veux que tu réussisses.
<u>Notwendigkeit:</u>
Il faut que tu réussisses.
<u>Bewertung:</u>
Je trouve super que tu réussisses.

Merke: **vouloir que**
il faut que + *subjonctif*
trouver + *adj.* **que**

❗ Beziehen sich Wunsch oder Wille auf das Subjekt im Hauptsatz → Infinitiv:
Je voudrais <u>partir</u> en vacances.

2 Bildung

Stamm der 3. Pers. Pl. Präsens	*subjonctif*-Endungen		**parler**	**finir**	**répondre**
	-e	que je	parl**e**	finiss**e**	répond**e**
ils/elles parl~~ent~~	**-es**	que tu	parl**es**	finiss**es**	répond**es**
ils/elles finiss~~ent~~ +	**-e**	qu'il/elle/on	parl**e**	finiss**e**	répond**e**
ils/elles répond~~ent~~	**-ions**	que nous	parl**ions**	finiss**ions**	répond**ions**
	-iez	que vous	parl**iez**	finiss**iez**	répond**iez**
	-ent	qu'ils/elles	parl**ent**	finiss**ent**	répond**ent**

❗ Diese Verben haben einen unregelmäßigen *subjonctif*-Stamm:

aller → que j'aille [aj], que nous allions
avoir → que j'aie, qu'il ait [ɛ], que nous ayons [ɛjɔ̃]
être → que je sois, qu'il soit, que nous soyons
faire → que je fasse, que nous fassions
savoir → que je sache, que nous sachions
prendre → que je prenne, que nous prenions
venir → que je vienne, que nous venions
voir → que je voie, que nous voyions
vouloir → que je veuille, que nous voulions
pouvoir → que je puisse, que nous puissions

MK **2** **Hast du alles verstanden? Mach den C-Test!** ► Carnet d'activités, Unité 5, Fais le point

Lerne die wichtigsten Sätze der Unité 5. ► Mots pour le dire, p. 168–177

La BD en VO

Tous égaux

tous égaux alle gleich **que l'on / qu'on soit... ou...** ob man ... oder ... ist **je m'en fiche** das ist mir egal

Un échange à Liège

Raphaël, qui vit à Liège, en Belgique, a passé trois mois chez son correspondant allemand Jarek, à Karlsruhe. Aujourd'hui, il en revient avec beaucoup d'allemand dans la tête… et avec son corres ! Jarek est content d'être en Belgique. C'est son premier repas chez les Dubois et ils ont préparé des spécialités belges.

Raphaël : Mmh, ça sent bon ! J'ai trop faim !

M. Dubois : J'ai fait une salade liégeoise. Tu en veux, Jarek ?

Jarek : Euh…

Raphaël : Mais si, rien ne fait peur à un vrai corres ! C'est une spécialité belge. Il est important que tu goûtes.

Mme Dubois : Et puis, c'est très bon !

Jarek : D'accord. Je peux en avoir un peu, s'il vous plaît ?

M. Dubois : Bon appétit !

Jarek : Merci ! … Mmh, c'est délicieux !

Raphaël : Ah, je suis content que tu aimes. Moi, j'adore ça.

Mme Dubois : C'est vrai, Thomas, la salade est parfaite.

Carla : Et qu'est-ce qu'on mange après, Papa ?

M. Dubois : J'ai préparé des boulettes à la liégeoise.

Carla : Miam !

Un peu plus tard

Mme Dubois : Il reste encore des boulettes. Personne n'en veut ? Allez, qui en veut ?

Jarek : Oui, merci, j'en reprends encore un peu ! C'est très bon !

Carla : Non merci, je n'ai plus faim. Est-ce que je peux sortir de table ?

M. Dubois : Non, tu sais bien, Carla… Je n'aime pas qu'on sorte de table avant la fin du repas.

Mme Dubois (*à Carla*) **:** Par contre, tu pourrais aller chercher le fromage. (*À Jarek*) Vous en mangez aussi, en Allemagne ?

Jarek : Oui, dans ma famille, on en mange beaucoup, mais plutôt au petit-déjeuner.

Raphaël : Tu peux me passer l'eau, s'il te plaît ? Merci ! … Et comme dessert, on peut avoir de la glace ?

Mme Dubois : Je pense qu'il n'y en a plus…

Raphaël : Oh zut ! J'aimerais tellement une glace ! Vous n'en avez pas acheté ?

M. Dubois : Non, mais on peut en acheter demain. Aujourd'hui, il y a des gaufres.

Carla : Des gaufres ? … Je peux en avoir une ? Finalement, j'ai quand même encore un peu faim…

en davon, von dort **être content/e de** + *inf.* froh sein etw. zu tun **ça sent bon** das riecht gut **rien ne** nichts **faire peur à qn** jdm Angst machen **il est important que** + *subj.* es ist wichtig, dass … **goûter qc** etw. kosten, probieren **c'est délicieux** das ist köstlich **je suis content/e que** + *subj.* es freut mich, dass … **parfait/e** *adj.* perfekt **personne ne** niemand **sortir de table** (vom Essenstisch) aufstehen **je n'aime pas que** + *subj.* ich mag es nicht, dass … **aller chercher qc** etw. holen gehen **j'aimerais tellement** ich hätte/würde so gerne **la gaufre** die Waffel

Écouter et comprendre

1 **Lis l'introduction, écoute le dialogue et note le menu du repas chez les Dubois : entrée, plat, etc.**

Vocabulaire et expression

2 a **Qu'est-ce qu'on dit à table ? Lis les phrases allemandes et retrouve les expressions correspondantes dans le dialogue, p. 116. Puis, note-les dans ta liste « S.O.S échange ».** ▶ Unité 3

1. Das riecht gut!
2. Ich bin total hungrig.
3. Möchtest du etwas davon?
4. Das ist köstlich!
5. Ich nehme noch ein bisschen.
6. Nein danke, ich habe keinen Hunger mehr.
7. Kann ich aufstehen?
8. Kannst du mir bitte das Wasser reichen?
9. Es gibt keines mehr.
10. Kann ich auch eine haben?

b **Et chez vous, quelles sont les règles de comportement à table ? Comparez avec les Dubois.**

Découvrir

3 a **Was ist jeweils mit *en* gemeint? Finde die Sätze im Text, S. 116, und ordne jedem Satz den Ausdruck zu, den *en* ersetzt.**

1. Il **en** revient.
2. Mme Dubois : Qui **en** veut ?
3. Jarek : On **en** mange plutôt au petit-déjeuner.
4. M. Dubois : On peut **en** acheter demain.
5. Carla : Je peux **en** avoir une ?

a des boulettes | b de la glace | c des gaufres | d de Karlsruhe | e du fromage

b **Dans ce flyer, il y a trop de répétitions. Réécris-le à l'aide du pronom *en*.**
▶ Grammaire, p. 124/1

Les 4 trucs à savoir sur la Belgique !

LE VÉLO : Il y a peu de montagnes, (parfait pour le vélo !), alors beaucoup de Belges font du vélo !

LES RÉGIONS : Il y a trois régions : la Wallonie, la Flandre et Bruxelles-Capitale.

LES GAUFRES: En Belgique, il existe deux sortes de gaufres (de Liège et de Bruxelles).

LES CHOCOLATS : Goûtez-les et vous allez encore rêver longtemps des chocolats belges !

Mini-tâche : Parler

DELF

4 **B et toi, vous préparez un pique-nique. Échangez vos informations et faites une liste pour vos courses.** B ▶ p. 129

Il nous faut __.

Moi, j'en ai (deux). / Moi, je n'en ai pas.

Alors, on en prend (un/e) / ça suffit / on n'en prend pas.

Pour le pique-nique, il faut :
5 bouteilles d'eau
2 bouteilles de coca
2 bouteilles de jus
4 paquets de biscuits
beaucoup de chips !
10 pommes

A

Chez toi, tu (n') as (pas) :

Vacances au bord du Lac Léman

là-bas là **le bouchon** *hier:* der Stau **la tente** das Zelt **ne t'inquiète pas** mach dir keine Sorgen **le lendemain** *hier:* am nächsten Tag **la raclette** das Raclette *Schweizer Spezialität mit geschmolzenem Käse* **le vent** der Wind **la Suisse romande** die französischsprachige Schweiz **ultra bronzé/e** *adj.* total braun, sonnengebräunt **la voile** Segeln *Sportart*

Lire et comprendre

1 a Lis la BD, p. 118, puis raconte l'histoire à l'aide des débuts de phrases suivants.

1. Les Leclerq habitent à __.
2. Ils partent en vacances __.
3. Pendant les vacances, ils veulent __.
4. Mais __.

b Compare les dessins 1 à 5 avec la carte postale de Julie (dessin 6), puis réécris sa carte.

Découvrir

2 a Lies die Sätze und erkläre, von welcher Zeit die Rede ist.

1. Demain, il y **aura** du vent, mais il **fera** beau.
2. S'il fait beau demain, je **me baignerai** toute la journée.

b Findet im Comic, S. 118, die Verbformen im *futur simple*, die zu diesen Infinitiven gehören: *arriver, durer, manger, parler, passer, se baigner*; *sortir*; *attendre*; *aller, avoir, être, faire, pouvoir, prendre*. Stellt dann eine Bildungsregel für die regelmäßigen Verben auf *-er*, *-ir* und *-re* auf.

S'entraîner

3 a Benjamin part en vacances demain. Complète son message par les verbes au futur simple.
▶ Grammaire, p. 124/3

J'espère que la maison ? (*être*) assez grande, qu'il ? (*faire*) beau, que je ? (*pouvoir*) faire du paddle, qu'on ? (*avoir*) des voisins sympa, qu'on ? (*prendre*) notre petit-déjeuner dehors, qu'on ? (*manger*) de la raclette tous les jours, qu'on ? (*aller*) à Genève et qu'on y ? (*visiter*) le CERN. Bref, j'espère qu'on ? (*passer*) des belles vacances ! 9:12 ✓✓

b Et si ça ne se passe pas comme ça ? Trouve des solutions. ▶ Grammaire, p. 124/4

Exemple : Si la maison n'est pas assez grande, Benjamin partagera une chambre avec son frère.

Mini-tâche : Parler

DELF

4 Et vous, quels sont vos plans pour les grandes vacances ? Discutez comme dans l'exemple.

Exemple : – S'il fait beau, mes cousins et moi, on ira à la plage tous les jours !
– Moi, s'il fait beau, je mangerai trois glaces par jour !
– Moi, s'il fait moche, ...
– ...

aller à la plage / chez __
faire une balade / du canoë / __
ne rien faire / *rester* à la maison
s'amuser avec *ses* copains/copines / __
se baigner / *visiter* __ / *manger* __
lire des magazines / des BD / __
écouter de la musique
__

Qu'est-ce que vous feriez à ma place ?

Écouter et comprendre

1 a **À l'aide du titre, de la photo et des annotations, fais des hypothèses sur la situation.**

b **Écoute le dialogue. Qu'est-ce qui s'est passé ? Explique le problème d'Élie.**

c **Quels sont les conseils de Yacine ? Quels sont les conseils de Djibril ? Comment réagit Élie ? Fais un tableau, écoute encore une fois et note tes réponses.**

Yacine : Qu'est-ce qu'il y a, Élie ? Ça ne va pas ?

Élie : Non...

Yacine : Qu'est-ce qui se passe ?

Élie : C'est à cause de Charlotte ! Je lui ai envoyé un message privé. Et elle l'a partagé avec tous ses contacts.

Yacine : Quoi ? Sans te demander ? Ce n'est pas cool !

Djibril : Et qu'est-ce qu'il y avait dans le message ?

Élie : En fait, c'est ça, le plus gros problème. Je lui ai demandé de sortir avec moi...

Djibril : Ah, zut...

Yacine : Mais pourquoi est-ce qu'elle a fait ça ?

Élie : Je ne sais pas, mais maintenant, c'est la honte. Tout le monde sait que je suis amoureux d'elle et je ne vais plus être tranquille !

Djibril : Oh là là... Et qu'est-ce que tu vas faire, maintenant ? Parce qu'il faut que tu fasses quelque chose ! Elle ne peut pas te traiter comme ça.

Élie : Mais qu'est-ce que je peux faire ? Qu'est-ce que vous feriez, si vous étiez à ma place ?

Yacine : À ta place, je n'attendrais pas, j'attaquerais. J'irais voir Charlotte et je lui dirais : « Tu vas écrire tout de suite à tout le monde que tu as inventé ce message pour me faire une blague. Sinon, je mets en ligne une photo de la soirée chez Ludo. » Vous vous souvenez ? C'est la soirée où elle a fait n'importe quoi...

Élie : Si tu étais vraiment à ma place, tu ne ferais pas ça.

Djibril : Oui, et puis je trouve que ce n'est pas une bonne idée parce que ce serait une menace. Après, elle ne va plus vouloir lui parler. Et je la comprendrais.

Yacine : Oh, ça va. Je disais ça pour rigoler...

Élie : Oui, mais ce n'est pas le moment, là...

Djibril : Mais Yacine a raison, tu devrais lui parler.

Élie : Mais qu'est-ce que je pourrais bien lui dire ?

Djibril : Tu pourrais lui demander de t'expliquer pourquoi elle a fait ça... Et d'ailleurs, tu pourrais aussi lui redemander si elle veut sortir avec toi...

Yacine : Là, c'est toi qui exagères, Djibril... Tu penses vraiment qu'après cette histoire de message, Élie va demander ça à Charlotte ? Tu aurais le courage, à sa place ?

Djibril : Je ne sais pas... C'est lui qui est amoureux, ce n'est pas moi !

Yacine : Eh, regardez ! La voilà, justement. Elle est seule. Tu y vas ?

Élie : Non, je ne peux pas...

Djibril : Alors, j'y vais, je vais lui parler. Tu ne peux pas rester comme ça... Hé, Charlotte !

envoyer qc à qn jdm etw. schicken **privé/e** *adj.* privat **le contact** der Kontakt **gros/grosse** *adj.* *ici :* grand/e **sortir avec qn** *fam.* mit jdm (aus-)gehen **C'est la honte !** *fam.* Das ist total peinlich! **sinon** sonst **la menace** die Drohung

2 Comment trouvez-vous le comportement de Charlotte et les réactions des garçons ? Discutez.

Comparer les langues

3 a Lies die Sätze und erkläre, was mit dem *conditionnel* ausgedrückt wird.

1. Qu'est-ce que vous **faites** ? 2. Qu'est-ce que vous **feriez** à ma place ?

b Bestimme die Verbformen in den drei Bedingungssätzen und vervollständige die Regel.

Si j'**étais** à ta place, je n'**attendrais** pas.

If I **were** you, I **wouldn't wait**.

Wenn ich an deiner Stelle **wäre**, **würde** ich nicht **warten**.

> Im irrealen Bedingungssatz steht im *si*-Satz ? und im Hauptsatz ?. Das ist ähnlich wie im ?.

S'entraîner

4 a Latifa a eu une mauvaise note et a peur de rentrer chez elle. Ses copains lui donnent des conseils. Complète le dialogue par les verbes au conditionnel. ▶ Grammaire, p. 125/5

avoir • devoir • dire • essayer • être • faire • il faut • parler • pouvoir • ranger

Erwan : Moi, à ta place, je n' ? pas peur, je le ? vite à mes parents.
Louise : Moi, je ? ma chambre, je ? mes devoirs et les courses pour mes parents, ils ? contents, et après seulement, je leur ?.
Erwan : Et puis, tu ? peut-être leur dire que tu vas mieux réviser pour le prochain contrôle.
Latifa : Ils ne vont pas m'écouter.
Louise : À ta place, j' ? quand même.
Erwan : Oui, tu ? essayer !
Louise : Il ? que tes parents te fassent plus confiance.

b Qu'est-ce que tu ferais si… ? Imagine et raconte. ▶ Grammaire, p. 125/6

1. *vivre* seul/e sur une île
2. *rencontrer* un youtubeur célèbre dans la rue
3. *être* un super-héros / une super-héroïne
4. ne pas *devoir* aller à l'école

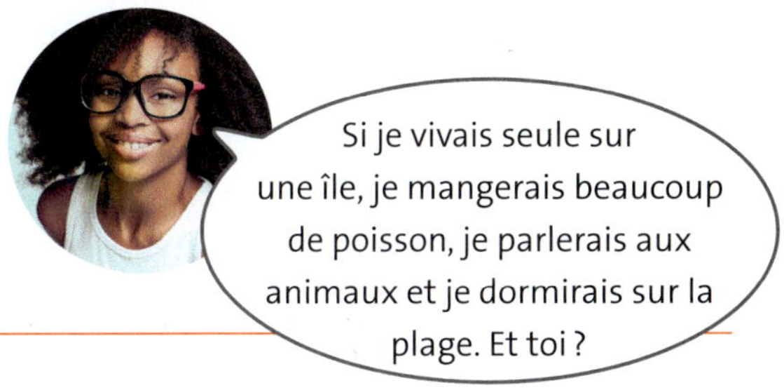

Mini-tâche : Parler

5 Imaginez que vous avez des problèmes. Donnez-vous des conseils.

DELF

Vos problèmes
- mes parents • m'*interdire* de participer à une émission de télé / __
- *perdre* le tee-shirt préféré / __ de ma meilleure amie / __
- mes parents • m'*obliger* à continuer le piano / le handball / __
- *avoir* besoin d'un vélo / __, mais *ne pas avoir* assez d'argent

Idées pour vos conseils
À ta place, je…
parler • *expliquer* • *acheter* • *refuser* • *demander* • *proposer* de • *gagner* de l'argent

Faits divers

Sur le blog de faits divers « Vie de merde », des milliers de Français racontent des anecdotes qui leur sont arrivées. Par quel mot commencent tous les posts ? Et par quel mot terminent-ils ? Fais une recherche !

Au secours !

Pyrénées-Atlantiques. Vendredi soir, le soleil se couchait déjà quand la police a retrouvé une femme de 30 ans dans les Pyrénées, près de La Rhune. Elle était partie à midi, avait fait une balade en montagne, s'était perdue dans le brouillard et avait posté un message sur les réseaux sociaux avec son dernier reste de batterie. Quelqu'un l'avait lu, heureusement, et avait appelé la police. Finalement, les policiers ont retrouvé tout le monde : la femme… et leur collègue qu'ils avaient perdu aussi pendant la recherche !

Déjà-vu

Nord. Vendredi midi, la police a arrêté un homme entre Lille et Roubaix. Il roulait à une vitesse de 152 km/h, sans permis de conduire. Il a expliqué à la police qu'il avait peur d'arriver en retard à son procès… La raison de ce procès ? Trois mois plus tôt, il avait conduit trop vite, sans permis de conduire…

Tout peut arriver

Rhône. Grande surprise pour un jeune homme de Lyon : la factrice est arrivée en camion pour lui livrer mille fers à repasser. L'homme a expliqué qu'il avait commandé un fer à repasser en ligne, mais seulement un. Sur son compte en ligne, on a pu voir qu'il avait bien payé 70 euros (et pas 70 000 !). On ne sait toujours pas comment cela a pu arriver.

Chattons en ligne

Loire-Atlantique. La semaine dernière, pendant la visioconférence d'un procès, un avocat s'est montré avec un visage de chat. Sa fille de douze ans avait utilisé son compte et avait activé un filtre. Il n'a pas réussi à le désactiver et a dû rester un « chat » pendant toute la visioconférence.

les faits divers *m. pl. Zeitungsrubrik, in der von außergewöhnlichen Vorfällen berichtet wird* **se coucher** *hier:* untergehen **la police** → les policiers **se perdre** sich verlaufen **le brouillard** der Nebel **la recherche** → chercher **la vitesse** → vite **le permis de conduire** der Führerschein **la raison** der Grund **le procès** der Prozess **bien** *hier:* in der Tat **le facteur / la factrice** der Postbote / die Postbotin **le camion** der Lastwagen **livrer qc à qn** jdm etw. zustellen, liefern **le compte** das Konto, der Account **arriver** *hier:* passieren **la visioconférence** die Videokonferenz **un/e avocat/e** der Anwalt / die Anwältin **(dés-)activer qc** etw. (de-)aktivieren **le filtre** der Filter

Lire et comprendre

DELF **1 a** Lis les faits divers, puis retrouve pour chaque anecdote les trois dessins correspondants.

b Comment trouvez-vous ces anecdotes : plutôt drôles, bizarres, malheureuses, horribles, ennuyeuses… ? Pour chaque anecdote, donnez votre avis et justifiez-le.

c Choisis une des anecdotes et raconte en allemand ce qui s'est passé.

Découvrir

2 a Lies den Satz. Welche der beiden Handlungen liegt zeitlich weiter zurück?

La police **a retrouvé** une jeune femme qui **s'était perdue** en montagne.

b Beschreibe die Bildung des *plus-que-parfait*.

1. il avait commandé 2. il avait conduit 3. elle était partie 4. elle s'était perdue

S'entraîner

3 Raconte la journée d'Abel. Complète par les verbes au plus-que-parfait. ▶ Grammaire, p. 125/7

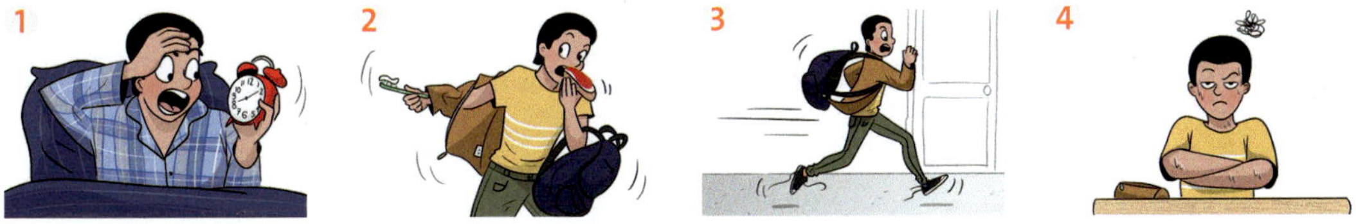

1. Il s'est levé en retard parce qu'il [?] de mettre son réveil. (*oublier*)
2. Il s'est vite préparé et il est passé chez sa copine Myriem, mais Myriem [?]. (*déjà* (ê)*partir*)
3. Il a mis seulement cinq minutes pour arriver au collège, mais les cours [?]. (*déjà commencer*)
4. Il était de mauvaise humeur parce qu'il [?] comme un fou. ((ê)*se dépêcher*)

5. En plus, la prof d'histoire a râlé contre les élèves parce qu'ils [?] leurs devoirs. (*ne pas faire*)
6. Quand il a voulu faire son exposé, il a remarqué qu'il [?] ses feuilles chez lui. (*laisser*)
7. Finalement, ce n'était pas grave. Il a eu une bonne note parce qu'il [?]. (beaucoup (ê)*s'entraîner*)
8. Et à la maison, il a eu une surprise : ses sœurs [?] avant lui et [?] un gâteau. ((ê)*rentrer, préparer*)

Mini-tâche : Écrire

DELF **4 Choisis une des deux mini-tâches (a ou b).**

a À l'aide des expressions, imagine et raconte une journée sur le modèle de la journée d'Abel.

oublier l'heure / son portable / __	*courir* / *se dépêcher*
perdre ses clés / __	(*ne pas*) *réussir* à ouvrir la porte / __
rater le bus / __	*passer* par la fenêtre / __
ne plus avoir de batterie / de réseau / __	*arriver* en avance / à l'heure / en retard

b Faites un blog de faits divers : écrivez des anecdotes vraies ou inventées, puis postez-les.

Grammaire en contexte

GH 36 **1** **Du vermeidest Wiederholungen.** → das Pronomen *en* ▶ Module A

Je prends de la salade. Et toi, tu **en** veux ?	(= Et toi, tu veux de la salade ?)
J'adore ces BD. Qu'est-ce que tu **en** penses ?	(= Qu'est-ce que tu penses de ces BD ?)
Elle était à Lyon et maintenant elle **en** revient.	(= Elle revient de Lyon.)

Merke: Das Pronomen *en* ersetzt Verbergänzungen, die mit *de* eingeleitet werden.

❗ Stellung:

J'**en** reprends.	J'**en** ai repris.	Je vais **en** reprendre.
Je n'**en** reprends pas.	Je n'**en** ai pas repris.	Je ne vais pas **en** reprendre.

GH 37 **2** **Du verneinst etwas.** → die Verneinung mit *personne ne* und *rien ne* ▶ Module A

Subjekt	**Personne ne** le voit.	Niemand	Objekt	Il **ne** voit **personne**.	niemanden.
	Rien ne change.	Nichts		Elle **ne** change **rien**.	nichts.

„Niemand ist vollkommen." „Nichts geht mehr!" Wie lauten diese berühmten Sätze auf Französisch?

GH 39 **3** **Du sprichst über Ereignisse in der Zukunft.** → das *futur simple* ▶ Module B

Merke: Infinitiv + -ai, -as, -a, -ons, -ez, -ont

	arriver	**partir**	**attendre** (e gestrichen)
je/j'	arriver**ai**	partir**ai**	attendr**ai**
tu	arriver**as**	partir**as**	attendr**as**
il/elle/on	arriver**a**	partir**a**	attendr**a**
nous	arriver**ons**	partir**ons**	attendr**ons**
vous	arriver**ez**	partir**ez**	attendr**ez**
ils/elles	arriver**ont**	partir**ont**	attendr**ont**

❗

aller → j'irai	**devoir** → je devrai	**il faut** → il faudra	**venir** → je viendrai
avoir → j'aurai	**être** → je serai	**pouvoir** → je pourrai	**voir** → je verrai
courir → je courrai	**faire** → je ferai	**savoir** → je saurai	**vouloir** → je voudrai

GH 40 **4** **Du drückst eine Bedingung aus.** → der reale Bedingungssatz ▶ Module B

si-Satz (Nebensatz): *présent*	Hauptsatz: *futur simple* oder *présent*
S'il n'y **a** pas de bouchons,	nous **serons** au camping vers 18 heures.
Si ça **continue** comme ça,	on **rentre** à Paris !

GH 41 5 Du drückst eine Möglichkeit aus. → das *conditionnel présent* ▶ Module C

Merke: Infinitiv + -ais / -ais / -ait / -ions / -iez / -aient

	arriver	partir	attendre
je/j'	arriver**ais**	partir**ais**	attendr**ais**
tu	arriver**ais**	partir**ais**	attendr**ais**
il/elle/on	arriver**ait**	partir**ait**	attendr**ait**
nous	arriver**ions**	partir**ions**	attendr**ions**
vous	arriver**iez**	partir**iez**	attendr**iez**
ils/elles	arriver**aient**	partir**aient**	attendr**aient**

❗ Alle Verben haben im *conditionnel* denselben Stamm wie im *futur simple*. Schlage die wichtigsten unregelmäßigen Stämme dort nach. ▶ p. 124/3

GH 42 6 Du drückst eine Bedingung aus. → der irreale Bedingungssatz ▶ Module C

si-Satz (Nebensatz): *imparfait*	Hauptsatz: *conditionnel présent*
Si j'**étais** toi,	je lui **parlerais**.
S'ils **avaient** du temps,	ils **passeraient** chez nous.

GH 43 7 Du sprichst über Ereignisse in der Vergangenheit. → das *plus-que-parfait* ▶ Module D

On **a retrouvé** une jeune femme qui **s'était perdue** en montagne.

La femme **s'était perdue**.	On **a retrouvé** la femme.	La femme **va** bien.
Vorvergangenheit	Vergangenheit	Gegenwart

Mit *avoir* (Beispiel: *acheter*)			**Mit *être*** (Beispiel: *aller*)		
j'	**avais**	**acheté**	j'	**étais**	**allé/allée**
tu	**avais**	**acheté**	tu	**étais**	**allé/allée**
il / elle / on	**avait**	**acheté**	il	**était**	**allé**
			elle	**était**	**allée**
			on	**était**	**allés/allées**
nous	**avions**	**acheté**	nous	**étions**	**allés/allées**
vous	**aviez**	**acheté**	vous	**étiez**	**allés/allées**
ils / elles	**avaient**	**acheté**	ils	**étaient**	**allés**
			elles	**étaient**	**allées**

Merke: *plus-que-parfait* = *avoir/être* im *imparfait* + Partizip Perfekt

Unité 1

Vocabulaire, page 13

6 **À l'aide des expressions, p. 12, présentez « votre » pays à votre partenaire.**

B

le Luxembourg

- la France, l'Allemagne, la Belgique
- 630 000
- oui
- l'euro
- Luxembourg
- la cathédrale, le Château de Vianden
- le français, l'allemand, le luxembourgeois
- le Kachkéis[1], les Gromperekichelcher[2]
- 23 juin

1 **Kachkéis** [kaʃkɛjs] un genre de fromage 2 **Gromperekichelcher** [gʀɔmpɛʀəkiʃəlʃa] un plat avec des pommes de terre

Volet 2, page 20

3 a **Vous voulez aller au lac ensemble. Faites le dialogue et trouvez quel jour, à quel moment de la journée et comment vous pouvez y aller ensemble.**

DELF

B

– On y va	lundi / __ ? le matin / __ ? à pied / à vélo / en bus ?	– Oui. – Non, je ne peux pas.

Tes informations : **Tu peux :** mardi matin, jeudi après-midi, vendredi après-midi
Tu as : une carte de bus
Tu n'as pas : un vélo

Unité 2

Vocabulaire, page 33

5 **Le vélo de Madame Garcia n'est plus là ! La police a besoin de votre aide pour trouver qui l'a pris. Qu'est-ce qui a changé entre 13 h 00 et 13 h 30 ? Décrivez et comparez vos photos, puis trouvez la clé du mystère.**

Exemple :
– Sur ma photo, au premier plan, on voit…
– Sur ma photo, c'est pareil / ce n'est pas pareil. …

Unité 3

Vocabulaire, page 57

4 a **Décris « tes » objets à ton/ta corres français/e. Il/Elle devine.**

Exemple :
– C'est un objet qu'on utilise pour les boissons, mais ce n'est pas une bouteille, c'est plus petit. Je ne connais pas le mot en français. Tu vois ce que je veux dire ?
– Tu veux dire « un verre » ? Regarde. Ça, c'est un verre.
– Oui, c'est ça !

> Wenn du einen Gegenstand umschreibst und dir dein/deine corres das französische Wort dafür nennt, schreibe es gleich auf, z. B. in einer Notiz-App.

B

« Tes » objets

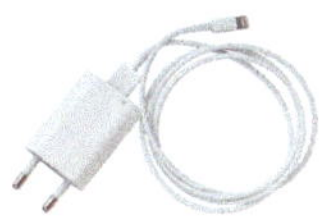
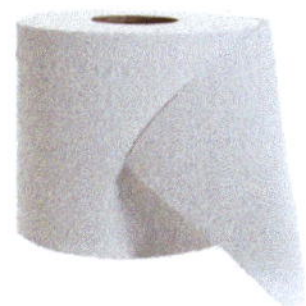

Les objets de A ?

der Topf = la casserole
das Handtuch = la serviette
der Lappen = le chiffon
die Gabel = la fourchette
der WLAN-Code = le code wifi [wifi]
ein Teller = une assiette
die Nähnadel = l'aiguille [lɛgɥij]
die Zahnbürste = la brosse à dents

Volet 1, page 62

12 **Tu as rendez-vous avec ton/ta corres allemand/e chez ton amie Juliette. Tu vas bientôt arriver et tu l'appelles. Jouez le dialogue.**

B

2. Du grüßt zurück und bist verwundert, dass A schon da ist. Du sagst, dass du ihm/ihr gesagt hast, um 3 Uhr da zu sein.
4. Du sagst, dass du verstanden hast und dass du kommst und nicht weit weg bist. Du sagst, dass A schon hineingehen kann.
6. Du sagst, dass A den *digicode* benutzen muss. Du fragst, ob A versteht, was du meinst. Du sagst, dass du das Wort auf Deutsch nicht kennst.
8. Du sagst, dass der *digicode* der Gegenstand aus Metall neben der Tür ist. Du sagst, dass er/sie A-8-4-3-7 eingeben soll.
10. Du wiederholst den *digicode*: A-8-4-3-7.
12. Du sagst, dass er/sie es falsch verstanden hat: Du hast A gebeten, zuerst den Buchstaben A und dann 8-4-3-7 einzutippen.
14. Du freust dich und sagst, dass du in drei Minuten kommst.

Unité 4

Volet 1, page 82

5 **Faites un petit quiz sur les informations de l'article, p. 80–81. Utilisez *c'est / ce sont… qui* et *c'est / ce sont… que/qu'*.** ▶ Grammaire, p. 92/2

Exemple : **B** : C'est dans les Laurentides ou en Gaspésie qu'on peut observer des baleines ?
A : C'est en Gaspésie.

- dans les Laurentides / en Gaspésie • on *pouvoir* observer des baleines
- au printemps / en hiver • le Carnaval de Québec *avoir* lieu
- les Français / les Anglais • *gagner* la guerre en 1763
- au 18e siècle / en 1977 • le français *devenir* la langue officielle du Québec
- « Je raconte » / « Je me souviens » • les Québécois *choisir* comme devise

Volet 2, page 86

3 **A te dit quelque chose. Est-ce que tu es d'accord ? Réagis. Utilise le comparatif de l'adverbe.**
▶ Grammaire, p. 93/4

Exemple : – Je pense qu'un orignal court moins vite qu'un chien de traîneau.
– Je ne sais pas.

Je ne sais pas.
Oui, peut-être. Oui, je pense aussi que… Non, je pense que…

B

- *courir* vite : un orignal • un chien de traîneau
- *aller* loin dans le nord du Québec : en motoneige • en voiture
- *monter* facilement sur un arbre : un chat • un ours noir
- *construire* vite : une cabane • une maison
- *jouer* bien : les Canadiens de Montréal • les Maple Leafs de Toronto

Unité 5

Vocabulaire, page 103

4 **« Est-ce que les petits frères et les petites sœurs ont toujours de la chance ? » Jouez la discussion sur ce thème et utilisez votre « moulin à paroles » de l'exercice, p. 103/3b.**

B

2. ?
4. je peux faire des trucs maintenant que mon grand frère ne peut pas faire
   mon grand frère a plus de chance que moi : quand il fait quelque chose mes parents trouvent toujours ça génial parce que c'est nouveau. Et quand moi, je fais la même chose deux ans après, mes parents trouvent ça normal
   → les petits n'ont pas toujours de la chance
6. ? on doit surveiller ses enfants tout le temps
8. ✓

Module A

page 117

4 DELF **A et toi, vous préparez un pique-nique. Échangez vos informations et faites une liste pour vos courses.**

Il nous faut __.

Moi, j'en ai (deux). / Moi, je n'en ai pas.

Alors, on en prend (un/e) / ça suffit / on n'en prend pas.

Pour le pique-nique, il faut :
5 bouteilles d'eau
2 bouteilles de coca
2 bouteilles de jus
4 paquets de biscuits
beaucoup de chips !
10 pommes

B

Chez toi, tu (n') as (pas) :

Unité 1

Vocabulaire, page 13

☆ **3** **Du merkst dir neue Wörter besser, wenn du sie mit schon Bekanntem verknüpfst, z. B. mit Wörtern derselben Wortfamilie, passenden Wörtern oder ganzen Ausdrücken. Finde heraus, womit du diese neuen Wörter verknüpfen kannst.** ▶ Méthodes, p. 137/2.1

Exemple : bilingue → être bilingue – la langue (officielle) – parler une langue

1. bilingue
2. l'Europe
3. la France
4. l'Allemagne
5. la fête nationale
6. habiter
7. les Pays-Bas
8. compter

être bilingue • un millions d'habitant • en français • national/e • compter pour qn • européen/ne • allemand/e • français/e • le pays • l'Union européenne • parler français • l'allemand •être d'origine allemande • la langue (officielle) • l'euro • fêter • le Français / la Française • faire la fête • le paysage • parler allemand • le français • l'habitant/e • la marée basse • parler une langue • être d'origine française • la fête • compter sur qn

Volet 1, page 16

☆ **6** **Oups ! Il manque quelque chose sur la carte postale de Marius ! Qu'est-ce qu'il a écrit ? Complète par les bonnes formes des verbes.** ▶ Grammaire, p. 26/2

Salut Oscar, ça va ? Je passe des super vacances en Suisse avec mes quatre cousins. Tous les jours, c'est la même chose : le matin, mes cousins (se lever) tôt, sauf Morgan, qui reste au lit jusqu'à 10 heures – comme moi ☺) Vers 11h, nous (se préparer) pour partir pour une balade en VTT, et comme nous ne (se dépêcher) pas, nous partons seulement vers midi ! Après quatre heures, on mange quelque chose au bord d'un lac, on (se baigner) et on (se reposer) encore un peu. Et le soir, on rentre vers 20 h. Je (se coucher) vers minuit, mais mon cousin Édouard (se coucher) plus tard. Ça m'énerve un peu… Et chez toi, ça va ? Tu (se reposer) un peu ou est-ce que ta sœur t'énerve trop ? Et est-ce que vous (se baigner) souvent dans la mer ? À plus ! Marius ☺

Volet 1, page 17

☆ **10 c** **Quel est le pays francophone d'Europe que Bigflo & Oli n'ont pas visité ? Écrivez une strophe pour ce pays.** ▶ Webcode, S. 1

parler luxembourgeois
faire une balade avec moi
traverser le pays en une heure
porter l'Europe dans son cœur
faire un petit tour
être trilingue[1] depuis toujours
voir le Mullerthal
être très original

1 **trilingue** dreisprachig

Volet 2, page 19

☆ **2** c **Qu'est-ce que tu voudrais faire pour « fêter » la Fête de l'Iris, le Dimanche des bretzels et la Fête de l'Escalade ? Note tes idées dans ton calendrier perso (▶ Exercice, p. 9/5).**

aller dans un parc	faire des bretzels pour __	offrir un bretzel à __
casser la marmite	faire un spectacle avec/pour __	participer à un défilé
se déguiser (en __)	jouer une scène	préparer une soupe pour __
faire des activités avec __	manger du chocolat	regarder un feu d'artifice

Unité 2

Vocabulaire, page 33

☆ **3** **Choisis les bonnes expressions pour compléter les phrases par le contraire ≠ de l'expression soulignée ou un mot qui veut dire presque la même chose ≈.**

A lumière B rochers C à l'arrière-plan D rivière E à côté F on voit

1. Au premier plan du tableau, on voit la plage. ≠, il y a la mer.
2. En PACA, il y a souvent du soleil et une belle ≈.
3. Le Var est un fleuve, le Verdon est une ≈.
4. Sur les chemins de montagne, il y a souvent des ≈.
5. À gauche, il y a des arbres, à droite, ≈ un lac.
6. Au centre de la place, il y a un arbre et ≠ la place, il y a des maisons.

Volet 2, page 41

☆ **1** c **Retrouvez le bon sous-titre pour chaque paragraphe du texte, p. 40, et justifiez votre réponse.**

l. 2–6 l. 7–13 l. 14–19 l. 20–24 l. 24–31 l. 32–35

Tout est bien qui finit bien | Avant le départ | L'ambiance dans le bateau | Un animal impressionnant | Le chemin | Petits problèmes

Volet 2, page 43

☆ **8** b **À toi ! Comment est-ce qu'on dit en français ?**

1. Ich bin 15 Jahre alt geworden.
2. Ich bin 15 Jahre alt.
3. Ich habe Durst bekommen.
4. Ich hatte Durst.

A J'ai eu 15 ans. B J'avais 15 ans. C J'avais soif. D J'ai eu soif.

Unité 3

Volet 1, page 61

☆ **7** a **Dans les vidéos et les textes, p. 58–59, retrouve pour chaque verbe la bonne préposition et la traduction de l'expression en allemand.**

rêver	aider
apprendre	arriver
essayer	réussir
commencer	demander
choisir	dire
continuer	

davon träumen etw. zu tun	sich aussuchen etw. zu tun
bitten etw. zu tun	entscheiden etw. zu tun
auffordern etw. zu tun	lernen etw. zu tun
es schaffen etw. zu tun (2x)	dabei helfen etw. zu tun
versuchen etw. zu tun	etw. weiter tun
anfangen etw. zu tun	

Volet 2, page 66

☆ **5** **Sur le site de leur collège, des élèves allemands présentent leurs correspondants français. Trouve la bonne forme (adjectif ou adverbe) pour chaque phrase.** ▶ Grammaire, p. 71/4

1 Heureux/Heureusement, j'ai rencontré Morgane pendant cet échange. Elle est drôle/drôlement. On a rigolé tout le temps. Sofia, 8b

2 Pauline a préparé une quiche, c'est un repas typique/typiquement français. C'était vrai/ vraiment très bon ! Cecilia, 8a

3 Mon corres Gabriel et moi, nous sommes devenus des vrais/vraiment amis. Normal/Normalement, je vais aller chez lui dans six mois. Nabil, 8c

4 Mon corres Arthur est resté seul/seulement un mois et il a rapide/rapidement fait des progrès en allemand. Je suis fier/fièrement de lui ! Anton, 8a

Lecture 1

page 75

☆ **2** b **À deux, choisissez au moins quatre phrases et commentez-les ensemble à l'aide des expressions, p. 133.**

1. Elle ne m'aime pas comme je suis.
2. Ils ont trop peur de me laisser partir.
3. Si elle part en Allemagne, je n'ai plus d'excuse pour rester ici.
4. Elle ne comprend pas que c'est dangereux.
5. Il a vraiment besoin de cet échange.
6. J'espère qu'il n'est pas fan de Rammstein…
7. Elle m'utilise pour pouvoir partir.
8. Ils ont des clichés dans la tête.
9. Il doit m'aider.

Exemple : 1. Tom pense que sa mère ne l'aime pas comme il est. À mon avis, ce n'est pas vrai. Elle trouve seulement qu'il est trop timide et qu'il doit faire des progrès. Qu'est-ce que tu en penses ?

C'est vrai.
Je suis d'accord.
Je le pense aussi.
Je ne suis pas trop d'accord.
C'est un cliché.
Ce n'est pas vrai.
Je ne suis pas d'accord.
Je ne le pense pas.

Elsa Tom __	*être* (trop) timide *pouvoir* choisir de partir / de l'aider *pouvoir* tout faire, même avec un handicap *faire* ça parce qu'il/elle l'aime *penser* que c'est pour son bien[1]
tous les __ toutes les __	sont / ne sont pas __ ont / n'ont pas __ font / ne font pas __
__	

1 **c'est pour son bien** das ist nur zu seinem/ihrem Besten

Unité 4

Volet 1, page 80

☆ **1 b** **Ordnet den Themen die passenden Signalwörter zu. Jede/r übernimmt ein Thema. Tragt dann eure Ergebnisse zusammen und ergänzt eure Listen.**

Histoire | géographie | culture | activités | population[1]

1 **la population** die Bevölkerung

autrefois • les animaux • un spectacle • en (1534) • la langue officielle • visiter qc • les habitants • l'océan • au (18)e siècle • les touristes • le territoire • à pied • les traditions • parler • découvrir qc • une balade • depuis (1977) • le mot • l'anglais • la forêt • en (automne) • le français • le peuple • une excursion • un défilé • la nature • les langues • à ski

Volet 2, page 89

☆ **9 b** **Qu'est-ce qui se passe ? Quel est le problème ? Complète le résumé du film.**

la mère • sa mère • le garçon • son fils • les autres garçons • un problème • Canadiens de Montréal • Maple Leafs de Toronto • petit • nouveau

? est fan de Maurice Richard et bien sûr, il a un chandail des ?. Mais un jour, son chandail est trop ? et a des trous. Alors, ? lui commande un nouveau chandail. Mais quand le paquet avec le chandail arrive, il y a ?. Le nouveau chandail est le chandail des ?, l'équipe rivale des ?. ? demande à ? d'essayer le chandail. Ils se disputent : ? ne veut pas porter le ? chandail et ? ne veut pas l'échanger. Finalement, ? doit aller à l'entraînement avec le chandail des ?. Quand ? voient ça, ils ne le laissent pas monter sur le terrain. ? est très en colère. Il s'énerve et casse son bâton[1]. À cause de ça, ? doit aller prier à l'église[2]. Alors, ? demande à Dieu[3] des mites[4] qui vont manger le chandail.

1 **le bâton** der Schläger 2 **prier à l'église** in der Kirche beten 3 **Dieu** Gott 4 **la mite** **die Motte**

Lecture 2

page 95

☆ DELF **1 b** **Complète la frise par les étapes qui sont décrites dans l'article, p. 94–95.**

1907	1922	1926 – 1928	1928	1934	1937	1942 – 1947	fin des années 40	1959	1963	1964	1973	1974 – 1976	années 80	2021
J.-A. Bombardier naît														

- métros de Montréal et de New York
- invente la motoneige
- ouvre son garage
- J.-A. Bombardier est malade
- succès du garage → entreprise → succès
- stage et études
- trains et avions partout dans le monde
- son fils meurt
- J.-A. Bombardier meurt → la famille continue
- fusionne avec Alstom
- crise → nouveau marché
- problèmes → invente le Muskeg
- construit sa 1ère machine
- invente le B7 et le B12

Unité 5

Vocabulaire, page 103

☆ **3 b** **Retrouve les expressions qui vont avec chaque catégorie et note-les dans un « moulin à paroles » (= *Sprechfächer*).** ▶ Méthodes, p. 141/13

A etwas bewerten | évaluer quelque chose

B etwas abwägen | peser le pour et le contre

C ? eine Rückfrage stellen | poser une question

D seinen Standpunkt äußern und erklären | donner son avis et l'expliquer

E ≠ widersprechen | ne pas être d'accord

F ✓ zustimmen | être d'accord

- Je pense que...
- Je trouve que...
- Mais...
- Je trouve ça très bien.
- Chez moi, on...
- À mon avis, ...
- Tu es sûr/e ?
- Tu ne trouves pas ?
- Ça dépend.
- Ce n'est pas juste.
- Donc, ...
- C'est vrai.
- Tu as raison.
- C'est ça.
- Ah non !
- Ce n'est pas vrai.
- Mais oui !
- N'importe quoi !
- Tu exagères.
- Si, justement !
- Il ne suffit pas de..., il faut aussi...
- Il faut changer ça.
- Là, je ne suis pas d'accord avec toi.
- Qu'est-ce que tu en penses ?
- D'un côté, ... D'un autre côté, ...
- Ce n'est pas du tout réaliste.
- Ce n'est pas ce que je veux dire.
- Là, je suis d'accord avec toi.
- Par exemple, ...
- Tu penses vraiment que... ?
- En plus, ...
- C'est une question de...

Volet 1, page 105

☆ 🔊 **3 b Quelles personnes ou quelles choses est-ce qu'Hugo, Lina, Zoé et Tiago trouvent injustes ? Écoute encore une fois et note les bonnes réponses. Parfois, il y a plusieurs réponses possibles.**

A sa maladie
B être exclu des discussions
C ses parents
D comment les profs utilisent l'appli Pronote
E les adultes qui n'écoutent pas la génération des jeunes
F la vie

Volet 2, page 108

☆ **2 a Regardez le film, puis partagez vos premières impressions avec votre partenaire.**

Exemple : Moi, je trouve ce film intéressant parce que j'adore l'acteur qui joue le rôle de Djal.

Je trouve ce film	intéressant super nul drôle extraordinaire impressionnant —	parce que j'aime parce que je n'aime pas	tout. l'histoire. le thème. l'acteur / l'actrice qui joue __. les images. la musique. —
Je n'aime pas trop ce film Je n'aime pas ce film			

Volet 2, page 110

☆ **5 a Note les expressions pour parler d'un film dans une carte mentale.**

un personnage
une relation
un acteur
une actrice
un comportement
une ambiance
un rôle
une fin
une histoire
une scène
un thème

touchant/e
horrible
ennuyeux/ennuyeuse
impressionnant/e
courageux/courageuse
motivant/e
fou/folle
sérieux/sérieuse
bizarre
fort/e
important/e
principal/e
ouvert/e
difficile
drôle

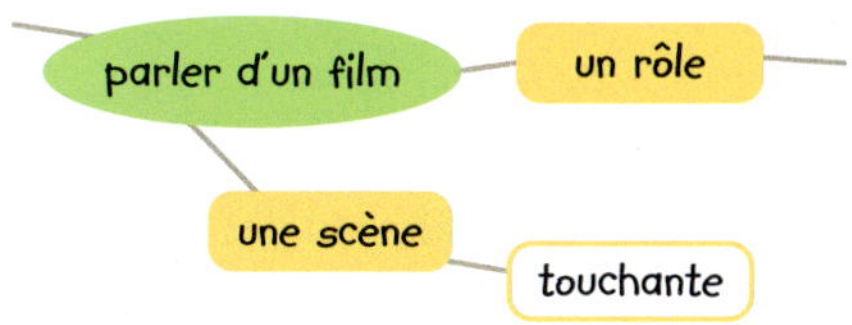

obliger qn à + *inf.*
interdire à qn de + *inf.*
refuser qc / de + *inf.*
accepter qc / de + *inf.*
traiter qn comme qc

ce que je préfère
ce qui me plaît
ce qui ne me plaît pas

Méthodes et stratégies

Wortschatz lernen | Apprendre le vocabulaire

Es gibt viele verschiedene Methoden, Wörter zu lernen. Doch egal, für welche Methode(n) du dich entscheidest, das Wichtigste beim Lernen ist:

- **Sei aktiv,** dann prägen sich die neuen Wörter besser ein. Schreibe, zeichne, sprich laut, mache Gesten, und du wirst sehen, wie gut dein Gedächtnis arbeitet.
- **Lerne regelmäßig**, lieber täglich ein paar Minuten als ganz viel auf einmal.

1 Mit Lern- und Merkhilfen lernen

Lerne z. B. mit der Wortliste (S. 178–199), mit Karteikarten, mit Vokabel- und Verbentrainer-Apps, mit passenden Bildern, mit passenden Gesten oder mit Klebezetteln, die du gut sichtbar anbringst.

2 Durch Vernetzung lernen

1. Wortschatz vernetzen

- Sammle und ordne Wörter und Ausdrücke, die zu demselben Thema gehören, in einem Wortnetz (*carte mentale*). Wenn du dazu eine Mindmap-App nutzt, kannst du dein Wortnetz leichter überarbeiten.
- Lerne neue Wörter in zusammenhängenden Wendungen. So kannst du sie besser in einem Satz benutzen, z. B. Verben zusammen mit passenden Ergänzungen.
- Bringe neue Wörter mit Wörtern, die du schon kennst, in Verbindung und lerne sie zusammen: Das funktioniert besonders gut mit Synonymen (Wörter mit gleicher oder ähnlicher Bedeutung), Antonymen (Gegenteilen), Wörtern aus derselben Wortfamilie (z. B. Verb und Nomen) oder Ober- und Unterbegriffen.
- Fast die Hälfte des englischen Wortschatzes stammt aus dem Französischen! Lerne daher verwandte Wörter zusammen. Aber markiere dabei Unterschiede in der Schreibung.

participier → participer en cours
dernier → au dernier moment
une excuse → chercher des excuses

aimer qn/qc = adorer qn/qc
aimer qn/qc ≠ détester qn/qc
aimer qn/qc ▼ l'ami/l'amie

présenter = to present
extraordinaire = extraordinary
un exemple = example

2. Wortschatz systematisieren

Beim Vokabellernen ersparst du dir Aufwand, wenn du über gewisse Regelmäßigkeiten Bescheid weißt. Z. B. kannst du einigen Nomen an ihrer Endung ansehen, ob sie männlich oder weiblich sind.

Typisch **weibliche** Endungen sind:			
-tion	(la solution)	-té	(la beauté)
-ette	(la recette)	-ade	(la balade)
-ie	(la partie)	-ine	(la farine)
-ure	(la voiture)	-euse	(la chanteuse)
-ce	(la confiance)		

❗ Alle **Automarken** und **-modelle** sind weiblich: *une Peugeot, une Clio, ...*

Typisch **männliche** Endungen sind:			
-ent	(le bâtiment)	-in	(le matin)
-eau	(le bateau)	-ier	(le cahier)
-age	(le voyage)	-eur	(le chanteur)

❗ Alle **Sprachen** sind männlich: *le français, l'anglais, ...*

ab U1/Voc

Übung: 1 **Denk dir Eselsbrücken aus, um dir diese Endungen zu merken.**
2 **Finde weitere Beispiele (und Ausnahmen) für diese Regel.** ► Liste alphabétique, p. 200

Hörverstehen | Écouter et comprendre

3 Das Hören vorbereiten

In diesem Buch begegnen dir drei Arten von Höraufgaben: Je nach Aufgabenstellung musst du entweder grob verstehen, worum es in einem Text geht, nur ganz bestimmte Informationen heraushören oder ganz genau verstehen, was gesagt wird. Für alle Aufgabenarten gilt:

- Du musst nicht jedes Wort verstehen. Wenn dir also unbekannte Wörter begegnen, hör einfach weiter!
- Bevor du einen Hörtext hörst, lies die Aufgabenstellung genau und stell dich auf die beschriebene Situation und das Thema ein: Um welche Art von Hörtext handelt es sich (Telefongespräch, Durchsage, Radiosendung, ...)? Zu welchem Thema? Welche Wörter könnten vorkommen? So bist du optimal fürs Hören vorbereitet.

4 Verstehen, worum es geht

Es gibt drei Fragen, die dir helfen, Hörtexte grob zu verstehen. Notiere die Antworten als Stichwörter.

1. *Qui parle ?*	(Wer?)
2. *Où sont les personnes ?*	(Wo?)
3. *De quoi est-ce que les personnes parlent ?*	(Was?/Worüber?)

TIPP Achte beim Hören auch auf den Klang der Stimmen und auf Hintergrundgeräusche. Sie geben dir zusätzliche Informationen über Orte, Personen, Stimmungen und Situationen. Auch der Tonfall der Gesprächspartner liefert dir Informationen über die Art und den Verlauf eines Gesprächs.

ab U1/Voc

Übung: **Du bist in Paris, am Eingang einer Métro-Station, und hörst dieses Gespräch mit. Welche Informationen liefern dir die Stimmen der Sprecher und der Tonfall der Sprecher über die Entwicklung der Situation?**

5 Einzelne Informationen heraushören

Wenn die Aufgabenstellung von dir verlangt, bestimmte Informationen zu verstehen, bereite dich auf das Hören vor: Welche Art von Hörtext erwartest du (Telefongespräch, Durchsage, Radiosendung ...)? Welche Wörter könnten vorkommen? Beim Hören achtest du nur auf die Informationen, die für die Aufgabenstellung wichtig sind, und notierst sie. Alles andere kannst du ausblenden. Wenn du den Hörtext ein weiteres Mal hörst, ergänzt und korrigierst du deine Notizen.

TIPP Wenn du mehrere Informationen aus einem Text heraushören sollst, dann lege dir vor dem Hören eine Tabelle an, in die du die gehörten Informationen eintragen kannst.

6 Das Gehörte genau verstehen

In einigen Situationen musst du kurze Texte oder Hinweise im Detail verstehen, um zu wissen, was genau passiert bzw. was du zu tun hast (z. B. wenn dir jemand am Telefon einen Weg beschreibt). In solchen Situationen ist es hilfreich, dass du dir beim Hören Notizen machst. ► p. 139/8

TIPP Die Punkte, zu denen du etwas verstehen sollst, stehen oft schon in der Aufgabenstellung. Notiere sie vor dem Hören, dann brauchst du beim Hören nur noch die gehörten Informationen zu ergänzen. Wenn du beim Hören etwas nicht verstehst, höre nicht auf, dir Notizen zu machen, sondern lass an dieser Stelle eine Lücke. Beim nächsten Hördurchgang kannst du die Lücken in deinen Notizen schließen.

7 Das gesprochene Französisch verstehen

1. Wortgrenzen erkennen

Du hörst einen Satz und verstehst ihn. Was passiert dabei? Dein Gehirn vergleicht die gehörten Lautfolgen mit den Wörtern, die es kennt, erkennt die gesagten Wörter und setzt daraus den Gesamtsinn des Satzes zusammen. Im Französischen klingt ein Satz aber oft wie ein einziges Wort, und es gibt Lautfolgen, die mehrere Bedeutungen haben können. Das macht es schwieriger, einzelne Wörter richtig zu erkennen. Aber das zu wissen und einige typische Missverständnisse zu kennen, erleichtert dir das Verstehen.

ab U1/Voc

Übung: **Hör zu und leite aus dem Zusammenhang ab, was du gehört hast.**
1. a l'é... b les • 2. a l'a... b la • 3. a d'é... b des • 4. a t'é... b tes • 5. a qu'en b quand • 6. a ma b m'a c m'a... • 7. a ta b t'a c t'a... • 8. a la b l'a c l'a...

2. Die Besonderheiten der gesprochenen Sprache kennen

Dass Franzosen zum Teil anders sprechen, als sie schreiben, hast du schon in der Rubrik *La France en VO* feststellen können. Je besser du die Besonderheiten des gesprochenen Französisch kennst und je mehr du dich an sie gewöhnst, desto leichter fällt es dir, das Gesagte zu verstehen.

Im gesprochenen Französisch:
- **„verschluckt" man Laute:**
  tu as raison → t'as raison ; il → i
  je suis → chuis
- **spricht man kein Verneinungs-*ne*:**
  elle ne mange pas → elle mange pas
  il n'a vu personne → il a vu personne
- **kürzt man gerne ab:**
  le cinéma → le ciné
- **verdreht man Silben oder Buchstaben:**
  bizarre → zarbi
- **verwendet man andere Wörter:**
  l'ami → le pote
- **verwendet man Füllwörter:**
  ben, euh...

3. Englische Wörter im Französischen verstehen

Die deutsche Aussprache englischer Wörter ist nah am Englischen. Im Französischen dagegen klingen englische Wörter sehr „französisch" und werden auf der letzten Silbe betont, z. B. *le week-end*.

8 Sich Notizen machen

Mach dir beim Hören sofort Notizen, sonst vergisst du, was du gehört und verstanden hast. Halte deine Notizen so knapp wie möglich:
- Notiere nur einzelne Wörter, keine ganzen Sätze.
- Lasse Artikel und Bindewörter weg, z. B. *tomates + salade* (anstatt *les tomates et la salade*).
- Kürze lange Wörter ab und verwende Abkürzungen, z. B. *p. ex.* (*par exemple*), *ND* (*Notre-Dame*).
- Verwende Zeichen und Symbole statt Wörter, z. B. = → ♥ ! ♪ ☼ ...

Hör-Sehverstehen | Regarder et comprendre

9 Bilder zum Verstehen und Erschließen nutzen

Für das Hör-Sehverstehen gelten dieselben Hinweise wie für das Hörverstehen. Dennoch: Bewegte Bilder erleichtern das Verstehen, denn in der Regel entspricht das, was gesagt wird, dem, was man sieht. Dies trifft besonders auf Videos zu, in denen man etwas erklärt und gezeigt bekommt (z. B. Rezepttutorials oder andere Anleitungen). Diese Tatsache kannst du nutzen, um:
- die Handlung (und dazu gehört auch das, was gesagt wird) zu verstehen,
- dir unbekannte Wörter und Ausdrücke zu erschließen und deinen Wortschatz zu erweitern.

10 Filmische Mittel wahrnehmen und zum Verstehen nutzen

1. Filmische Bildsprache

Dazu gehören Kameraeinstellungen und -bewegungen, aber auch Kontraste, z. B. Lichtkontraste (hell/dunkel), Farbkontraste oder Kontraste im Raum (oben/unten, links/rechts, nah/fern usw.). Mit solchen bildlichen Kontrasten unterstreichen Filmemacher oft Gegensätze, die auch in der Handlung eine Rolle spielen und machen es dem Zuschauer leichter, die Bedeutung einer Szene oder eines Films zu verstehen.

TIPP Sieh dir Filmszenen ohne Ton an, um dich ganz auf die Bildsprache konzentrieren zu können.

2. Filmmusik

Filmmusik dient oft dazu, die Stimmung einer Szene zu verstärken und wichtige Momente zu unterstreichen. Das kannst du dir beim Hör-Sehen zunutze machen.

Sprechen | Parler

11 Flüssiges Sprechen üben

Wenn du ganze Sätze auswendig lernst, kannst du sie beim Sprechen leichter verwenden. Dadurch sprichst du flüssiger.

MK

MÉDIAS
Übe mit den Hörtexten, den Videos und den Audios der „Mots pour le dire". Du kannst sie dir online anhören oder herunterladen. ▶ Webcode, S. 1

12 Ein Gespräch aufrechterhalten

Wenn ein Gespräch ins Stocken gerät oder du nicht zu Wort kommst, kannst du die Situation mit bestimmten Redewendungen und Ausdrücken wieder in den Griff bekommen.

Du möchtest
- sicherstellen, dass du jemanden verstehst:
  Pardon ? Qu'est-ce que tu as dit ?
  Tu peux répéter, s'il te plaît ?
  Tu peux parler moins vite, s'il te plaît ?
  Qu'est-ce que tu veux dire ?
  Alors, tu penses vraiment que... ?
  ..., c'est ça ?
- sicherstellen, dass jemand dich versteht:
  Tu vois ce que je veux dire ?
- Zeit gewinnen, um deine Gedanken zu sortieren:
  euh... / ben...
  tu sais...
- jemanden nach seiner Meinung fragen:
  Tu ne trouves pas ?
  Qu'est-ce que tu en penses ?
- jemanden zum Weiterreden ermuntern:
  C'est vrai ? / Tu es sûr/e ?
  Vas-y, raconte !

13 Eine Diskussion führen

Zu einer guten Diskussion gehören gute Argumente und eine strukturierte Gesprächsführung. Sammle vorab Argumente für den Standpunkt, den du vertreten willst/sollst, und formuliere sie aus. In der Diskussion selbst kannst du folgende Redewendungen und Ausdrücke benutzen:

Du möchtest

- **deine Meinung sagen:**
  À mon avis, __.
  Je pense/trouve que __.
  Le vrai problème, / Le plus important, c'est __.
- **Argumente anführen:**
  Comme __, __.
  __ parce que __.
  En plus, __.
  Donc, __.
  Pour finir, on peut dire que __.
- **Rückfragen stellen / das Gespräch aufrechterhalten** ▶ p. 140/12
- **etwas richtigstellen:**
  Ce n'est pas ce que je veux dire.
  En fait, __. / Je voulais dire que __.
- **jemanden nach seiner Meinung fragen** ▶ p. 140/12
- **deine Zustimmung ausdrücken:**
  Je suis d'accord (avec toi).
  Tu as raison. / C'est ça.
- **etwas bekräftigen:**
  Mais oui !
  C'est une question de __.
- **deine Ablehnung ausdrücken:**
  Je ne suis pas (du tout) d'accord (avec toi).
  Ah, non. / Ce n'est pas vrai.
  N'importe quoi ! / Tu exagères !
  Si ! / Si, justement !
- **etwas bewerten:**
  Je trouve ça important/__.
  Ce n'est pas du tout réaliste/__.
- **etwas einwenden:**
  Je ne sais pas.
  Ça dépend (de __).
  D'un côté, __.
  D'un autre côté, __.
  Il ne faut pas oublier que __.
  Il ne suffit pas de __, il faut aussi __.
- **die Diskussion kommentieren:**
  Ce n'est pas un argument.
  On ne peut pas comparer __ et __.
  Ce n'est pas la question.
- **Zeit gewinnen** ▶ p. 140/12
- **ausreden:**
  Attends. / Je n'ai pas fini.

TIPP Ein Sprechfächer hilft dir, in einer Diskussion freier und spontaner zu sein. Notiere die Ausdrücke zum Diskutieren auf deinem Fächer und sortiere sie dabei nach Redeabsichten (seine Meinung sagen, ausreden usw.). Wenn du beim Sprechen nicht weiterweißt, klappst du den Fächer auf. Und wenn du zu jeder Redeabsicht ein sprechendes Symbol notierst, findest du schneller, was du suchst.

14 Ein Rollenspiel vorbereiten und vorspielen

1. Sammelt Ideen: Worum geht es? Welche Personen kommen vor? Was sagen sie? Wie verhalten sie sich?
2. Verteilt die Rollen und schreibt das „Drehbuch".
3. Bereitet (jede/r für sich) eure Rolle vor und übt sie ein:
   - Welche Gestik und Mimik machen die Rolle lebendiger? Ist die Person fröhlich, angespannt oder traurig? Notiert euch Regieanweisungen farbig im Text.
   - Braucht ihr Requisiten (z. B. Schultasche, Handy), um eure Rollen anschaulicher zu gestalten?
   - Lernt euren Text auswendig (▶ Kniff mit dem Knick, p. 143/17).
4. Probt gemeinsam euer Rollenspiel und übt dabei auch die Gestik und die Mimik ein.

15 Ein Bild und seine Wirkung beschreiben

Wenn du ein Bild beschreibst (z. B. ein Foto oder ein Werbeplakat), dann beantworte dabei folgende Fragen und nutze dazu die Ausdrücke im Kasten:

1. Was ist auf dem Bild zu sehen?
2. Wie wirkt das Bild auf den Betrachter?
3. Welche Botschaft vermittelt das Bild?

Pour décrire une image:
C'est une photo / un tableau de __.
C'est une publicité[1] pour __.
Il/Elle date du 19e siècle / de 1904 / __.
Il/Elle montre __.
Le slogan, c'est __.

Au premier plan, / À l'arrière-plan,
À gauche, / À droite, / Au centre,
En haut[2] / En bas[3],
Devant / Derrière / À côté (de) __,
Ici/Là,
— on voit __. / il y a __.

On ne voit pas __.
C'est peut-être __.
Il y a un contraste entre __ et __.
La photo / Le tableau / La publicité — a quelque chose de __. / est __.
Quand on le/la regarde, — on se sent __. / on pense (à) __.
Le message, c'est : « __ ».
À mon avis, __.
Je trouve que / pense que __.

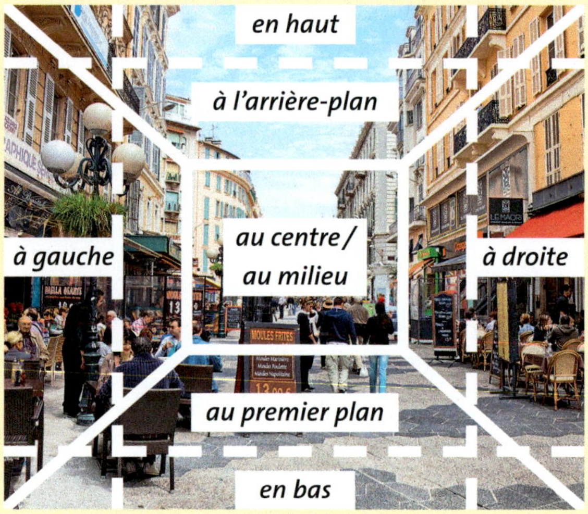

1 **la publicité** die Werbung
2 **en haut** oben
3 **en bas** unten

ab U2/Voc **Übung:** **Beschreibe dieses Foto, das in der Altstadt von Québec aufgenommen wurde.**

16 Einen Kurzvortrag vorbereiten

Du sollst deine Mitschüler mit einem Vortrag über etwas informieren, z. B. über eine Sehenswürdigkeit, eine Person oder einen Film. Die Tipps, die du hier findest, unterstützen dich bei der Vorbereitung und Durchführung, egal ob allein oder in der Gruppe.
So gehst du vor:

1. Informationen sammeln

- Was weißt du schon über das Thema, das du vorstellen sollst? Sammle alles auf einem Blatt. Notiere das, was du schon auf Französisch sagen kannst, gleich auf Französisch.
- Lies die Texte (Sachtexte, Diagramme usw.), die dir für deinen Vortrag zur Verfügung stehen oder die du recherchiert hast, und markiere die wichtigsten Inhalte (► p. 147/24.1).

2. Inhalte sinnvoll gliedern

Beantworte für dich folgende Fragen und finde anhand deiner Antworten einen roten Faden für deinen Vortrag:
- Worüber will/soll ich informieren? Was ist interessant?
- Wie viel Zeit steht mir für den Vortrag zur Verfügung?
- Welche Unterthemen spreche ich an?
- In welcher Reihenfolge spreche ich über meine verschiedenen Unterthemen?

Schreibe eine Gliederung auf. Gehe dann noch einmal deine Texte durch und ordne die dort markierten Informationen in deine Gliederung ein. Fehlen noch Informationen? Recherchiere sie gezielt.

Gliederung
India Desjardins
sa vie
- née le 15 juillet 1976 au Québec
- journaliste pour des magazines
- romancière

ses romans
- le roman « Les Aventures d'India Jones »
- la série de romans « Le journal d'Aurélie Laflamme »
  - l'histoire et les personnages
  - le film

3. Den Vortrag ausarbeiten und einüben

Formuliere jetzt den Text deines Vortrags:
- Verwende schon beim Schreiben die strukturierenden Ausdrücke, die du auch später beim Vortragen benutzen wirst. ▶ p. 144/18
- Arbeite mit Beispielen und Vergleichen, dann kann dein Publikum mit deinen Informationen mehr anfangen.
- Überprüfe deinen fertigen Text mithilfe der Fehlercheckliste. ▶ Webcode, S. 1
- Schreibe dir dann die wichtigsten Stichwörter aus deinem Text auf einen Stichwortzettel. Dazu kannst du auch den „Kniff mit dem Knick" verwenden. ▶ p. 143/17
- Erstelle ein Plakat oder eine digitale Präsentation, um die Inhalte deines Vortrags zu veranschaulichen. Du kannst auch zum Thema passende Gegenstände mitbringen.

TIPP Sorge dafür, dass die technischen Geräte, die du zum Vortragen benötigst, am Tag deines Vortrags zur Verfügung stehen.

- Übe deinen Vortrag vor Freunden oder vor dem Spiegel. Schau dabei nicht mehr auf deinen Text, sondern nutze nur noch deinen Stichwortzettel als Gedächtnisstütze. Beziehe dabei auch dein Plakat, deine Folien oder deine digitale Präsentation mit ein.

TIPP Prüfe dabei, ob du die für deinen Vortrag vorgegebene Zeit einhältst.

17 Der Kniff mit dem Knick

Verwende den „Kniff mit dem Knick", um deinen Vortrag einzuüben:

1. Schreibe den Text des Vortrags auf den großen Teil des Blattes.	Text → großer Teil
2. Unterstreiche in deinem Text die wichtigsten Stichwörter.	wichtigste Stichwörter
3. Übertrage diese Stichwörter auf den kleinen Teil des Blattes. Sie dienen dir beim Vortragen als Gedächtnisstütze.	Stichwörter → kleiner Teil
4. Zum Vortragen klappst du den ausführlichen Text weg und schaust nur auf deine Stichwörter. Wenn du nicht mehr weiter weißt, klappst du dein Blatt auf und schaust auf den Text.	Text wegklappen, nur Stichwörter; weiter? aufklappen!

18 Einen Kurzvortrag halten

So hältst du einen Vortrag:
- Begrüße dein Publikum und erkläre kurz das Thema und den Aufbau deines Vortrags.
- Schreibe unbekannte Wörter vorher an die Tafel und erkläre sie deinen Mitschülern.
- Sprich beim Vortragen langsam, möglichst frei und sieh dein Publikum an.
- Verwende Zeigehilfen (Stab, Laserpointer), um auf dein Plakat oder deine Folien zu zeigen. Stell dich so hin, dass alle freie Sicht auf dein Plakat oder deine Folien haben.
- Bedanke dich am Ende für die Aufmerksamkeit und erkundige dich, ob es noch Fragen gibt.

TIPP Mache immer wieder kurze Redepausen, schau auf deine Notizen, sieh dein Publikum wieder an und sprich dann weiter.

Pour structurer ton exposé, utilise :

au début	Aujourd'hui, je vais vous présenter / je vais vous parler de __.
	J'ai choisi ce thème parce que __.
pour annoncer le plan	Au début de mon exposé, je vais vous donner des informations générales sur __.
	Après, __. / Ensuite, __.
pendant l'exposé	Pour finir, __.
	Je commence par __.
	Maintenant, je passe au point suivant : __.
à la fin	Pour finir, __.
	Merci de votre attention !
	Est-ce que vous avez des questions ?

19 Eine Rückmeldung geben

Bewertet eure Vorträge und Dialoge bzw. Rollenspiele gegenseitig. Besprecht gemeinsam mit eurem Lehrer / eurer Lehrerin, was ihr bewerten wollt. Ihr könnt zum Beispiel den Inhalt, die sprachliche Richtigkeit und die Einhaltung der Vortragsregeln bewerten. Legt die Kriterien vorher fest und schreibt sie auf.

Beispiele für Rückmeldungsbögen (Rollenspiel und Vortrag) ▶ Webcode, S. 1

Pour évaluer un exposé, utilise :
J'ai bien aimé ton exposé. / Je n'ai pas trop aimé ton exposé.
Tu as bien parlé. / Tu as parlé trop vite. / Tu n'as pas parlé assez fort.
J'ai tout compris. / Je n'ai pas bien compris.
C'était intéressant / Ce n'était pas toujours très intéressant parce que __.
Tu (n')as (pas) parlé de __. / Tu as aussi donné des informations sur __.
Tu (n')as (pas souvent) utilisé les expressions pour structurer un exposé.
Tu as donné des exemples. / Tu n'as pas donné assez d'exemples.
Tu (n')as (pas) expliqué les mots que nous ne comprenons pas.
La prochaine fois, parle moins vite / parle plus fort / __.

TIPP Fangt bei eurer Rückmeldung immer mit dem an, was gut war, und verbindet Kritik mit konkreten Verbesserungsvorschlägen.

Leseverstehen | Lire et comprendre

In diesem Buch triffst du auf drei Arten von Leseaufgaben: Je nach Aufgabenstellung musst du entweder grob verstehen, worum es in einem Text geht, nur ganz bestimmte Informationen herauslesen oder ganz genau verstehen, was im Text steht. Dabei gilt:
- Du muss nicht jedes Wort verstehen.
- Du musst nicht beim ersten Lesen alles im Detail verstehen. Gehe schrittweise vor und nähere dich dem Text „von außen nach innen".

20 Verstehen, worum es geht

- Sieh dir den Text zuerst an: Um welche Textsorte handelt es sich (Magazinartikel, Blog, ...)?
- Lies den Text dann einmal ganz durch, ohne dich von unbekannten Wörtern aufhalten zu lassen.
- Beantworte die drei Grundfragen. Notiere deine Antworten als Stichwörter (► p. 139/8).
- Bestimme die Wirkungsabsicht des Textes oder stelle eine erste Vermutung auf.

1. De qui / De quoi parle le texte ?
2. De quel endroit / quelle époque parle le texte ?
3. Quelles sont les informations principales ?

Textsorten sind z. B.:
- Erzählung
- Blog
- Werbung
- Rezept
- Zeitungsartikel
- Urlaubspostkarte
- Einladung
- ...

Wirkungsabsichten sind z. B.:
- informieren
- erklären
- berichten
- erzählen
- unterhalten
- überzeugen
- beeinflussen
- ...

ab U1/Voc

Übung: **Überfliegt gemeinsam die Texte auf S. 40, 64, 72–74 und 94–95. Bestimmt für jeden Text die Textsorte und ordnet ihm eine oder mehrere Wirkungsabsichten zu.**

21 Einzelne Informationen herauslesen

Lies die Aufgabenstellung genau. Zu welchem Thema sollst du Informationen finden?
Leite aus dem Thema mögliche Signalwörter ab. Überfliege dann den Text und „scanne" ihn dabei nur nach diesen Signalwörtern ab. Alles andere kannst du überlesen. Zwei Beispiele:
- Wenn du auf einer Webseite Öffnungszeiten und Preise finden sollst, halte nur nach Zahlen Ausschau.
- Beim Thema Kultur sind mögliche Signalwörter z. B. *culture, tradition, langue, spécialité, religion, fête*.

TIPP Notiere dir sofort, was du herausgefunden hast.

22 Einen Lesetext genau verstehen

Du hast nach dem ersten Lesen eines Textes schon grob verstanden, worum es geht. Um den Text ganz zu „knacken", näherst du dich ihm am besten in drei Schritten.

1. Einen Text in Sinnabschnitte gliedern

Texte haben meistens einen Aufbau, der das Verstehen erleichtert. Du findest z. B. in Zeitungstexten eine Überschrift, eine Einleitung, einen Hauptteil (der nach Themen gegliedert ist) und einen Schluss. Um einen Text genau zu verstehen, kannst du dir diese Gliederung bewusst machen:
- Teile den Text in Sinnabschnitte ein. Ein Sinnabschnitt kann einen oder mehrere Absätze umfassen.
- Gib jedem Sinnabschnitt eine Überschrift, die zusammenfasst, worum es darin geht.

2. Mit „Verstehensinseln" arbeiten

Mache in jedem Sinnabschnitt sichtbar, was du schon verstehst, und was du noch „knacken" musst:
- Unterstreiche alles, was du verstehst. Das sind deine „Verstehensinseln".
- Welche Wörter und Informationen kannst du dir um diese „Inseln" herum erschließen?
- Bleiben Wörter übrig, die du noch nicht verstanden hast? Schlage sie in einem Wörterbuch nach (▶ p. 152/33), wenn du den Eindruck hast, dass sie für dein Textverständnis wichtig sind.

3. Die „W"-Fragen beantworten

Sammle und vervollständige deine Leseergebnisse mithilfe der „W"-Fragen und einer Tabelle:
Qui ? Où ? Quand ? Quoi ? Comment ? Pourquoi ?
- Trage zu jedem Sinnabschnitt (▶ p. 145/22.1) die Informationen ein, die du verstanden hast.
- Mach dir klar, welche Informationen dir noch fehlen, und lies den Text ein weiteres Mal. Suche ihn dabei gezielt nach den noch fehlenden Informationen ab und notiere sie.
- Gibt es noch immer Fragen, zu denen du im Text keine Antwort findest? Das ist möglich, denn nicht alle Texte liefern Antworten auf alle „W"-Fragen.

TIPP Es fällt dir leichter, deine Tabelle auszufüllen, wenn du Wichtiges im Text farblich kennzeichnest, z. B. Personen, zeitliche Abläufe oder Begründungen, und für jede Kategorie eine eigene Farbe verwendest.

23 Unbekannte Wörter erschließen

Gerade beim Lesen kannst du viele Wörter verstehen, obwohl du sie noch nicht gelernt hast. Es gibt verschiedene Möglichkeiten, die Bedeutung eines unbekannten Wortes zu erschließen.

1. Wörter über Bilder erschließen

Nutze Bilder, z. B. in Blogs, Zeitungsartikeln oder Flyern, um die Bedeutung eines Wortes herauszufinden.

2. Kenntnisse aus anderen Sprachen nutzen

In den europäischen Sprachen gibt es viele Wörter, die denselben Ursprung haben und sich daher ähnlich sind. Nutze dein Wissen aus anderen Sprachen, um französische Wörter zu erschließen – und umgekehrt.

3. Wörter über Wortfamilien erschließen

Wie im Deutschen gibt es auch im Französischen sogenannte Wortfamilien. Wörter gehören dann zu derselben Wortfamilie, wenn sie einen gemeinsamen Wortstamm haben, z. B. *jouer – le joueur / la joueuse*. Diese Ähnlichkeit kannst du dir zunutze machen, um unbekannte Wörter zu erschließen.

Du liest z. B. das Wort *la sortie*.
- Kennst du ein Wort mit demselben Wortstamm? (→ *sortir*)
- Was bedeutet es? (→ „ausgehen, hinausgehen")
- Was könnte also *la sortie* bedeuten? (→ „der Ausgang")

TIPP Manchmal sind an den Wortstamm Vorsilben oder Nachsilben angehängt, die eine bestimmte Bedeutung haben. Wenn du sie kennst, hast du es beim Erschließen leichter. Hier zwei Beispiele:

Vorsilbe *re-* (vor Vokal *ré-* oder nur *r-*) = noch einmal, wieder, zurück
lire → *relire* (noch einmal lesen); *venir* → *revenir* (zurückkommen); *entrer* → *rentrer* (zurückgehen); *appeler* → *rappeler* (noch einmal anrufen, zurückrufen)
Nachsilbe *-eur/-euse* = jd, der eine Tätigkeit ausübt; = von einem Adjektiv abgeleitetes Nomen
chanter → *le chanteur* (der Sänger); → *la chanteuse* (die Sängerin)
haut/e → *la hauteur* (die Höhe); *long/longue* → *la longueur* (die Länge)

4. Wörter über den Kontext erschließen

Nutze das, was du in einem Text verstehst, um Unbekanntes zu erschließen. So kann dir der Satz, in dem das unbekannte Wort vorkommt, Hinweise liefern, worum es sich handeln könnte. Ein Beispiel: *J'ai pris la souris dans ma main*. Der Satz legt nahe, dass es sich bei *la souris* um einen Gegenstand oder ein kleines Lebewesen handelt. Mit ein bisschen Glück kommt *la souris* auch in den Folgesätzen vor und die Bedeutung klärt sich noch weiter auf.

ab U2/V1 **Übung: Lies den Abschnitt und erschließe die Bedeutung des Wortes *la souris* über den Kontext. Wie bist du vorgegangen?**
J'ai pris la souris dans ma main. Elle avait l'air curieuse et elle m'a longtemps regardé. Mais elle n'a pas mangé le fromage. C'était bizarre. D'habitude, les souris aiment le fromage, non ?

24 Textinhalte darstellen und wiedergeben

1. Einem Text die wichtigsten Informationen entnehmen

Wenn du den Inhalt eines Textes zusammenfassen sollst, musst du dich dabei auf die wichtigsten Informationen beschränken. Finde diese Informationen im Text und markiere sie. Um zu entscheiden, welche Informationen in einem Text wichtig, weniger wichtig oder eher unwichtig sind, musst du den Text erst genau lesen (▶ p. 145/22). Folgende Fragen leiten dich bei der Auswahl der zu markierenden Begriffe:

- Was sind die Hauptinformationen, die für deine Aufgabe von Bedeutung sind? Markiere sie mit einem Textmarker.
- Welche Informationen sind wichtig, aber weniger wichtig als die Hauptinformationen? Unterstreiche diese Nebeninformationen.
- Was sind Details (= Nebensachen), die die Haupt- und Nebeninformationen ausschmücken oder näher erläutern? Lass sie unmarkiert.

Markierungsbeispiel aus dem Text *La dame de fer* über den Bau des Eiffelturms:

Trois mois après, nous avons installé la deuxième plate-forme. Tous les jours, beaucoup de gens venaient sur le Champ-de-Mars pour nous regarder travailler. Ils nous observaient avec des jumelles. Nous étions la nouvelle attraction de Paris !
En septembre 1888, nous avons commencé la construction du troisième étage. À 200 mètres de hauteur, le travail devenait encore plus dangereux. Mais la vue était incroyable !

TIPP Du kannst es auch umgekehrt machen und alles durchstreichen, was unwichtig ist. Das, was übrig bleibt, sind die Haupt- und Nebeninformationen.

MÉDIAS
Mit einem PDF-Bearbeitungsprogramm kannst du den Text auch digital markieren oder schwärzen. Und wenn du einmal zu viel markiert oder durchgestrichen hast, kannst du das mit einem Klick zurücknehmen!

2. Informationen nach Stichpunkten ordnen

Informationen zu Personen, Orten, Gegenständen oder Veranstaltungen sind einfacher zu präsentieren, wenn du sie nach Stichpunkten ordnest, z. B. indem du zu einer Person einen Steckbrief erstellst.

TIPP Du kannst auch andere Textsorten als „Vorlage" wählen und auf witzige Weise zweckentfremden, z. B. wenn du für eine Sehenswürdigkeit einen Ausweis erstellst, eine typisch französische Nachspeise steckbrieflich suchst oder ein Rezept für den französischen Nationalfeiertag formulierst.

3. Eine Skizze erstellen

Mithilfe einer Skizze kannst du Inhalte aus einem Text (z. B. die Figurenkonstellation oder den Verlauf eines Gesprächs) darstellen, ohne viel schreiben zu müssen – und sie dann geordnet wiedergeben: Notiere zuerst, um welche Figuren/Personen, Dinge oder Orte es im Text geht. Dann kannst du z. B.:

- mithilfe von Linien und Symbolen (z. B. Pfeile, Herzen, Blitze, Smileys ...) die Beziehungen zwischen den Personen/Figuren verdeutlichen,
- mit einer Kurve darstellen, wie sich eine Situation entwickelt (positiv, negativ usw.),
- weitere Informationen zu jeder Figur/Person, jedem Ort oder jedem Ding notieren.

TIPP Eine Skizze muss nicht schön sein. Hauptsache, sie ist informativ!

Schreiben | Écrire

25 Vor dem Schreiben

Beim Schreiben von Texten gilt: Schreib nicht einfach drauflos! Je besser du das Schreiben vorbereitest, desto besser werden deine Texte. So gehst du vor:

1. Lies die Aufgabenstellung genau und stell dir dazu folgende Fragen:
   - Welche Art von Text sollst du schreiben (eine E-Mail, einen Blogeintrag, einen inneren Monolog, einen Tagebucheintrag usw.)?
   - Was ist typisch für diese Art von Text?
   - Worum soll es im Text gehen? Was gibt die Aufgabenstellung vor?
   - An wen richtet sich der Text? Das ist wichtig, weil du anders schreibst, je nachdem ob du dich an Gleichaltrige oder Erwachsene, Freunde oder Unbekannte wendest.
   - Worum soll es im Text gehen?
2. Sammle Ideen zu den Punkten, die die Aufgabenstellung verlangt.
   - Formuliere sie am besten gleich auf Französisch. Notiere sie in Stichpunkten. Du kannst sie auch in einem Wortnetz anordnen (▶ p. 137/2.1). Suche auch in den *Mots pour le dire* (S. 168–177) und auf den *Vocabulaire*-Seiten der jeweiligen Unité nach geeigneten Ausdrücken oder Redewendungen.
   - Du willst etwas auf Französisch ausdrücken und weißt nicht, wie? Werde erfinderisch! Wandle Ausdrücke ab, die du schon kennst, verwende Oberbegriffe oder nenne Beispiele.
3. Plane nun den Aufbau deines Textes:
   Womit fängst du an? Was kommt danach? Wie beendest du den Text? Ordne deine Stichpunkte, z. B. in einer Mindmap.

Typische Merkmale eines inneren Monologs

Inhalt
- Gefühle (Freude, Ängste, Hoffnungen...)
- Bewertungen, Kommentare
- Fragen, z. B. nach Gründen, Möglichkeiten
- Überlegen und Planen

Form
- vorwiegend im Präsens
- in der Ich-Form
- eher umgangssprachlich
- auch abgebrochene Sätze
- Wiederholungen
- Satzzeichen (für Gefühle und Pausen)

Eine Geschichte weiterschreiben

Lies dir den Anfang der Geschichte gründlich durch (▶ p. 145/22). Entwickle dann die angelegte Handlung weiter und behalte dabei Folgendes bei:
- den/die Erzähler/in,
- die Hauptfiguren,
- Zeit und Ort (wann und wo die Geschichte spielt),
- die Erzählzeit (in welcher Zeit erzählt wird).

TIPP Verwende möglichst viel direkte Rede. Das macht deine Geschichte lebendiger und du umgehst komplizierte Sätze (z. B. *Tout à coup, Julie a crié: « Regarde, il est là ! »*).

ab U2/V2

Übung: **1** **Lies die Merkmale eines inneren Monologs, S. 148. Finde heraus, in welchen zwei Form-Merkmalen sich ein Tagebucheintrag von einem inneren Monolog unterscheidet. Lies dann den Text, S. 40, und schreibe Mathildes Tagebucheintrag am Abend des Ausflugs.**
2 **Lies die Erzählung „*L'échange*" auf S. 72–74 und schreibe eine Fortsetzung der Geschichte.**

26 Während des Schreibens

1. Texte als Modell für eigene Texte nutzen

Nutze Texte aus dem Buch als Modell für deine eigenen Texte. Das gibt dir Sicherheit, du vermeidest Fehler und schreibst vielseitigere Texte. Ergänze das Modell auch durch eigene Ideen.

2. Eigene Texte klar gliedern

Deine Leser sollen den (zeitlichen und logischen) Aufbau deines Textes gut nachvollziehen können. Teile deinen Text dafür in sinnvolle Abschnitte ein und verwende Zeitangaben und logische Bindewörter.

d'abord • ensuite • après • plus tard • et puis • finalement • le matin • l'après-midi • le soir • à 15 h 25 • de 11 heures à midi • quand • tout à coup • aujourd'hui • demain • hier • parfois • souvent • toujours • tôt • tard • pendant

et • mais • parce que • alors • par contre • en plus • d'ailleurs • quand même • du coup • à cause de

3. Den Ausdruck verbessern

– Beschreibe Dinge und Personen näher, um deinen Text für deine Leser interessanter zu machen.
  - Verwende dazu Adjektive, Relativsätze und Adverbien.
    *C'est une **petite** ville **qui se trouve au bord de la Loire**, entre Saumur et Tours.*
    *Après une soirée au café, **malheureusement**, elle n'a plus retrouvé son sac et elle a **vite** appelé la police.*
– Vermeide Wiederholungen, um deinen Text für deine Leser abwechslungsreicher zu machen.
  - Ersetze Nomen oder Namen, die sich wiederholen, durch Pronomen (z. B. Objektpronomen).
    *Marie appelle Philippe et **lui** raconte qu'elle ne va pas bien. Philippe **la** comprend.*
  - Verwende nicht immer die gleichen Wörter: *dire → demander, raconter, répondre…*

27 Nach dem Schreiben

Wenn du deinen Text fertig geschrieben hast, lies ihn dir gründlich durch. Achte dabei auf:

1. Inhalt
– Hast du dich an die Aufgabenstellung gehalten? Setze ein Häkchen hinter jede erfüllte Vorgabe.
– Ist dein Text gut gegliedert? Hast du zeitliche Angaben und Konjunktionen verwendet? ▶ p. 149/26.2

2. Sprache
– Überprüfe deinen Ausdruck: Hast du das passende Register verwendet (Standard- oder Umgangssprache)? Hast du interessant geschrieben und Wiederholungen vermieden? ▶ p. 149/26.3
– Suche und berichtige sprachliche Fehler mit der Fehlercheckliste. ▶ Webcode, S. 1

TIPP Nutze diese Liste, um deine „Lieblingsfehler" zu identifizieren und so in den Griff zu bekommen.

MÉDIAS
Wenn du deinen Text in einem Word-Dokument schreibst, kannst du die automatische Rechtschreibkorrektur verwenden. Markiere deinen geschriebenen Text und gehe auf > Überprüfen > Sprache > Sprache für die Korrekturhilfen festlegen > Französisch (Frankreich).

Sprachmitteln | Faire une médiation

28 Wichtige Informationen in die andere Sprache übertragen

Die Grundregeln beim Sprachmitteln von Gesprächen oder schriftlichen Texten lauten:
- Übersetze nicht Wort für Wort oder Satz für Satz.
- Teile nur das mit, was der/die andere unbedingt wissen muss (dazu liefert dir die Aufgabenstellung die entscheidenden Informationen).

Das ist im Gespräch oft leichter, weil du das Gesprochene nicht vor Augen hast und dadurch automatisch nur die wichtigsten Informationen übermittelst. Wende folgende Tricks bei schriftlichen Texten an:

→ **Vom Deutschen ins Französische** → Du verstehst alles.

Gefahr:
- Du erzählst zu viel.
- Es fällt dir schwer, bestimmte wichtige Dinge auf Französisch auszudrücken.

Trick:
- Lege den Text beiseite und mach dir auf Französisch Notizen zum Text (nur das Wichtigste).
- Wenn du ein bestimmtes Wort nicht auf Französisch kennst, dann überlege, ob du etwas auch anders ausdrücken kannst, z. B. indem du es umschreibst (▶ p. 150/29).

→ **Vom Französischen ins Deutsche** → Du verstehst nicht alles, liest aber sehr genau.

Gefahr: Du „klebst“ am Text, übersetzt und lieferst dadurch zu viele Details.

Trick: Gehe den Text Abschnitt für Abschnitt durch und mach dir auf Deutsch Notizen zum Inhalt des Abschnitts. Notiere nur diejenigen Informationen, die für die Aufgabenstellung wichtig sind.

29 Wörter umschreiben

Es gibt viele Möglichkeiten Wörter zu umschreiben. Du kannst:

einen Oberbegriff verwenden	une chose • un objet • une personne • un animal • un fruit • un légume • un plat • un sport • un bâtiment • un truc
etwas Ähnliches angeben	c'est une sorte de __ • un genre de __
die Größe und/oder die Farbe angeben	c'est quelque chose de (très) petit • grand • court • long • rouge • noir • vert • blanc • jaune • bleu
das Material angeben	c'est en papier • en plastique • en métal
einen Vergleich anstellen	c'est (un peu) comme • c'est plus/moins/aussi grand que
ein Beispiel geben	„Komiker“ → Ce sont des gens comme Gad Elmaleh.
eine passende Geste machen	„Achterbahn“ → Regarde ! C'est comme ça. (+ Looping-Geste)
etwas/jemanden mithilfe eines Relativsatzes näher beschreiben	C'est un endroit **où** on peut nager et **qu'**on ferme en hiver. C'est quelqu'un **qui** vend des choses dans un magasin.
erklären, wann man etwas verwendet	„Regenschirm“ → C'est un objet qu'on utilise **quand** il pleut.
erklären, wozu man etwas verwendet	„Löffel“ → C'est quelque chose **pour** mettre du sucre dans le café.
das Wort mit einem Wort aus derselben Wortfamilie erklären	„Beschreibung“ → C'est quand on **décrit** quelque chose.

30 Kulturelle Unterschiede erklären

Mache dir die Unterschiede zwischen Deutschland und Frankreich klar. Erläutere beim Sprachmitteln diese kulturellen Besonderheiten, die dein Gegenüber nicht ohne Erklärungen verstehen kann, z. B. 🇫🇷 → 🇩🇪 was ein CPE ist oder 🇩🇪 → 🇫🇷 dass in Deutschland Religionsunterricht in der Schule etwas Normales ist.

c'est la même chose que/qu'__
c'est (un peu) comme __
c'est un genre / une sorte de __
c'est différent (en __)
ça n'existe pas (en __)
ça veut dire que/qu'__

Lernhilfen | Outils pour apprendre

31 Die Nachschlagehilfen in deinem Französischbuch nutzen

In deinem Französischbuch findest du viele Übersichten, die dir das Lernen und Üben erleichtern können.

1 Mots pour le dire	Du suchst nach Ausdrücken und ganzen Sätzen, die du in einer bestimmten Situation verwenden kannst? Auf den Seiten 168 bis 177 findest du eine Sammlung nützlicher Ausdrücke und Sätze aus Band 1, 2 und 3.
2 Grammaire-Seiten	Du hast einen Grammatikpunkt noch nicht ganz verstanden? Auf den letzten Seiten jeder Unité findest du eine Zusammenfassung des grammatischen Stoffs der Unité. Im *Carnet d'activités* gibt es passend dazu Übungen, mit denen du selbstständig überprüfen kannst, ob du alles verstanden hast.
3 Wortlisten	Wenn du ein Wort vergessen hast, dann schlage es in den Wortlisten (S. 178–225) deines Französischbuches nach. Dort findest du viele nützliche Hinweise: zu Aussprache und Verwendung des Wortes, zu Ausnahmen und zu Wortfamilien. Die dort verwendeten Symbole und Abkürzungen sind auf Seite 178 erklärt.
4 Verbliste	Auf den Seiten 154–159 findest du die Konjugationen aller Verben, die du in Band 1, 2 und 3 lernst. Diese Listen kannst du zum Nachschlagen und Lernen verwenden.
5 Glossar der Übungsanweisungen	Du verstehst eine Übungsanweisung nicht? Im *Glossaire*, S. 231 findest du die Übersetzung der häufigsten Übungsanweisungen.

32 Ein Lernplakat erstellen

Lernplakate sind große Merkzettel, auf denen du alles Wichtige zu einem Thema übersichtlich darstellst. So gehst du vor:

1. Sammle die Lerninhalte, die du auf deinem Lernplakat darstellen willst.
2. Fertige eine Skizze des Plakats an. Du kannst Zeichen (z. B. → oder !), Symbole (z. B. 🙂 oder ⚠), Kästchen, Farben und Unterstreichungen zur Verdeutlichung verwenden.
3. Überprüfe deine Skizze auf Fehler oder lass sie von deinem Lehrer / deiner Lehrerin korrigieren.
4. Übertrage deine Skizze ordentlich und gut lesbar auf ein festes Papier, das in der Klasse als Lern- und Merkhilfe aufgehängt werden kann.

TIPP Wenn du ein Lernplakat nur für dich gestaltest, ist entscheidend, dass du damit gut lernen kannst.

ab U2/V2 **Übung:** **Gestaltet ein Lernplakat zum Gebrauch von *imparfait* und *passé composé*.**

33 Unbekannte Wörter im Wörterbuch nachschlagen

Du suchst ein Wort und findest es nicht in den Wortlisten deines Französischbuches? Schlage es in einem Wörterbuch (oder einem Online-Wörterbuch ▶ p. 152/34) nach. In einem zweisprachigen Wörterbuch gibt es einen französisch-deutschen und einen deutsch-französischen Teil.

TIPP In einem Wörterbuch findest du auch Hinweise zur Aussprache und zum Gebrauch eines Wortes.

1. Das französisch-deutsche Wörterbuch

Schlage das französische Wort unter seiner Grundform nach: Verben im Infinitiv, Nomen im Singular, Adjektive in der maskulinen Singularform. Hat das Wort verschiedene Bedeutungen, musst du die passende herausfinden.
So ist ein Wörterbucheintrag aufgebaut:

la sardine [saʀdin] *n. f.*
1 *Tier* die Sardine
2 *beim Camping* der Hering (zum Befestigen von Zelten im Boden)
3 **le banc de ~** der Sardinenschwarm
4 **être serrés comme des ~** dicht gedrängt stehen

2. Das deutsch-französische Wörterbuch

Wenn du ein französisches Wort suchst, schlägst du im deutsch-französischen Teil des Wörterbuches nach. Lies den gesamten Eintrag und wähle das für deinen Satz passende französische Wort aus. Überprüfe das Wort, indem du es im französisch-deutschen Teil nachschlägst.

Hering, der
1 *Tier* **hareng** [aʀɑ̃] *n. m.*
2 *beim Camping* **la sardine** [saʀdin] *n. f.*
3 *umg.* **(dünner, schmaler Mann) l'échalas** [eʃala] *n. m.*
4 **keinen ~ vom Teller ziehen (schwach sein)** être faiblard

Wortart:
n. = *nom* (Nomen)
v. = *verbe* (Verb)
adj. = *adjectif* (Adjektiv)
adv. = *adverbe* (Adverb)

Genus:
f. = *féminin* (weiblich),
m. = *masculin* (männlich)
[...] = Aussprache in Lautschrift ▶ p. 161
1, 2, 3 = verschiedene Bedeutungen des Wortes
~ = Tilde (ersetzt das gesuchte Wort in zusammengesetzten Ausdrücken oder Redewendungen)
fam. = *familier* (umgangssprachlich)
umg. = umgangssprachlich

MK

MÉDIAS
Auch wenn sie sich mit der Übersetzung von Redewendungen und Wortspielen noch schwer tun, Übersetzungsprogramme (z. B. Google Übersetzer oder DeepL) werden immer besser und sind in manchen Situationen sehr hilfreich. Aber: Beim Lernen einer Sprache nützen sie dir nichts! Warum gerade das Lernen und selbstständige Sprechen einer Fremdsprache so wichtig ist? Weil du dabei andere Einstellungen und Werte kennen lernst und dadurch deine eigenen Denk- und Handlungsgewohnheiten überprüfst, also fürs Leben lernst.

Digitale Medien nutzen | Utiliser des médias numériques

34 Ein Online-Wörterbuch verwenden

Für die Nutzung eines Online-Wörterbuches gelten dieselben Hinweise wie beim klassischen Wörterbuch (▶ p. 152/33). Online-Wörterbücher haben zwei Vorteile:
- Du kannst dir die Aussprache der Wörter anhören.
- Du kannst auch konjugierte Verbformen nachschlagen.

35 Im Internet recherchieren

1. Gute Suchanfragen formulieren

Das Internet steckt voller Informationen. Hier ein paar Tipps, wie du treffsicher recherchieren kannst:

- Überlege dir gute Suchbegriffe für dein Thema. Je weiter du deine Suche einschränkst, desto schneller findest du brauchbare Informationen.
- Suche verlässliche Fakten auf offiziellen Webseiten (z. B. Webseiten, deren URL auf .fr, oder .org endet).

MK

MÉDIAS
Wenn das Wort „Anzeige" oder „Ad" vor einem Suchergebnis steht, handelt es sich um eine Seite, die der Suchmaschine Geld bezahlt hat, um in den Suchergebnissen ganz oben zu erscheinen.

Wenn du spezifische Informationen suchst, helfen dir auch folgende Tricks:

Was du suchst: Du kennst die französische Nachrichtenseite *1jour1actu* und möchtest dort Informationen zu Ski-Goldmedaillen-Gewinnern recherchieren.
Was du eingibst: site:www.1jour1actu.com „médaille d'or" ski
Warum? site: sucht nur auf der genannten Seite; „ " sucht die exakte Wortfolge

TIPP Behalte den Überblick: Speichere deine Top-Seiten als Lesezeichen ab und ordne sie thematisch.

2. Sich auf französischsprachigen Webseiten zurechtfinden

Die Navigationsleiste einer Webseite dient dazu, schnell an die gewünschten Informationen zu kommen. Daher ist es sinnvoll, typische französische Rubrikennamen zu kennen und zu wissen, was sich dahinter verbirgt.

accueil	Startseite
actualité	aktuelle Informationen
infos pratiques	Öffnungszeiten, Wegbeschreibung, Preise
histoire	Geschichte und Hintergründe
ressources	Dokumente zum Herunterladen

3. Quellen angeben

Wenn du Informationen für einen Vortrag verwendest, musst du deine Quellen angeben, also woher du diese Informationen hast. Und da z. B. Wikipedia-Artikel oft überarbeitet werden, solltest du bei Webseiten neben der URL auch den Zeitpunkt angeben, zu dem du sie abgerufen hast (Datum und Uhrzeit).

36 Eine digitale Präsentation erstellen

Bei einer digitalen Präsentation (PowerPoint, Prezi usw.) kommt es, neben dem Inhalt, auf zwei Dinge an:

- eine gute Darstellung,
- dass du Bilder, Musik und Videos verwendest, ohne Urheberrechte zu verletzen.

Die Merkmale einer guten Folie:

- große, gut lesbare Schrift (≥ 16pt)
- Farbkontrast (Hintergrund/Schrift)
- in Stichpunkten gegliedert
- nur wenige Stichpunkte (max. 3 bis 5)
- nur Hauptinformationen
- nur Stichwörter, keine ganzen Sätze
- keine ablenkenden Animationen

So verwendest du Medien richtig:

- Gib zu jedem Medium (Bild, Musik, Video) die Quelle bzw. den Urheber an. Für eine Präsentation im schulischen Rahmen brauchst du kein Einverständnis des Urhebers.
- Du darfst Musik und Videos in der Regel nicht herunterladen, sondern nur verlinken und streamen.
- Teile deine Präsentation nur über die Schul- oder Klassenplattform. Sonst gelten andere rechtliche Regeln.

TIPP Wenn du in PowerPoint arbeitest, nutze die Notizen-Funktion. Deine Notizen kannst du zum Vortragen ausdrucken: > Datei > Drucken > Einstellungen > Ganzseitige Folien > Notizenseiten.

La conjugaison des verbes | Die Konjugation der Verben

Les verbes auxiliaires *avoir* et *être* | Die Hilfsverben *avoir* und *être*

infinitif		**avoir**		**être**
présent	j'	ai	je	suis
	tu	as	tu	es
	il/elle/on	a	il/elle/on	est
	nous	avons	nous	sommes
	vous	avez	vous	êtes
	ils/elles	ont	ils/elles	sont
imparfait	j'	avais	j'	étais
subjonctif	que j'	aie	que je	sois
	que tu	aies	que tu	sois
	qu'il/elle/on	ait	qu'il/elle/on	soit
	que nous	ayons	que nous	soyons
	que vous	ayez	que vous	soyez
	qu'ils/elles	aient	qu'ils/elles	soient
passé composé	j'ai	eu	j'	ai été
impératif	Aie ! Ayons ! Ayez !		Sois ! Soyons ! Soyez !	

! ⓔ So gekennzeichnete Verben bilden das *passé composé* mit *être*.

Folgende Verben aus den Bänden 1 bis 3 gehören dazu:
aller, arriver, descendre, devenir, entrer, monter, partir, rentrer, rester, retourner, sortir, tomber, venir;
sowie alle reflexiven Verben: s'amuser, ...

Les verbes réguliers en *-er* | Die regelmäßigen Verben auf *-er*

infinitif		**regarder**	
présent	je	regard	e
	tu	regard	es
	il/elle/on	regard	e
	nous	regard	ons
	vous	regard	ez
	ils/elles	regard	ent
imparfait	je	regardais	
subjonctif	que je	regarde	
passé composé	j'ai	regardé	
impératif	Regarde ! Regardons ! Regardez !		

! Das Verb *passer* bildet das *passé composé* mit *être* oder *avoir* – je nach Bedeutung:
J'ai passé un bon week-end. (= *verbringen*);
Je lui ai passé le sel. (= *reichen*)
Elle est passée chez Max. (= *vorbeikommen*)

! **Folgende Verben auf *-er* haben Besonderheiten in der Schreibung:**

acheter: j'achète, nous achetons
► ⓔ se lever, mener

appeler: j'appelle, nous appelons
► ⓔ s'appeler

commencer: nous commençons
► recommencer

essayer: j'essaie, nous essayons
► payer

jeter: je jette, nous jetons

manger: nous mangeons
► changer, corriger, échanger, encourager, ⓔ s'engager, nager, obliger, partager, ranger, télécharger, voyager

préférer: je préfère, nous préférons
► exagérer, répéter

protéger: je protège, nous protégeons

Les verbes réguliers en *-re* | Die regelmäßigen Verben auf *-re*

infinitif		attendre	
présent	j'	attend	s
	tu	attend	s
	il/elle/on	attend	
	nous	attend	ons
	vous	attend	ez
	ils/elles	attend	ent
imparfait	j'	attendais	
subjonctif	que j'	attende	
passé composé	j'ai	attendu	
impératif		Attends !	
		Attendons !	
		Attendez !	

► défendre, (ê) se défendre, dépendre, (ê) descendre, entendre, (ê) s'entendre, perdre, rendre, répondre, vendre

Les verbes réguliers en *-ir* | Die regelmäßigen Verben auf *-ir*

(Typen *sortir*, *finir* und *ouvrir*)

infinitif		(ê) sortir			finir			ouvrir	
présent	je	sor	s	je	fini	s	j'	ouvr	e
	tu	sor	s	tu	fini	s	tu	ouvr	es
	il/elle/on	sor	t	il/elle/on	fini	t	il/elle/on	ouvr	e
	nous	sort	ons	nous	finiss	ons	nous	ouvr	ons
	vous	sort	ez	vous	finiss	ez	vous	ouvr	ez
	ils/elles	sort	ent	ils/elles	finiss	ent	ils/elles	ouvr	ent
imparfait	je	sortais		je	finissais		j'	ouvrais	
subjonctif	que je	sorte		que je	finisse		que j'	ouvre	
passé composé	je suis	sorti/e		j'ai	fini		j'ai	ouvert	
impératif		Sors !			Finis !			Ouvre !	
		Sortons !			Finissons !			Ouvrons !	
		Sortez !			Finissez !			Ouvrez !	
		► dormir, (ê) partir, (ê) se sentir			► choisir, grandir, réagir, réussir			► offrir, découvrir	

Expressions suivies du subjonctif | Ausdrücke mit dem *subjonctif*

Wunsch und Wille	Gefühle und Bewertung	Notwendigkeit und Möglichkeit
je voudrais que	je (ne) trouve (pas) normal/__ que	il faut que
je ne voudrais pas que	je trouve bien que	il ne faut pas que
je veux que	je n'aime pas que	il est important que
je ne veux pas que	je suis content/e que	il est possible que

Les verbes irréguliers | Die unregelmäßigen Verben

infinitif		**aller** (ê)		**connaître**		**construire**
présent	je	vais	je	connais	je	construis
	tu	vas	tu	connais	tu	construis
	il/elle/on	va	il/elle/on	connaît	il/elle/on	construit
	nous	allons	nous	connaissons	nous	construisons
	vous	allez	vous	connaissez	vous	construisez
	ils/elles	vont	ils/elles	connaissent	ils/elles	construisent
imparfait	j'	allais	je	connaissais	je	construisais
subjonctif	que j'	aille	que je	connaisse	que je	construise
	! que nous	allions				
passé composé	je suis	allé/e	j'ai	connu	j'ai	construit
impératif	Va ! Allons ! Allez !		Connais ! Connaissons ! Connaissez !		Construis ! Construisons ! Construisez ! ►conduire	

infinitif		**courir**		**devoir**		**dire**
présent	je	cours	je	dois	je	dis
	tu	cours	tu	dois	tu	dis
	il/elle/on	court	il/elle/on	doit	il/elle/on	dit
	nous	courons	nous	devons	nous	disons
	vous	courez	vous	devez	vous	dites
	ils/elles	courent	ils/elles	doivent	ils/elles	disent
imparfait	je	courais	je	devais	je	disais
subjonctif	que je	coure	que je	doive	que je	dise
			! que nous	devions		
passé composé	j'ai	couru	j'ai	dû	j'ai	dit
impératif	Cours ! Courons ! Courez !				Dis ! Disons ! Dites ! ►interdire ! vous interdisez	

infinitif		**écrire**		**faire**		**falloir**
présent	j'	écris	je	fais		
	tu	écris	tu	fais		
	il/elle/on	écrit	il/elle/on	fait	il	faut
	nous	écrivons	nous	faisons		
	vous	écrivez	vous	faites		
	ils/elles	écrivent	ils/elles	font		
imparfait	j'	écrivais	je	faisais	il	fallait
subjonctif	que j'	écrive	que je	fasse	qu'il	faille
passé composé	j'ai	écrit	j'ai	fait	il a	fallu
impératif	Écris ! Écrivons ! Écrivez ! ►décrire		Fais ! Faisons ! Faites !			

infinitif		**lire**		**mettre**		**pleuvoir**
présent	je	lis	je	mets		
	tu	lis	tu	mets		
	il/elle/on	lit	il/elle/on	met	il	pleut
	nous	lisons	nous	mettons		
	vous	lisez	vous	mettez		
	ils/elles	lisent	ils/elles	mettent		
imparfait	je	lisais	je	mettais	il	pleuvait
subjonctif	que je	lise	que je	mette	qu'il	pleuve
passé composé	j'ai	lu	j'ai	mis	il a	plu
impératif		Lis ! Lisons ! Lisez !		Mets ! Mettons ! Mettez !		

infinitif		**pouvoir**		**prendre**		**savoir**
présent	je	peux	je	prends	je	sais
	tu	peux	tu	prends	tu	sais
	il/elle/on	peut	il/elle/on	prend	il/elle/on	sait
	nous	pouvons	nous	prenons	nous	savons
	vous	pouvez	vous	prenez	vous	savez
	ils/elles	peuvent	ils/elles	prennent	ils/elles	savent
imparfait	je	pouvais	je	prenais	je	savais
subjonctif	que je	puisse	que je	prenne	que je	sache
			❗ que nous	prenions		
passé composé	j'ai	pu	j'ai	pris	j'ai	su
impératif				Prends ! Prenons ! Prenez !		Sache ! Sachons ! Sachez !
				► apprendre, comprendre		

infinitif		**suffire**		ⓔ **venir**		**vivre**
présent			je	viens	je	vis
			tu	viens	tu	vis
	il	suffit	il/elle/on	vient	il/elle/on	vit
			nous	venons	nous	vivons
			vous	venez	vous	vivez
			ils/elles	viennent	ils/elles	vivent
imparfait	il	suffisait	je	venais	je	vivais
subjonctif	qu'il	suffise	que je	vienne	que je	vive
			❗ que nous	venions		
passé composé	il	a suffi	je suis	venu/e	j'ai	vécu
impératif				Viens ! Venons ! Venez !		Vis ! Vivons ! Vivez !
				► ⓔ devenir, tenir, ⓔ se souvenir		

infinitif		voir		vouloir
présent	je	vois	je	veux
	tu	vois	tu	veux
	il/elle/on	voit	il/elle/on	veut
	nous	voyons	nous	voulons
	vous	voyez	vous	voulez
	ils/elles	voient	ils/elles	veulent
imparfait	je	voyais	je	voulais
subjonctif	que je	voie	que je	veuille
			! que nous	voulions
passé composé	j'ai	vu	j'ai	voulu
impératif	Vois ! Voyons ! Voyez !			

Les verbes pronominaux | Die reflexiven Verben

infinitif		se coucher			s'entraîner	
présent	je	me	couche	je	m'	entraîne
	tu	te	couches	tu	t'	entraînes
	il/elle/on	se	couche	il/elle/on	s'	entraîne
	nous	nous	couchons	nous	nous	entraînons
	vous	vous	couchez	vous	vous	entraînez
	ils/elles	se	couchent	ils/elles	s'	entraînent
imparfait	je	me	couchais	je	m'	entraînais
subjonctif	que je	me	couche	que je	m'	entraîne
passé composé	je	me	suis couché/e	je	me	suis entraîné/e

! Die reflexiven Verben bilden das *passé composé* mit dem Hilfsverb *être*.

! **Achte auf die besondere Schreibung von:**
s'appeler : je m'appelle, nous nous appelons
s'engager : je m'engage, nous nous engageons
se lever : je me lève, nous nous levons

Les verbes avec objet indirect | Die Verben mit indirektem Objekt

indirektes Objekt mit *de*

avoir envie **de** qc	Lust auf etw. haben	jouer **de** qc	(ein Instrument) spielen
dater **de** qc	aus etw. stammen	parler **de** qn/qc	über jdn/etw. sprechen
dépendre **de** qn/qc	von jdm/etw. abhängen	rêver **de** qn/qc	von jdm/etw. träumen
discuter **de** qc	über etw. reden	se souvenir **de** qn/qc	sich an jdn/etw. erinnern
être fan **de** qn/qc	Fan von jdm/etw. sein	sortir **de** qc	aus etw. herauskommen
faire partie **de** qc	zu etw. gehören, Teil von etw. sein	vivre **de** qc	von etw. leben

indirektes Objekt mit *à*

apporter qc **à** qn	jdm etw. mitbringen
demander qc **à** qn	jdn etw. fragen
dire qc **à** qn	jdm etw. sagen
donner qc **à** qn	jdm etw. geben
écrire qc **à** qn	jdm etw. schreiben
emprunter qc **à** qn	jdm etw. ausleihen
être accro **à** qc	nach etw. süchtig sein
expliquer qc **à** qn	jdm etw. erklären
faire attention **à** qn	auf etw. achten
faire confiance **à** qn	jdm vertrauen
jouer **à** qc	(ein Spiel) spielen
manquer **à** qn	jdm fehlen
mettre la pression **à** qn	jdn unter Druck setzen
montrer qc **à** qn	jdm etw. zeigen
offrir qc **à** qn	jdm etw. schenken/anbieten
parler **à** qn	mit jdm sprechen
participer **à** qc	an etw. teilnehmen
passer le ballon **à** qn	jdm den Ball zuspielen
penser **à** qc/qn	an jdn/etw. denken
poser une question **à** qn	jdm eine Frage stellen
prendre qc **à** qn	jdm etw. wegnehmen
prêter qc **à** qn	jdm etw. leihen
rapporter qc **à** qn	jdm etw. zurückbringen
rendre qc **à** qn	jdm etw. zurückgeben
répondre **à** qn	jdm antworten
ressembler **à** qn/qc	jdm/etw. ähneln
téléphoner **à** qn	jdn anrufen
vendre qc **à** qn	jdm etw. verkaufen

Verbes suivis de l'infinitif | Verben mit Infinitivergänzung

mit *de*

accepter **de** faire qc	akzeptieren etw. zu tun
avoir envie **de** faire qc	Lust haben etw. zu tun
avoir le droit **de** faire qc	etw. tun dürfen
choisir **de** faire qc	entscheiden etw. zu tun
décider **de** faire qc	beschließen etw. zu tun
demander à qn **de** faire qc	jdn bitten etw. zu tun
dire à qn **de** faire qc	jdn auffordern etw. zu tun
essayer **de** faire qc	versuchen etw. zu tun
être content/e **de** faire qc	froh sein etw. zu tun
interdire (à qn) **de** faire qc	(jdm) verbieten etw. zu tun
oublier **de** faire qc	vergessen etw. zu tun
proposer (à qn) **de** faire qc	(jdm) anbieten etw. zu tun
refuser **de** faire qc	ablehnen etw. zu tun
rêver **de** faire qc	davon träumen etw. zu tun

mit *à*

aider qn **à** faire qc	jdm helfen etw. zu tun
apprendre **à** faire qc	lernen etw. zu tun
arriver **à** faire qc	erreichen etw. zu tun
commencer **à** faire qc	anfangen etw. zu tun
continuer **à** faire qc	etw. weitertun
encourager qn **à** faire qc	jdn dazu ermutigen, etw. zu tun
obliger qn **à** faire qc	jdn zwingen etw. zu tun
réussir **à** faire qc	es schaffen, etw. zu tun

Choisissez des verbes à l'infinitif, jouez aux dés et conjuguez les verbes.

Exemple : *pouvoir* (2) (4) nous avons pu

1	*imparfait*	1	je/j'
2	*passé composé*	2	tu
3	*présent*	3	il/elle/on
4	*impératif*	4	nous
5	*futur composé*	5	vous
6	*subjonctif*	6	ils/elles

Wenn ihr den Imperativ würfelt, konjugiert alle drei Formen!

MÉDIAS
Ihr habt keinen Würfel? Dann ladet euch eine Würfel-App herunter!

Les nombres | Die Zahlen

> Die Schreibung mit Bindestrich ist nach den Empfehlungen zur französischen Rechtschreibung bei allen zusammengesetzten Zahlwörtern möglich.

Les nombres cardinaux | Die Grundzahlen

0	zéro	[zeʀo]
1	un/une	[ɛ̃] *m.* / [yn] *f.*
2	deux	[dø]
3	trois	[tʀwa]
4	quatre	[katʀ]
5	cinq	[sɛ̃k]
6	six	[sis]
7	sept	[sɛt]
8	huit	[ɥit]
9	neuf	[nœf]
10	dix	[dis]
11	onze	[ɔ̃z]
12	douze	[duz]
13	treize	[tʀɛz]
14	quatorze	[katɔʀz]
15	quinze	[kɛ̃z]
16	seize	[sɛz]
17	dix-sept	[disɛt]
18	dix-huit	[dizɥit]
19	dix-neuf	[diznœf]
20	vingt	[vɛ̃]
21	vingt-**et**-un	[vɛ̃teɛ̃] *m.*
	vingt-**et**-une	[vɛ̃teyn] *f.*
22	vingt-deux	[vɛ̃tdø]
30	trente	[tʀɑ̃t]
40	quarante	[kaʀɑ̃t]
50	cinquante	[sɛ̃kɑ̃t]

60	soixante	[swasɑ̃t]
70	soixante-dix	[swasɑ̃tdis]
71	soixante-**et**-onze	[swasɑ̃teɔ̃z]
72	soixante-douze	[swasɑ̃tduz]
73	soixante-treize	[swasɑ̃ttʀɛz]
74	soixante-quatorze	[swasɑ̃tkatɔʀz]
75	soixante-quinze	[swasɑ̃tkɛ̃z]
76	soixante-seize	[swasɑ̃tsɛz]
77	soixante-dix-sept	[swasɑ̃tdisɛt]
78	soixante-dix-huit	[swasɑ̃tdizɥit]
79	soixante-dix-neuf	[swasɑ̃tdiznœf]
80	quatre-vingt**s**	[katʀəvɛ̃]
81	quatre-vingt-un	[katʀəvɛ̃ɛ̃] *m.*
	quatre-vingt-une	[katʀəvɛ̃yn] *f.*
82	quatre-vingt-deux	[katʀəvɛ̃dø]
90	quatre-vingt-dix	[katʀəvɛ̃dis]
91	quatre-vingt-onze	[katʀəvɛ̃ɔ̃z]
100	cent	[sɑ̃]
101	cent-un	[sɑ̃ɛ̃]
102	cent-deux	[sɑ̃dø]
110	cent-dix	[sɑ̃dis]
200	deux-cents	[døsɑ̃]
201	deux-cent-un	[døsɑ̃ɛ̃]
1 000	mille	[mil]
2 000	deux-mille	[dømil]
1 000 000	un million	[ɛ̃miljɔ̃]
2 000 000	deux-millions	[dømiljɔ̃]

Jahreszahlen:	1950 =	neunzehnhundertfünfzig	mille-neuf-cent-cinquante
Dezimalzahlen:	1,7 =	eins Komma sieben	un virgule sept
Millionen:	2 000 000 =	zwei Millionen Einwohner	deux millions **d'**habitants

Les nombres ordinaux | Die Ordnungszahlen

le 1er	le premier	[ləpʀəmje]
la 1ère	la première	[lapʀəmjɛʀ]
le/la 2e	le/la deuxième	[lə/ladøzjɛm]
le/la 3e	le/la troisième	[lə/latʀwazjɛm]
le/la 4e	le/la quatrième	[lə/lakatʀijɛm]
le/la 5e	le/la cinquième	[lə/lasɛ̃kjɛm]
le/la 6e	le/la sixième	[lə/lasizjɛm]
le/la 7e	le/la septième	[lə/lasɛtjɛm]
le/la 8e	le/la huitième	[lə/laɥitjɛm]
le/la 9e	le/la neuvième	[lə/lanœvjɛm]
le/la 10e	le/la dixième	[lə/ladizjɛm]
le/la 20e	le/la vingtième	[lə/lavɛ̃tjɛm]
le/la 21e	le/la vingt-et-unième	[lə/lavɛ̃teynjɛm]

L'alphabet | Das Alphabet

a [a]	d [de]	g [ʒe]	j [ʒi]	m [ɛm]	p [pe]	s [ɛs]	v [ve]	y [igʀɛk]
b [be]	e [ə]	h [aʃ]	k [ka]	n [ɛn]	q [ky]	t [te]	w [dubləve]	z [zɛd]
c [se]	f [ɛf]	i [i]	l [ɛl]	o [o]	r [ɛʀ]	u [y]	x [iks]	

Les signes dans la phrase | Die Zeichen im Satz

la majuscule · l'apostrophe *f.* · la virgule · le point d'exclamation · l'accent circonflexe *m.* · les deux-points · le « c » cédille · la minuscule · le point

Samedi, c'est l'anniversaire de Clément! Il fait une fête et il invite ses amis: deux garçons et trois filles.
Mercredi après-midi, les copains achètent des cadeaux. Louna achète le livre «Joyeux anniversaire»,
Zoé regarde une BD – elle est super, mais trop chère. Et moi? (Je n'ai pas encore d'idée ...)

le trait d'union · l'accent aigu *m.* · le tiret · l'accent grave *m.* · le point d'interrogation · les parenthèses *f. pl.* · les points de suspension · les guillemets *m. pl.*

L'alphabet phonétique | Die Lautschrift

Les consonnes | Die Konsonanten

[b] banane, table, alphabet
[d] danse, ordinateur
[f] photo, préférer
[g] grand, guitare
[k] classe, chocolat
[l] la, ville
[m] mardi, aimer, film, comme
[n] non, anniversaire
[ŋ] camping
[ɲ] montagne, Allemagne
[p] parc, réponse
[ʀ] rue, livre
[s] *scharfes „s" wie in* Kuss: ça, merci, salut, passer
[z] *summendes „s" (tritt nur zwischen zwei Vokalen, als Bindungs -s bzw. -x oder in der Schreibung „z" auf) wie in* rasen: chaise, les‿enfants, six‿heures, zéro
[ʃ] „sch" *wie in* Tasche: chercher, chat
[ʒ] *wie in* Garage: étagère, jouer
[t] tableau, toilette
[v] vélo, avril, élève

Les voyelles | Die Vokale

[a] *kurzes „a" wie in* Ball: ami, fan
[ɑ] *langes „a" wie in* Bahn: ne ... pas, gâteau
[ɛ] *offenes „e" wie in* Ende: mais, recette, c'est, père
[e] *geschlossenes „e" wie in* See: école, rentrée
[ə] *stummes „e" wie in* Kabel: le, de, regarder
[i] idée, lit
[o] *geschlossenes „o" wie in* Floh: trop, aussi, bureau
[ɔ] *offenes „o" wie in* doch: sport, organiser
[ø] *geschlossenes „ö" wie in* böse: jeudi, Monsieur
[œ] *offenes „ö" wie in* öffnen: heure, sœur
[u] „u" *wie in* Mut: où, bonjour, sous
[y] „ü" *wie in* müde: nul, musée, minute

Les semi-voyelles | Die Gleitlaute

[ɥ] cuisine, minuit
[j] surveillant, famille, cahier
[w] moi, histoire, oui

Les voyelles nasales | Die nasalierten Vokale

[ɑ̃] enfant, cantine, chambre
[ɔ̃] bon, raconter, pardon
[ɛ̃] un, lapin, faim, copain

Unité 1, Volet 1, page 15, n° 3

Salut, moi, c'est Éva. J'habite dans la capitale du Luxembourg qui s'appelle… Luxembourg ! Oui, c'est très original !

#les_langues

Avec les amis et avec ma famille, je parle luxembourgeois. Et à l'école, ça dépend. Pendant les pauses, on parle luxembourgeois. Mais en cours, on parle allemand ou français. Vous trouvez ça compliqué ? Pour nous, c'est normal !

#une_journée_normale

Je vais à l'école à vélo… Le matin, c'est super parce que ça descend, mais le soir, après les cours, ça monte… c'est dur ! Je rentre chez moi vers 17 h 30 et il ne reste plus beaucoup de temps pour faire des trucs avec les copains. Par contre, le week-end, c'est cool : on va au club de jeunes ou on fait un tour près des Casemates du Bock. Et parfois, avec mes parents, on va en France, en Allemagne ou en Belgique. En voiture, on met seulement 20 minutes, une demi-heure. Eh oui ! Le Luxembourg est au cœur de l'Europe !

Salut, je m'appelle Hugo et j'habite à Marseille. Marseille, c'est la ville de la mer, du soleil, du foot et du rap !

#un_endroit_qu'il_faut_voir

Ça, c'est facile : le Vieux Port et… l'Ombrière de Norman Foster.

#une_journée_normale

Je me lève, je prends mon petit-déjeuner, je fais mon sac et c'est parti ! Pour aller à l'école, je prends le bus et le tram. Quand tout va bien, je mets 25 minutes, mais quand mon bus est en retard, je rate le tram, et après, je dois me dépêcher pour aller en cours ! J'ai cours tous les jours jusqu'à 17 h sauf le mercredi. Après les cours, quand il fait beau, mes copains et moi, nous allons à la plage du Prado. C'est le meilleur endroit pour se baigner. Le soir, nous mangeons vers 20 h 30… Après, j'aime bien écouter de la musique et chatter avec les copains… Pour moi, le soir est le meilleur moment de la journée !

Unité 3, Volet 2, page 67, n° 10

Typisch deutsch: Die Schultüte

Der erste Schultag ist für alle Kinder auf der ganzen Welt ein besonderer Tag. Endlich sind sie groß genug, um in die Schule zu gehen. Endlich dürfen sie lesen und schreiben lernen. Endlich gehören sie dazu!

In Deutschland freuen sich die Kinder außerdem noch auf etwas anderes: Sie bekommen zur Einschulung eine kegel- oder pyramidenförmige Papptüte von ihren Eltern überreicht – eine Schultüte. Oben ist die Schultüte meist mit einem schönen Band verschlossen, sodass die „i-Männchen" oder „Abc-Schützen" (wie man in Deutschland Schulanfänger/innen auch nennt) oft nicht wissen, was sich in der Tüte verbirgt. »»

Die frisch gebackenen Erstklässler tragen die Tüte während ihres ersten Schultags herum und lassen sich stolz damit fotografieren. Spätestens wenn sie wieder nach Hause kommen, öffnen sie die Schultüte und entdecken darin vor allem Glücksbringer, Überraschungen und Süßigkeiten, die ihnen den Eintritt ins Schulleben versüßen sollen. Daher nennt man die Schultüte vielerorts auch „Zuckertüte“. Doch es befinden sich darin auch kleine Spiele und viele nützliche Geschenke: Stifte, Radiergummis, Lineale, Scheren, Klebestifte – eben alles, was Erstklässler/innen von nun an dringend benötigen.

Die ersten Belege für diese alte deutsche Tradition findet man in Sachsen und Thüringen und stammen aus dem späten 18. Jahrhundert. Bis zum frühen 20. Jahrhundert verbreitete sich die süße Sitte im Rest des Landes und erfreut sich seither großer Beliebtheit. Heutzutage werden jährlich ca. 5 Millionen Schultüten in Deutschland produziert. Obwohl man diese fertigen Schultüten in den Sommermonaten überall kaufen kann, basteln viele Eltern, Großeltern oder ältere Geschwister die Schultüten für die Schulanfänger/innen selbst. Einige angehende Schulkinder basteln ihre Schultüten auch schon im Kindergarten und geben sie ihren Eltern zum Befüllen.

In vielen Kindergärten in Ostdeutschland hängen die Erzieher/innen am Ende der Kindergartenzeit kleine Tüten am sogenannten „Zuckertütenbaum“ auf. Über die Sommerferien „wachsen“ die ungewöhnlichen Früchte, sodass kurz vor der eigentlichen Einschulung große Zuckertüten den Baum zieren. Dann kehren die angehenden Schulkinder noch einmal zurück in ihren Kindergarten und bekommen beim Zuckertütenfest ihre Schultüten überreicht.

Viele Deutsche erinnern sich gern an ihren ersten Schultag und wissen auch Jahrzehnte später noch, wie ihre Schultüte aussah und womit sie gefüllt war. Daher wird sie inzwischen auch gerne zu anderen Anlässen verschenkt: zum letzten Schultag vor dem Abitur, zum ersten Tag an der Universität oder zum Start in einen neuen Job.

Unité 5, Volet 1, page 105, n° 4

Hugo : Salut, je m'appelle Hugo et j'ai 14 ans. Qu'est-ce que je trouve injuste ? C'est très facile ! Mes parents ! Ils ne veulent pas que je sois sur les réseaux sociaux parce qu'ils pensent que je vais devenir accro à mon portable et parce qu'ils ne veulent pas que d'autres personnes utilisent mes données personnelles.

Journaliste : Tu veux dire que tes parents font ça pour te protéger ?

Hugo : Oui, mais surtout pour protéger mes photos, mes informations… Mais du coup, je suis exclu de plein de discussions et il faut toujours que mes copains me racontent tout. Je trouve ça trop injuste !

Lina : Salut, moi, c'est Lina. Qu'est-ce que je trouve injuste… Vous connaissez l'appli Pronote, cette appli où les profs enregistrent les notes des élèves ? Eh bien, moi, je trouve injuste que parfois les profs mettent nos notes en ligne sur Pronote d'abord et nous rendent les contrôles ensuite. Je ne trouve pas normal que mes parents connaissent mes notes avant moi ! C'est nul quand on a une mauvaise note, mais c'est aussi nul quand on a une bonne note ! Il faut que les profs le comprennent. C'est une question de respect !

Zoé : Salut, je m'appelle Zoé. Moi, j'ai vraiment peur pour notre planète.

Les jeunes d'aujourd'hui, notre génération, va devoir vivre avec les conséquences du réchauffement climatique. On essaie de s'engager, mais ça ne suffit pas. Je voudrais que les adultes nous écoutent enfin !

Journaliste : Tu trouves qu'ils ne vous écoutent pas ?

Zoé : Non ! Ils n'écoutent pas du tout ! Et c'est très grave parce que nous n'avons plus beaucoup de temps, il faut que le monde réagisse !

Tiago : Je m'appelle Tiago et j'ai 14 ans. Alors, qu'est-ce que je trouve injuste ? Eh ben, je voudrais vivre comme les autres, mais à cause de ma maladie (j'ai le diabète), je dois tout le temps faire attention, et c'est un peu compliqué.

Journaliste : Ta maladie t'oblige à faire attention. Est-ce que tu peux donner des exemples ?

Tiago : Oui. Par exemple il ne faut pas que je sorte sans biscuits, il ne faut pas que j'attende trop longtemps entre les repas, il faut que je dorme assez et il faut que j'aille chez le médecin une fois par mois ! Mais bon, c'est comme ça, c'est la vie qui est injuste.

Unité 5, Volet 2, page 109, n° 3

Margot : Moi, j'ai adoré le film. Et vous ?

Robin : Bof... Moi, je trouve qu'il est ennuyeux : il n'y a pas beaucoup d'action et la fin est ouverte, je déteste ça. Ils n'avaient plus d'idées ou quoi ?

Margot : Mais non ! Justement, c'est génial ! D'ailleurs, à votre avis, comment est-ce que l'histoire continue après la course ?

Amir : À mon avis, Djal va gagner, il va entrer dans l'équipe de France, et son père va être fier de lui.

Robin : N'importe quoi ! Il ne peut pas gagner, il n'a même pas de chaussures !

Amir : D'accord, tu as raison... Mais l'entraîneur va peut-être comprendre qu'avec des chaussures, Djal peut devenir un grand champion ?

Robin : Peut-être, mais ce n'est quand même pas réaliste.

Margot : Moi, ce que je préfère, c'est la relation entre le père et le fils. Elle est compliquée, mais il y a des scènes très touchantes. Le père a une vie difficile et il veut que son fils ait plus de chances que lui dans la vie.

Amir : Ce qui ne me plaît pas, c'est la scène où le père et le fils sont dans le bureau de la CPE. On a presque l'impression que la CPE est raciste, c'est horrible.

Robin : Tu es sûr ? Pourquoi tu dis ça ?

Amir : Elle traite le père de Djal comme un idiot et lui demande s'il la comprend.

Margot : Euh... À mon avis, elle veut qu'il lui réponde, c'est tout !

Amir : Je ne suis pas sûr. Le racisme, ça existe, tu sais.

Margot : Bien sûr, ce n'est pas ce que je veux dire. Mais pour moi, cette scène est forte parce que le père accepte tout : il ne défend pas son fils, il lui interdit même de participer à la course.

Amir : Peut-être... Mais moi, ce qui me plait, c'est justement le contraste entre Djal et son père. Djal est très courageux et refuse de baisser les bras, même quand tout le monde est contre lui, même quand il n'a plus de chaussures !

Robin : D'ailleurs, comment vous trouvez le comportement du père ? Vous savez, quand il casse les chaussures de son fils ?

Amir : Ben… d'un côté, il exagère, c'est vrai. Mais d'un autre côté, on peut le comprendre : il a peur, il pense que les rêves de son fils ne sont pas réalistes, il veut le protéger, mais il ne sait pas comment alors il casse les chaussures…

Margot : Je ne sais pas… Mais en tout cas, les acteurs jouent très bien ! Je suis fan de Théo Christine qui a le rôle principal. Il joue aussi dans la série SKAM France…

Amir : Moi, j'aime bien le personnage de Lucas, le copain de Djal, parce qu'il encourage son ami et qu'il fait tout pour l'aider. En fait, ce film est aussi une histoire d'amitié.

Robin : C'est vrai. Là, au moins, on est d'accord !

Unité 5, Volet 2, page 110, n° 7

INTERNATIONAL | STAFFELN | FIGUREN | DISKUSSION | **DRUCK** | SUCHE

DRUCK VS. SKAM FRANCE

Felix

Eigentlich mag ich keine Serien, aber „DRUCK" hat mich beeinDRUCKt! :-O
Vor allem, weil es so echt wirkt. Man hat den Eindruck, dass man das Alltagsleben der Figuren wirklich live miterlebt und fühlt alles mit. Das finde ich cool! Warum die Serie in allen anderen Ländern „SKAM" heißt, verstehe ich aber nicht.

Justus

Der norwegische Original-Titel „SKAM" bedeutet übrigens so viel wie „Scham", aber der deutsche Titel „DRUCK" passt meiner Meinung nach viel besser! Weil die Figuren ja echt ziemlich unter Druck stehen! Sie geraten oft in ziemlich komplizierte Situationen. Trotzdem ist es sehr realistisch, man kann viele Probleme sehr gut nachvollziehen, finde ich.

Can

Was mir gefallen hat, ist wie offen über alles gesprochen wird. Deswegen finde ich auch nicht, dass „Druck" ein guter Titel ist. „Scham" passt viel besser! Denn jede Staffel wird aus der Perspektive einer anderen Figur erzählt, und man kann sich als Zuschauer so richtig in die Figuren einfühlen – peinliche und unangenehme Situationen inklusive… Das ist super!

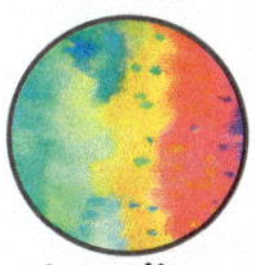

Angelina

Bei „DRUCK" habe ich alle Staffeln ziemlich schnell nacheinander geschaut.
Mir gefiel die Serie vor allem, weil sie so viele Alltagsprobleme zeigt. Interessant fand ich auch die Beziehungen zwischen Menschen verschiedener Kulturen innerhalb unserer Gesellschaft! Dann habe ich „SKAM France" angefangen, war aber enttäuscht, weil die Figuren da ganz anders waren.

Ebru

Ich habe beide Versionen gesehen, die deutsche und die französische, und sie haben mir beide gefallen. Am Anfang ist die Geschichte ähnlich, aber dann wird es irgendwann ganz unterschiedlich. Das finde ich voll interessant! Insgesamt hat mir aber „SKAM France" eindeutig besser gefallen, weil sie eher war wie ein echter Kinofilm. „DRUCK" war auch gut, aber irgendwie zu realistisch.

Raconter sa journée ▶ Unité 1, p. 17

se réveiller
[səʀevɛje]

prendre une douche
[pʀɑ̃dʀynduʃ]

se brosser les dents
[səbʀɔseledɑ̃]

s'habiller
[sabije]

se coiffer
[səkwafe]

se maquiller
[səmakije]

s'occuper de ses frères et sœurs
[sɔkypedəsefʀɛʀesœʀ]

aller à l'entraînement de tennis
[alealɑ̃tʀɛnmɑ̃dətenis]

s'endormir
[sɑ̃dɔʀmiʀ]
einschlafen

Parler d'une fête ou d'un festival ▶ Unité 1, p. 21

manger une barbe à papa
[mɑ̃ʒeynbaʀbapapa]

faire un tour de manège
[fɛʀɛ̃tuʀdəmanɛʒ]

monter sur la grande roue
[mɔ̃tesyʀlagʀɑ̃dʀu]

aller à une séance de dédicace
[aleaynseɑ̃sdədedikas]
zu einer Signierstunde gehen

se perdre dans la foule
[səpɛʀdʀdɑ̃lafu]
sich in der Menge verlieren

allumer un grand feu
[alymedɛ̃gʀɑ̃fø]

Imaginer une histoire mystérieuse Unité 2, p. 43

entendre un cri
[ɑ̃tɑ̃dʀɛ̃kʀi]

voir une ombre
[vwaʀynɔ̃bʀ]
einen Schatten sehen

tourner en rond
[tuʀneɑ̃ʀɔ̃]
sich im Kreis drehen

perdre qn/qc de vue
[pɛʀdʀdəvy]

être à bout de souffle
[ɛ̃tʀabudəsufl]

être soulagé/e
[ɛtʀəsulaʒe]
erleichtert sein

tomber nez à nez avec qn/qc
[tɔ̃beneaneavɛk]

trouver un trésor
[tʀuveɛ̃tʀezɔʀ]
einen Schatz finden

trouver qn/qc suspect/e
[tʀuvesyspɛ/syspɛkt]

découvrir une empreinte
[dekuvʀiʀynɑ̃pʀɛ̃t]
einen Abdruck entdecken

prendre un passage secret
[pʀɑ̃dʀɛ̃pasaʒsəkʀɛ]

découvrir un passage souterrain
[dekuvʀiʀɛ̃pasaʒsutɛʀɛ̃]

Décrire une situation

▶ Unité 2, p. 45

Il y avait du brouillard.
[iljavɛdybʀujaʀ]
Es war neblig.

Il y avait du vent.
[iljavɛdyvɑ̃]

Il y avait des moustiques.
[iljavɛdemustik]

être trempé/e
[ɛtʀətʀɑ̃pe]

être fatigué/e
[ɛtʀəfatige]

être déçu/e
[ɛtʀədesy]
enttäuscht sein

Jouer un malentendu

▶ Unité 3, p. 69

avoir mal au ventre
[avwaʀmalovɑ̃tʀ]

prendre rendez-vous chez le médecin
[pʀɑ̃dʀəʀɑ̃de-vuʃeləmɛdsɛ̃]

utiliser des caractères spéciaux [ytilizede-kaʀaktɛʀspesjo]

faire une grosse tâche sur qc
[fɛʀyngʀostɑʃsyʀ]

faire un double au ping-pong
[fɛʀɛ̃dublopiŋpɔ̃g]

se changer dans les vestiaires
[səʃɑ̃ʒedɑ̃levɛstjɛʀ]

Présenter un objet

▶ Unité 4, p. 89

représenter qc
[ʀəpʀezɑ̃te]
etw. darstellen

rappeler qc
[ʀaple]
an etw. erinnern

être un porte-bonheur
[ɛtʀɛ̃pɔʀtbɔnœʀ]
ein Glücksbringer sein

être en bois
[ɛtʀɑ̃bwa]

être multicolore
[ɛtʀmyltikɔlɔʀ]

être utile
[ɛtʀytil]
nützlich sein

Parler de choses qu'on trouve injustes

▶ Unité 5, p. 107

se moquer de qn
[səmɔkedə]
sich über jdn lustig machen

frapper qn
[fʀape]
jdn schlagen

être tolérant/e
[ɛtʀtɔleʀɑ̃/tə]

juger qn
[ʒyʒe]
über jdn urteilen

jeter des déchets par terre
[ʒətededeʃɛpaʀtɛʀ]

prendre qn au sérieux
[pʀɑ̃dʀoseʀjø]
jdn ernst nehmen

être victime de discrimination
[ɛtʀviktimdədiskʀimi-nasjɔ̃]

faire partie d'une minorité
[fɛʀpaʀtidynminɔʀite]

être en situation de handicap
[ɛtʀɑ̃sitɥasjɔ̃dəɑ̃dikap]

Hier findest du französische Sätze und Ausdrücke mit ihrer deutschen Übersetzung. Da jede Sprache anders funktioniert, ist eine wortwörtliche Übersetzung oft nicht möglich. Achte auf die kleinen Unterschiede.

1 Sich vorstellen

1.1 Sich kennenlernen

Je m'appelle (Léo). Et j'ai (15) ans.	Ich heiße (Léo). Und ich bin (15) Jahre alt.
Je suis en (quatrième).	Ich bin in der (neunten) Klasse.
J'ai (un frère). / Je n'ai pas de frères et sœurs.	Ich habe (einen Bruder) / keine Geschwister.
J'ai (un chien). / Je n'ai pas d'animal.	Ich habe (einen Hund). / Ich habe kein Haustier.
Mes parents sont ensemble/séparés.	Meine Eltern sind zusammen/getrennt.
Je ne mange pas de (viande) parce que (je suis végétarien/ne).	Ich esse kein (Fleisch), weil (ich Vegetarier/in bin).
Je suis né/e le 15 mai.	Ich bin am 15. Mai geboren.
J'aime porter des vêtements (sportifs).	Ich mag es, (sportliche) Kleidung zu tragen.
Je suis plutôt (timide), mais mes amis disent que je suis (drôle).	Ich bin eher (schüchtern), aber meine Freunde sagen, dass ich (lustig) bin.
Plus tard, je voudrais devenir (gamer).	Später möchte ich gerne (Gamer) werden.

1.2 Über Hobbys und Vorlieben/Abneigungen sprechen

J'aime bien / J'adore (les jeux vidéo).	Ich mag/liebe (Videospiele).
Je déteste / Je n'aime pas trop (travailler).	Ich hasse es / mag es nicht so, zu (arbeiten).
Je suis fan de (Kylian Mbappé).	Ich bin ein Fan von (Kylian Mbappé).
Moi, je préfère (visiter des musées).	Ich bevorzuge es, (Museen zu besichtigen).
Je fais du sport.	Ich treibe Sport.
Je joue (de la batterie) depuis (quatre) ans.	Ich spiele seit (vier) Jahren (Schlagzeug).
Est-ce que tu aimes jouer au (foot) ?	Spielst du gern (Fußball)?

2 Über seinen Alltag sprechen ▶ Banque de mots, p. 166

2.1 Über Schulalltag sprechen

Notre emploi du temps est (nul) !	Unser Stundenplan ist (doof)!
Le (lundi), j'ai (maths).	(Montags) habe ich (Mathe).
Ma matière préférée, c'est (l'anglais).	Mein Lieblingsfach ist (Englisch).
Pour moi, l'école, c'est surtout (rigoler avec les copains).	Für mich ist Schule vor allem (mit meinen Freunden Spaß haben).
J'ai une (bonne moyenne) en (histoire).	Ich habe einen (guten Schnitt) in (Geschichte).
C'est un/e élève (sérieux/-euse).	Er/Sie ist ein/e (ernsthafte/r) Schüler/in.
Je dois faire un exposé en (anglais).	Ich muss in (Englisch) ein Referat halten.

Du kannst dir die Mots pour le dire auch anhören. ▶ Webcode, S. 1

2.2 Einen Tagesablauf beschreiben

Unité 1/V1	Je me lève tôt/tard, à/vers (six) heures.	Ich stehe früh/spät auf, um/gegen (sechs) Uhr.
	Je prends (le bus) pour aller à l'école.	Ich nehme (den Bus), um zur Schule zu fahren.
	Je dois toujours me dépêcher (pour avoir mon bus).	Ich muss mich immer beeilen (um meinen Bus zu kriegen).
	J'arrive à l'école à (7 h 20).	Ich komme um (7:20 Uhr) in der Schule an.
	Les cours commencent (déjà) à (7 h 40).	Der Unterricht beginnt (schon) um (7:40 Uhr).
	J'ai cours tous les jours jusqu'à (17 heures) (sauf le mercredi).	Ich habe jeden Tag bis (17 Uhr) Unterricht (außer mittwochs).
	Pendant la pause de midi, je mange (à la cantine).	In der Mittagspause esse ich (in der Kantine).
	Après les cours, je rentre chez moi vers (17 heures) et je (fais mes devoirs).	Nach dem Unterricht gehe ich gegen (17 Uhr) nach Hause und ich (mache meine Hausaufgaben).
	(Le mercredi après-midi), je fais (du foot).	(Am Mittwochnachmittag) (spiele) ich (Fußball).
	Le week-end, on se retrouve (au parc).	Am Wochenende treffen wir uns (im Park).
	Le soir, nous mangeons vers (20 h 30).	Abends essen wir gegen (20:30 Uhr).
	Pour moi, (le soir) est le meilleur moment de la journée !	Für mich ist (der Abend) die beste Zeit des Tages!
	Après le repas, je (surfe sur Internet).	Nach dem Abendessen (surfe) ich (im Internet).
	En semaine, je me couche tôt/tard.	Unter der Woche gehe ich früh/spät ins Bett.
Unité 1/V2	J'y vais à pied / en voiture.	Ich gehe zu Fuß hin. / Ich fahre mit dem Auto hin.

3 Über Ereignisse sprechen

▶ Banque de mots, p. 166–167

3.1 Von einem Ereignis in der Vergangenheit berichten

	J'ai passé une journée à (Saint-Nazaire).	Ich habe einen Tag in (Saint-Nazaire) verbracht.
	D'abord, je suis allé/e à la plage avec (mes cousins).	Zuerst bin mit meinen Cousins zum Strand gegangen/gefahren.
	L'après-midi, (on est partis en ville).	Nachmittags (sind wir in die Stadt gegangen).
	Après, (nous avons fait du shopping).	Danach (waren wir shoppen).
	Le soir, (on est rentrés tard).	Abends (sind wir spät nach Hause gekommen).
	Finalement, on a passé un bon week-end.	Letztendlich haben wir ein schönes Wochenende verbracht.
Unité 2/V2	Un jour, nous avons fait une excursion (en canoë) (dans les Gorges du Verdon).	An einem Tag haben wir einen (Kanu-)Ausflug (in die Gorges du Verdon) gemacht.
	Il était tôt/tard, mais il faisait déjà/encore (chaud).	Es war früh/spät, aber schon/noch (warm).
	L'eau était verte, c'était impressionnant !	Das Wasser war grün. Das war beeindruckend!
	Il/Elle était de mauvaise/bonne humeur.	Er/sie war schlecht/gut gelaunt.

Le paysage était (extraordinaire) mais/et l'ambiance était / n'était pas (super).	Die Landschaft war (außergewöhnlich), aber/und die Stimmung war / war nicht (toll).
On voyait parfois (des grottes).	Manchmal haben wir (Höhlen) gesehen.
À un moment, on a entendu (un bruit bizarre).	Einmal haben wir (ein seltsames Geräusch) gehört.
Après, on s'est arrêtés près (d'un rocher).	Danach haben wir in der Nähe (eines Felsens) angehalten.
Tout à coup, il/elle a découvert (un chemin) !	Plötzlich hat er/sie (einen Weg) entdeckt!
C'était génial/bizarre !	Das war toll/merkwürdig!
Ils/Elles n'étaient pas d'accord.	Sie waren nicht einverstanden.
Il faisait (froid).	Es war (kalt).
On a eu super peur !	Wir haben echt Angst bekommen!
Nous avons couru jusqu'à (la rivière).	Wir sind bis zum (Fluss) gerannt.
Ils/Elles nous attendaient déjà (dans le canoë) quand nous sommes arrivés.	Als wir ankamen, haben sie schon (im Kanu) auf uns gewartet.

3.2 Über Feste und Tradition sprechen

Unité 1/V2	Ma fête préférée, c'est (Pâques).	Mein Lieblingsfest ist (Ostern).
	Le (12 décembre), c'est (la Fête de l'Escalade).	Am (12. Dezember) ist (die Fête de l'Escalade).
	On y fête (le début du printemps).	Dabei feiert man (den Frühlingsanfang).
	La fête a lieu (dans la région de Bruxelles).	Das Fest findet (in Brüssel und Umgebung) statt.
	On y propose des activités différentes, par exemple (des ateliers de danse).	Es werden verschiedene Aktivitäten angeboten, zum Beispiel (Tanzworkshops).
	On y mange (des bretzels).	Dabei isst man (Brezeln).
	Il y a un défilé (de vieux trams).	Es gibt einen Umzug (mit alten Straßenbahnen).
	(À la Fête de l'Iris), tout est gratuit.	(Auf der Fête de l'Iris) ist alles kostenlos.
	Le soir, on peut aller (au concert) et (regarder le feu d'artifice).	Abends kann man (auf das Konzert) gehen und sich (das Feuerwerk ansehen).
	C'est une vieille tradition qui est un peu comme (la Saint-Valentin).	Das ist eine alte Tradition, die ein bisschen wie (der Valentinstag) ist.
	L'année dernière, on s'est vraiment bien amusés.	Letztes Jahr hatten wir wirklich Spaß.
	On chante des chansons (traditionnelles).	Man singt (traditionelle) Lieder.

4 Den Weg beschreiben

	Pardon Monsieur/Madame, je cherche (le parc).	Verzeihung, ich suche (den Park).
	Tu prends (la première rue à droite).	Du nimmst (die erste Straße rechts).
	Tu continues toujours tout droit.	Du gehst immer geradeaus weiter.
	Tu traverses (le carrefour).	Du überquerst (die Kreuzung).
Unité 1/V2	Mais tu peux aussi y aller (en bus).	Aber du kannst auch (mit dem Bus) dorthin fahren.

Du kannst dir die Mots pour le dire auch anhören. ▶ Webcode, S. 1

5 Einen Ort vorstellen

5.1 Über einen Ort Auskunft geben

	(Meudon), c'est près/loin de (Paris).	(Meudon) ist in der Nähe/weit weg von (Paris).
	C'est (le fleuve) qui traverse (la ville).	Das ist (der Fluss), der durch (die Stadt) fließt.
	C'est (un skatepark) où je vais souvent.	Das ist (ein Skatepark), zu dem ich oft hingehe.
	Il y a toujours beaucoup de monde ici.	Hier sind immer viele Leute.
	C'est l'endroit préféré (des touristes).	Das ist der Lieblingsort der (Touristen).
	(La Loire) est le fleuve le plus (long) de (France).	(Die Loire) ist der (längste) Fluss (Frankreichs).
	Quelles sont les spécialités de (La Réunion)?	Was sind die Spezialitäten von (La Réunion)?
	Il y a (des cascades) et (des forêts).	Es gibt (Wasserfälle) und (Wälder).
Unité 2/V1	À l'époque (romaine), (des combats de gladiateurs) y avaient lieu.	Zur Zeit der (Römer) fanden dort (Gladiatorenkämpfe) statt.
	Au Moyen-Âge, c'était (un palais).	Im Mittelalter war es (ein Palast).
	Autrefois, (L'Estaque) était un petit village.	Früher war (L'Estaque) ein kleines Dorf.
	Au 17e siècle, (l'île) était (une prison).	Im 17. Jahrhundert war (die Insel) (ein Gefängnis).

5.2 Ein Land oder eine Region vorstellen

Unité 1/V1	(La Belgique) est un pays (francophone) (d'Europe) et fait partie de l'Union européenne.	(Belgien) ist ein (französischsprachiges) Land (in Europa) und ist Teil der Europäischen Union.
	(Le Luxembourg) se trouve entre (la Belgique, la France et l'Allemagne).	(Luxemburg) befindet sich zwischen (Belgien, Frankreich und Deutschland).
	(La France) compte (67) millions d'habitants.	(Frankreich) hat (67) Millionen Einwohner.
	Sa monnaie, c'est (l'euro).	Seine Währung ist (der Euro).
	La langue officielle de (la France) est (le français).	(Frankreichs) Amtssprache ist (Französisch).
	Les spécialités qui sont typiques de (la France) sont (le fromage et les crêpes).	Für (Frankreich) typische Spezialitäten sind (Käse und Crêpes).
	Le drapeau de (la France) est (bleu, blanc et rouge).	Die (französische) Flagge ist (blau, weiß und rot).
	La fête nationale de la France, c'est le 14 juillet.	Frankreichs Nationalfeiertag ist der 14. Juli.
	On peut y (faire du ski/manger des frites).	Man kann dort (Ski fahren/Pommes essen).
Unité 4/Voc	(Le Québec) est (une province) du (Canada).	(Quebec) ist (eine Provinz) von (Kanada).
	On appelle (le Québec) aussi (« la Belle Province »).	Man nennt (Quebec) auch („La Belle Province").
	(Le Québec) se trouve dans (l'est du Canada), au bord de (l'Océan Atlantique).	(Quebec) liegt im (Osten Kanadas), am (Atlantischen Ozean).
	Avec ses (1,5 million) de km², (le Québec) est (trois) fois plus grand que (la France).	Mit seinen (1,5 Millionen) km² ist (Quebec) (drei) Mal so groß wie (Frankreich).
	La capitale (du Québec) est (la ville de Québec).	Die Hauptstadt (von Quebec) ist (Quebec City).
	La ville la plus grande est (Montréal).	Die größte Stadt ist (Montreal).

Du kannst dir die Mots pour le dire auch anhören. ▶ Webcode, S.1

	(Le Québec) compte (8,6) millions d'habitants.	(Quebec) hat (8,6) Millionen Einwohner.
	(80) % des (Québécois) sont d'origine (française).	(80) % der (Einwohner von Quebec) sind (französischer) Herkunft.
	Il y a des habitants (du Québec) qui viennent (d'autres pays).	Es gibt Einwohner (von Quebec), die aus (anderen Ländern) kommen.
	La plupart des villes se trouvent dans (le sud de la province).	Die meisten Städte befinden sich im (Süden der Provinz).
Unité 4 / V1	Aujourd'hui, (40) % des (Autochtones) vivent encore (dans des réserves).	Heute leben noch (40) % der (Ureinwohner) (in Reservaten).

5.3 Sehenswürdigkeiten / Landschaftliche Besonderheiten vorstellen

Unité 1 / Voc	Ses monuments célèbres sont (la Tour Eiffel et Notre-Dame). Ce sont les symboles de (Paris).	Seine berühmten Monumente sind (der Eiffelturm und Notre-Dame). Sie sind die Symbole von (Paris).
Unité 1 / V1	On découvre (des héros de BD sur les murs) à tous les coins de rue.	An allen Straßenecken entdeckt man (Comic-Figuren an den Wänden).
Unité 4 / V1	Ici, on peut (observer des animaux).	Hier kann man (Tiere beobachten).
	Dans (les Laurentides), vous pouvez (faire des excursions à pied).	In (den Laurentides) können Sie (Ausflüge zu Fuß) unternehmen.
	C'est (en été) que (la région) est la plus belle !	(Im Sommer) ist (die Region) am schönsten!
	Vous allez adorer (les couleurs des arbres pendant l'été indien) !	Sie werden (die Farben der Bäume im Altweibersommer) lieben!
	C'est d'ici qu'on a la plus belle vue sur la ville.	Von hier aus hat man den schönsten Blick auf die Stadt.

6 Einen Gegenstand beschreiben ► Banque de mots, p. 167

6.1 Alltagsgegenstände beschreiben

Unité 3 / Voc	C'est quelque chose de (long) qui se trouve dans (la cuisine).	Das ist etwas (Langes), das sich in (der Küche) befindet.
	C'est un objet (en métal) qu'on utilise pour (couper quelque chose).	Das ist ein Gegenstand (aus Metall), den man verwendet, um (etwas zu schneiden).
	C'est une sorte de (crème).	Das ist eine Art (Creme).
	C'est l'endroit où (on met la bouteille de lait).	Das ist die Stelle, wo (man die Milchflasche hinstellt).
Unité 3 / V1	C'est un truc en (plastique).	Das ist ein Ding aus (Plastik).
Unité 4 / V2	Vous connaissez (le wampum) ?	Kennt ihr (den Wampum)?
	Pour moi, (le Québec), c'est (le hockey sur glace).	Für mich ist (Quebec) (Eishockey).
	La chose qui symbolise le mieux (le Québec) pour moi, c'est (l'érable).	Die Sache, die für mich am besten (Quebec) symbolisiert, ist (der Ahorn).
	L'objet le plus important pour moi, c'est (le chandail des Canadiens de Montréal).	Der wichtigste Gegenstand ist für mich (das Trikot der Montreal Canadiens).
	(La motoneige), c'est un objet typiquement québécois.	(Der Motorschlitten) ist ein typischer Gegenstand aus Quebec.

Du kannst dir die Mots pour le dire auch anhören. ► Webcode, S. 1

6.2 Ein Bild beschreiben

Unité 2 / Voc	Ce tableau de (Vincent van Gogh) date du (19e siècle) et s'appelle (« La maison de La Crau »).	Dieses Gemälde von (Vincent van Gogh) stammt aus (dem 19. Jahrhundert) und heißt („La maison de La Crau").
	Cette (image) montre (un beau paysage).	Dieses (Bild) zeigt (eine schöne Landschaft).
	Au premier plan, on voit (une petite rivière).	Im Vordergrund sieht man (einen kleinen Fluss).
	Au centre, il y a (un escalier).	In der Mitte befindet sich (eine Treppe).
	À gauche, il y a deux personnes.	Auf der linken Seite befinden sich zwei Personen.
	À l'arrière-plan, on voit (des champs).	Im Hintergrund sieht man (Felder).
Unité 5 / V2	Il y a un contraste entre (le haut) et (le bas).	Es gibt einen Kontrast zwischen (oben) und (unten).

7 Über Filme und Serien sprechen

Unité 5 / V2	Alors, vous avez aimé le film/la série ?	Und, hat euch der Film/die Serie gefallen?
	Moi, je trouve que le film est (ennuyeux) : il n'y a pas beaucoup d'action et la fin est ouverte !	Ich finde den Film (langweilig): Es gibt nicht viel Action und das Ende ist offen!
	Mais moi, ce qui me plaît, c'est (l'histoire).	Aber was ich mag, ist (die Geschichte).
	Il y a des scènes très (touchantes).	Es gibt sehr (rührende) Szenen.
	Ce n'est quand même pas (réaliste).	Das ist trotzdem nicht (realistisch).
	D'ailleurs, comment vous trouvez (le comportement du père) ?	Übrigens, wie findet ihr (das Verhalten des Vaters)?
	On a l'impression que (la CPE) est (raciste) !	Man hat den Eindruck, (die CPE) ist (rassistisch)!
	À votre avis, comment est-ce que l'histoire continue après ?	Wie denkt ihr, geht die Geschichte danach weiter?
	Moi, ce que je préfère, c'est (la fin).	Was mir am besten gefällt, ist (das Ende).
	Ce qui ne me plaît pas, ce sont (les acteurs).	Was ich nicht mag, sind (die Schauspieler).
	En tout cas, les acteurs jouent super bien/mal !	Auf jeden Fall spielen die Schauspieler sehr gut/ schlecht!
	Je suis fan de (Théo Christine) qui a le rôle principal.	Ich bin ein Fan von (Théo Christine), der die Hauptrolle spielt.
	En fait, ce film est aussi une histoire (d'amitié).	Eigentlich ist dieser Film auch eine Geschichte (über Freundschaft).

8 Über gesellschaftliches Engagement sprechen ▶ Banque de mots, p. 167

Unité 5 / Voc	Ce n'est pas juste et il faut changer ça !	Das ist nicht gerecht und wir müssen das ändern!
	Il ne suffit pas de (devenir végétarien), il faut aussi (changer ses autres habitudes).	Es reicht nicht (Vegetarier zu werden), man muss auch (seine anderen Gewohnheiten ändern).
Unité 5 / V1	On n'a plus beaucoup de temps, il faut (réagir) !	Wir haben nicht mehr viel Zeit, wir müssen (reagieren)!

	Je voudrais vivre comme les autres.	Ich möchte leben wie jeder andere auch.
	Je ne veux pas que d'autres personnes utilisent mes données personnelles.	Ich will nicht, dass andere Leute meine persönlichen Daten verwenden.
	Je voudrais que (les adultes nous écoutent) !	Ich möchte, dass (die Erwachsenen uns zuhören)!
	Je veux que les règles soient les mêmes pour tout le monde !	Ich möchte, dass die Regeln für alle gleich sind!
	Il faut que tous aient les mêmes chances de réussir !	Alle sollten die gleichen Chancen haben, es zu schaffen!

9 Über kulturelle und sprachliche Unterschiede sprechen

9.1 Missverständnisse zur Sprache bringen und aufklären

Unité 3 / V1	J'ai compris le malentendu.	Ich habe das Missverständnis verstanden.
	Non, tu as mal compris. Il te dit (de mettre ton sac dans le coffre de la voiture) !	Nein, du hast das falsch verstanden. Er sagt dir, (du sollst deine Tasche in den Kofferraum des Autos legen)!
	Regarde. Ça c'est (la valise) et ça, c'est (le coffre) !	Guck mal, das ist (der Koffer) und das ist (der Kofferraum)!
	En allemand, (« Koffer ») veut dire (« valise »).	Auf Deutsch bedeutet („Koffer") („valise").
	Pardon, j'ai un problème. Je n'arrive pas à (ouvrir) le truc qui (est devant la fenêtre).	Entschuldigung, ich habe ein Problem. Ich kann das Ding nicht (öffnen), das (vor dem Fenster ist).
	Je ne connais pas le mot en français.	Ich kenne das französische Wort nicht.
	Regarde, il faut faire comme ça.	Guck mal, das musst du so machen.
	On ne dit pas (« salut » à une prof) !	Man sagt nicht („Hallo" zu einer Lehrerin)!
	En allemand, il y a une expression pour ça.	Im Deutschen gibt es dafür einen Ausdruck.

9.2 Über einen Austausch berichten

Unité 3 / V1	J'ai participé à un échange.	Ich habe an einem Austausch teilgenommen.
	J'étais dans une famille d'accueil.	Ich war in einer Gastfamilie.
	Ils ont des habitudes différentes.	Sie haben unterschiedliche Gewohnheiten.
	Pendant un échange, on peut découvrir une autre culture.	Bei einem Austausch kann man eine andere Kultur entdecken.
	Le soir, j'étais toujours (fatigué/e).	Abends war ich immer (müde).
	Ici, on mange (tard et longtemps), ce n'est pas comme chez moi.	Hier isst man (spät und lange), das ist nicht wie bei mir zu Hause.
	Après le repas, je voulais seulement une chose : (dormir) !	Nach dem Essen wollte ich nur noch eines: (schlafen)!
	Ici, les journées sont (très longues) et en plus, il y a (des devoirs).	Hier sind die Tage (sehr lang) und außerdem gibt es (Hausaufgaben).
Unité 3 / V2	Que faisons-nous de manière différente dans les deux pays ?	Was machen wir in beiden Ländern auf unterschiedliche Art und Weise?
	Savez-vous (couper correctement le fromage) ?	Wisst ihr, wie man (Käse richtig schneidet)?

Du kannst dir die Mots pour le dire auch anhören. ▶ Webcode, S. 1

Les Français ne mangent pas (le fromage) comme les Allemands.	Die Franzosen essen (Käse) nicht wie die Deutschen.
Je comprends pourquoi les (Français) préfèrent (couper le fromage comme un gâteau).	Ich verstehe, warum die (Franzosen) (den Käse) lieber (wie einen Kuchen schneiden).
En Allemagne, quand vous (achetez une bouteille d'eau), vous (payez une consigne).	Wenn man in Deutschland (eine Flasche Wasser kauft), (zahlt) man (Pfand).
(En France), c'est différent.	(In Frankreich) ist das anders.

10 Diskutieren

10.1 Sich streiten

	Ça suffit !	Das reicht!
	N'importe quoi !	So ein Quatsch!
	Tu ne comprends rien.	Du verstehst gar nichts.
	Là, tu exagères !	Jetzt übertreibst du aber.
	Tu m'énerves avec (tes idées écolo) !	Du nervst mich mit (deinen Ökoideen)!
	Mais ça ne va pas !	Aber das geht doch nicht!
	Oh là là, ce n'est pas vrai !	Oh Gott, das kann nicht wahr sein!
	Si ! Je te jure !	Doch! Ich schwör's!
Unité 5 / Voc	Si, justement !	Doch. Genau das ist es!
	Ce n'est pas ce que je veux dire.	Das meine ich nicht.

10.2 Nachfragen

	Pourquoi est-ce que tu es (en colère) ?	Warum bist du so (wütend)?
	Tu (lui) as dit ça ?	Das hast du (ihm/ihr) gesagt?
	Qu'est-ce que tu en penses ?	Was denkst du darüber?
Unité 5/Voc	Tu es sûr/e ?	Bist du sicher?
	Tu ne trouves pas ?	Findest du nicht?
	Alors tu penses vraiment que (les gens vont faire ça) ?	Du meinst also wirklich, dass (die Leute das machen werden)?

10.3 Die eigene Meinung äußern und begründen

Je suis pour/contre parce que c'est (ennuyeux).	Ich bin dafür/dagegen, weil es (langweilig) ist.
Je trouve que c'est une bonne idée.	Ich finde, dass es eine gute Idee ist.
Pour moi, (le meilleur joueur de foot), c'est (Pelé).	(Der beste Fußballspieler) ist für mich (Pelé).
Acheter une chose qu'on n'utilise pas souvent, c'est du gaspillage !	Etwas zu kaufen, was man nicht oft verwendet, ist Verschwendung!
Tu dois leur dire que c'est (ta vie) !	Du musst ihnen sagen, dass das (dein Leben) ist.
Je pense que c'est (plus motivant) que (les autres systèmes).	Ich glaube, dass es (motivierender) ist als (die anderen Systeme).

Du kannst dir die Mots pour le dire auch anhören. ► Webcode, S.1

Unité 5 / Voc	À mon avis, (les profs ont des chouchous).	Meiner Meinung nach (haben die Lehrer/innen Lieblinge).
	C'est une question d'(égalité).	Das ist eine Frage der (Gleichheit).

10.4 Sich einigen

	Je suis d'accord avec toi !	Ich bin mit dir einverstanden!
	– Moi non. – Moi non plus. – Moi si.	– Ich nicht. – Ich auch nicht. – Ich schon.
	Pardon.	Entschuldigung
	Ça marche !	Geht klar!
	Ce n'est pas grave.	Das ist nicht schlimm.
	Oui, tu as raison.	Ja, du hast recht.
	C'est bien, on a trouvé une solution.	Das ist gut, wir haben eine Lösung gefunden.

11 Sich verabreden und etwas planen

	Qu'est-ce que tu vas faire (demain) ?	Was machst du (morgen)?
	On pourrait (faire les devoirs ensemble).	Wir könnten (zusammen die Hausaufgaben machen).
	Bonne idée !	Gute Idee!
	Je compte sur toi.	Ich zähle auf dich.
	J'attends ta réponse.	Ich warte auf deine Antwort.
	Allez ! On y va !	Kommt schon! Los geht's!
	Demain, je voudrais faire un tour (à la plage). Ça te/vous dit ?	Morgen würde ich gerne eine Runde (am Strand) drehen. Seid ihr / Bist du dabei?

12 Am Tisch kommunizieren

	J'ai faim ! / J'ai soif !	Ich habe Hunger! / Ich habe Durst!
	– Qu'est-ce que vous prenez ? – (Le menu).	– Was nehmt ihr/nehmen Sie? – (Das Menü).
	Bon appétit !	Guten Appetit!
	Tu me passes (l'eau), s'il te plaît ?	Reichst du mir (das Wasser), bitte?
	Miam, (le gâteau) est très bon !	Mmh, (der Kuchen) ist sehr lecker!
	C'est (trop) salé/sucré.	Es ist (zu) salzig/süß.
	J'aime presque tout, sauf (les bananes) !	Ich mag fast alles außer (Bananen).

13 Über das Wetter und die Jahreszeiten sprechen

	Il y a du soleil. / Il pleut.	Die Sonne scheint. / Es regnet.
	J'espère qu'il va faire beau (demain) !	Ich hoffe, das Wetter wird (morgen) schön!
	En automne, il fait (moins) chaud/beau.	Im Herbst ist es (nicht so) warm/schön.
Unité 2 / Voc	Il fait assez beau.	Das Wetter ist ziemlich schön.
	Il y a des nuages et on ne voit pas le soleil.	Es gibt Wolken und man sieht die Sonne nicht.

Du kannst dir die Mots pour le dire auch anhören. ▶ Webcode, S. 1

Unité 4 / Voc

En général, il fait (très) froid (en hiver).	Im Allgemeinen ist es (im Winter) (sehr) kalt.
En été, il fait chaud : jusqu'à (30) degrés Celsius.	Im Sommer ist es heiß: bis zu (30) Grad Celsius.
Dans (le nord), il y a (de la neige et de la glace).	Im (Norden) gibt es (Schnee und Eis).

14 Auf Reisen

On prend (souvent) (le train).	Wir nehmen (oft) (den Zug).
Tu as (les billets) ?	Hast du (die Fahrscheine)?
Le train part dans (trois) minutes.	Der Zug fährt in (drei) Minuten ab.
Bon voyage !	Gute Reise!
Vos billets, s'il vous plait !	Ihre Fahrscheine, bitte!
On arrive dans (cinq) minutes.	Wir kommen in (fünf) Minuten an.
Il faut descendre.	Wir müssen aussteigen.
C'est parti ! Je suis dans (l'avion) pour (La Réunion).	Los geht's! Ich sitze (im Flugzeug) nach (La Réunion).

15 Klassenraumfranzösisch

Je ne sais pas.	Ich weiß (es) nicht.
Je ne comprends pas.	Ich verstehe nicht.
J'ai une question.	Ich habe eine Frage.
Vous pouvez répéter, s'il vous plaît ?	Können Sie bitte wiederholen?
Pardon, Monsieur/Madame, je n'ai pas (mes devoirs).	Entschuldigen Sie, ich habe (meine Hausaufgaben) nicht dabei.
Monsieur/Madame, est-ce que je peux aller aux toilettes ?	Darf ich auf die Toilette gehen?
Est-ce que je peux ouvrir la fenêtre ?	Darf ich das Fenster öffnen?
(Ma tablette) ne marche pas.	(Mein Tablet) funktioniert nicht.
– C'est à quelle page ? – C'est à la page (25).	– Auf welcher Seite ist das? – Auf Seite (25).
Qu'est-ce qu'il faut faire ?	Was muss man machen?
Ça y est, vous avez fini ?	So, seid ihr fertig?
Monsieur/Madame, s'il vous plait encore (deux) minutes !	Nur noch (zwei) Minuten bitte, Herr/Frau ...!
Tu peux me prêter (un stylo), s'il te plaît ?	Kannst du mir bitte (einen Stift) leihen?
On travaille ensemble ?	Arbeiten wir zusammen?
Quand est-ce que vous nous rendez les contrôles ?	Wann geben Sie uns die Tests zurück?
Tu as combien ?	Was hast du für eine Note?

Symbole und Abkürzungen

=	Hier findest du ein Wort mit ähnlicher Bedeutung.
≠	Hier findest du das Gegenteil des Wortes.
→	Hier findest du ein Wort, das zur gleichen Familie gehört und das du schon gelernt hast.
🇬🇧	Hier findest du ein englisches Wort, das dem französischen Wort ähnlich ist.
!	Hier gibt es eine Besonderheit zu beachten.
◉ ◯	In diesen blauen Kästen findest du landeskundliche Informationen zu Frankreich und anderen Ländern der Frankofonie.
▸Verbes	zeigt dir an, dass du in der *Conjugaison des verbes*, S. 154–159, die Konjugation des Verbs findest.
ê	zeigt dir an, welche Verben im *passé composé* mit *être* gebildet werden.
▸◂	Zwischen diesen beiden Pfeilen findest du den Lernwortschatz aus den Hörtexten.
kursiv	gedruckte Wörter sind Zusatzinformationen.
blaue	Markierungen stehen für männlich: un/le quartier, l'hôtel.
rote	Markierungen stehen für weiblich: une/la ville, l'Allemagne.

m.	*masculin*/maskulin (männlich)	*adj.*	*adjectif*/Adjektiv
f.	*féminin*/feminin (weiblich)	*adv.*	*adverbe*/Adverb
sg.	*singulier*/Singular (Einzahl)	*fam.*	*familier*/umgangssprachlich
pl.	*pluriel*/Plural (Mehrzahl)	*inf.*	*infinitif*/Infinitiv
qc/etw.	*quelque chose* / etwas	*inv.*	*invariable*/unveränderlich
qn/jd/jdn/jdm	*quelqu'un*/jemand/jemanden/jemandem		

Unité 1

▸ **francophone** [fʀɑ̃kofɔn] *m./f. adj.*	französischsprachig	La Suisse est un pays **francophone**.
la **Belgique** [labɛlʒik]	Belgien	**La Belgique** est le pays du chocolat.
la **Suisse** [lasɥis]	die Schweiz	En **Suisse**, on parle quatres langues.
le **lac** [ləlak]	der See	🇬🇧 lake  ◂
le **Luxembourg** [ləlyksɑ̃buʀ]	Luxemburg	**Le Luxembourg** est un petit pays.
le **luxembourgeois** [ləlyksɑ̃buʀʒwa]	Luxemburgisch, die luxemburgische Sprache	Tu parles **luxembourgeois** ?

! Merke:
- Wenn du die Nationalität von jemandem angibst oder wenn du von einer Sprache sprichst, musst du sie **klein**schreiben:

Elle est **française** et apprend **l'anglais** et **l'allemand**.
- Aber wenn du eine oder mehrere Personen einer Nationalität bezeichnest, musst du sie **groß**schreiben:

Les Français sont à Sarrebruck.
- Wenn du das französische Wort für eine Sprache, Nationalität oder Person kennst, kannst du von diesem Wort die anderen Bezeichnungen ableiten:

le luxembourgeois – luxembourgeois/luxembourgeoise – le Luxembourgeois / la Luxembourgeoise

Bruxelles [bʀysɛl] Brüssel *Hauptstadt Belgiens mit ca. 182 000 Einwohnern. Die gesamte Region Brüssel zählt ca. 1,2 Millionen Einwohner.*
le Mullerthal [ləmylɛʀtal] das Müllerthal *beliebtes Wandergebiet mit einer Landschaft aus wilder Natur und Felsen, das auch „kleine Luxemburger Schweiz" genannt wird.*
Marseille [maʀsɛj] *französische Stadt am Mittelmeer und zweitgrößte Stadt Frankreichs mit ca. 870 000 Einwohnern* ▶ Photo

les Calanques [lekalɑ̃k] *f. pl. Buchten im Kalkgestein des Mittelmeers bei Marseille*
le Lac Léman [ləlaklemɑ̃] der Genfer See *größter See Frankreichs und der Schweiz. Er liegt an der Grenze zwischen der Westschweiz und der französischen Region Auvergne-Rhône-Alpes.*
Lausanne [lozan] *Stadt in der französischsprachigen Schweiz am Genfer See mit ca. 139 000 Einwohnern. Nach Zürich, Genf und Basel ist Lausanne die viertgrößte Stadt der Schweiz.*
le Pont de Niouc [ləpɔ̃dənjuk] *Hängebrücke in der französischsprachigen Schweiz. Sie überquert den Fluss Navisence in einer Höhe von 190 m und ist damit eine der höchsten Brücken der Schweiz.*

Unité 1 Vocabulaire thématique

les **Pays-Bas** [lepeiba] *m. pl.*	die Niederlande	Une des spécialités **des Pays-Bas** est le fromage.
la **partie** [lapaʀti]	der Teil	Le livre a deux **parties**.
faire partie de qc [fɛʀpaʀtidə]	zu etw. gehören, Teil von etw. sein	🇬🇧 to be part of
l'Union européenne (l'UE) [lyniɔ̃øʀɔpeɛn] *f.*	die Europäische Union (EU)	Il y a 27 pays qui font partie de **l'Union européenne**.
la **monnaie** [lamɔnɛ]	die Währung	L'euro, c'est **une monnaie** en Europe. 
le **symbole** [ləsɛ̃bɔl]	das Symbol, das Zeichen	Pour moi, la Tour Eiffel est **le symbole** de Paris.
la **langue** [lalɑ̃g]	die Sprache	🇬🇧 language
officiel/officielle [ɔfisjɛl] *adj.*	offiziell	Il y a 24 langues **officielles** dans l'UE. In der EU gibt es 24 Amtssprachen.
on y parle [ɔ̃nipaʀl]	man spricht dort	– On parle allemand à Lausanne ? – Non, **on y parle** français.
le **néerlandais** [ləneɛʀlɑ̃dɛ]	Niederländisch, die niederländische Sprache	**Le néerlandais** est une langue.
dépendre de qn/qc [depɑ̃dʀdə]	von jdm/etw. abhängen, von jdm/etw. abhängig sein *wird wie* attendre *konjugiert* ▶ Verbes, p. 155	Les plantes **dépendent** du soleil. → Ça dépend. 🇬🇧 to depend on
je dépends • tu dépends • il/elle/on dépend • nous dépendons • vous dépendez • ils/elles dépendent		
bilingue [bilɛ̃g] *m./f. adj.*	zweisprachig, bilingual	Quand on parle deux langues, on est **bilingue**.
typique (de qc) [tipik(də)] *m./f. adj.*	typisch (für etw.)	🇬🇧 typical
les **frites** [lefʀit] *f. pl.*	die Pommes frites	J'adore **les frites**. C'est bon !

le drapeau [lədʀapo]	die Fahne, die Flagge	**Quel drapeau** est bleu, blanc, rouge ? 
la fête nationale [lafɛtnasjɔnal]	der Nationalfeiertag	En France, **la fête nationale** est le 14 juillet !

l'Atomium [latɔmjɔm] *m.* **das Atomium** *Bauwerk in Brüssel, das für die Expo 1958 errichtet wurde und 102 m hoch ist. Es gilt als Symbol für das Atomzeitalter und die friedliche Nutzung der Kernenergie.* ▶ Photo
le Manneken Pis [ləmanɛkɛnpis] *Brunnenfigur eines urinierenden Jungen in Brüssel, die auch „le Petit Julien" genannt wird.*

Unité 1 Volet 1

découvrir qn/qc [dekuvʀiʀ]	jdn/etw. entdecken ▶ Verbes, p. 155	Élise **a découvert** un nouveau café. 🇬🇧 to discover
je découvre • tu découvres • il/elle/on découvre • nous découvrons • vous découvrez • ils/elles découvrent		
se lever [sələve]	aufstehen *wird wie* acheter *konjugiert* ▶ Verbes, p. 154/158	Je **me lève** tôt le lundi.
je me lève • tu te lèves • il/elle/on se lève • nous nous levons • vous vous levez • ils/elles se lèvent		
se trouver [sətʀuve]	sich befinden ▶ Verbes, p. 158	Je **me trouve** devant l'entrée.
je me trouve • tu te trouves • il/elle/on se trouve • nous nous trouvons • vous vous trouvez • ils/elles se trouvent		
se dépêcher [sədepɛʃe]	sich beeilen ▶ Verbes, p. 158	Attends, je **me dépêche** !
je me dépêche • tu te dépêches • il/elle/on se dépêche • nous nous dépêchons • vous vous dépêchez • ils/elles se dépêchent		
avoir qc [avwaʀ] + *Verkehrsmittel*	etw. erreichen, etw. kriegen, etw. erwischen ▶ Verbes, p. 154	Est-ce que tu **as eu** ton bus ?
ouvrir qc [uvʀiʀ]	etw. öffnen, *auch:* etw. aufschlagen ▶ Verbes, p. 155	≠ fermer qc 
j'ouvre • tu ouvres • il/elle/on ouvre • nous ouvrons • vous ouvrez • ils/elles ouvrent		
se reposer [səʀəpoze]	sich ausruhen ▶ Verbes, p. 158	Karim **se repose** sur son lit.
je me repose • tu te reposes • il/elle/on se repose • nous nous reposons • vous vous reposez • ils/elles se reposent		
se coucher [səkuʃe]	sich hinlegen, schlafen gehen ▶ Verbes, p. 158	Le week-end, je **me couche** tard. ≠ se lever
je me couche • tu te couches • il/elle/on se couche • nous nous couchons • vous vous couchez • ils/elles se couchent		
vers [vɛʀ]	gegen *zeitlich*	On passe chez toi **vers** 9 heures.
s'appeler [saple]	heißen ▶ Verbes, p. 154/158	Vous **vous appelez** comment ?
je m'appelle • tu t'appelles • il/elle/on s'appelle • nous nous appelons • vous vous appelez • ils/elles s'appellent		
mettre… minutes [mɛtʀ…minyt]	… Minuten benötigen	Il **met** dix **minutes** pour se préparer.
à pied [apje]	zu Fuß	Je vais à l'école **à pied**.

à pied

à vélo

à VTT

en train

en tram

en bus

en métro

en voiture

en bateau

en avion

ê **se préparer** [səpʀepaʀe]	sich fertig machen, sich vorbereiten ► Verbes, p. 158	M. Leclerc **se prépare** pour aller au travail.
je me prépare • tu te prépares • il/elle/on se prépare • nous nous préparons • vous vous préparez • ils/elles se préparent		
comme [kɔm]	da *kausal*	**Comme** il est sportif, Évan peut devenir prof d'EPS.
ê **s'entraîner** [sɑ̃tʀene]	trainieren ► Verbes, p. 158	→ l'entraîneur / l'entraîneuse
je m'entraîne • tu t'entraînes • il/elle/on s'entraîne • nous nous entraînons • vous vous entraînez • ils/elles s'entraînent		
► **en** [ɑ̃] + *Verkehrsmittel*	mit + *Verkehrsmittel*	Vous venez **en** train ou **en** voiture ?
la **voiture** [lavwatyʀ]	das Auto	On prend **la voiture** ?
le **cœur** [ləkœʀ]	das Herz	Il faut écouter son **cœur** !
faire son sac [fɛʀsɔ̃sak]	seine Tasche packen/vorbereiten	Sonia **fait son sac** le soir.
ê **se baigner** [səbeɲe]	baden ► Verbes, p. 158	On va à la plage pour **se baigner**. → la salle de bains
je me baigne • tu te baignes • il/elle/on se baigne • nous nous baignons • vous vous baignez • ils/elles se baignent ◄		

Tintin [tɛ̃tɛ̃] *Held der gleichnamigen Comicreihe „Les aventures de Tintin" („Tim und Struppi") vom belgischen Zeichner Hergé (1907–1983).*
la Place Jourdan [laplasʒuʀdɑ̃] *beliebter Platz im Zentrum von Brüssel*
Luxembourg [lyksɑ̃buʀ] Luxemburg *Hauptstadt des Großherzogtums Luxemburg mit ca. 125 000 Einwohnern. Das sind knapp 20 % der Gesamtbevölkerung Luxemburgs.*
les Casemates du Bock [lekazmatdybɔk] *f. pl.* die Bockkasematten *unterirdisches Verteidigungssystem in der Stadt Luxemburg. Seine kilometerlangen Gänge wurden im 17. Jahrhundert unter spanischer Herrschaft angelegt.*
le Vieux-Port [ləvjøpɔʀ] *der Alte Hafen in Marseille. Historisches und kulturelles Zentrum von Marseille.*
l'Ombrière [lɔ̃bʀijɛʀ] *f. Spiegelinstallation von Norman Foster am Alten Hafen in Marseille* ► Photo

Dieses Wort kommt im Text S. 15 vor. Das ist aber kein Lernwortschatz:

la **voile** [lavwal] — Segeln *Sportart*

Unité 1 Volet 2

la **tradition** [latʀadisjɔ̃]	die Tradition	Tous les pays ont **des traditions**.
traditionnel/traditionnelle [tʀadisjɔnɛl] *adj.*	traditionell	→ la tradition 🇬🇧 traditional
avoir lieu [avwaʀljø]	stattfinden	La fête du Citron **a lieu** en hiver.
y [i]	dort, dorthin	– Tu vas au foot ? – Oui, j'**y** vais.
proposer qc (à qn) [pʀɔpoze]	(jdm) etw. anbieten, (jdm) etw. vorschlagen	Qu'est-ce que vous **proposez** comme dessert ?
le **défilé** [lədefile]	der Umzug, die Parade	Pour le 14 juillet, il y a **un défilé**.
le **feu d'artifice** [ləfødaʀtifis]	das Feuerwerk	Il y a **un feu d'artifice** demain.
le **lecteur** / la **lectrice** [ləlɛktœʀ/lalɛktʀis]	der/die Leser/in	→ lire (qc)
ⓔ **s'amuser** [samyze]	sich amüsieren, Spaß haben ▶ Verbes, p. 158	L'ambiance est super. Léa et Lili **s'amusent** bien.
je m'amuse • tu t'amuses • il/elle/on s'amuse • nous nous amusons • vous vous amusez • ils/elles s'amusent		
ressembler à qn/qc [ʀəsɑ̃blea]	jdm/etw. ähneln, jdm/etw. ähnlich sein	Tu **ressembles** beaucoup **à** ton cousin.
si [si]	wenn, falls *Bedingung*	**Si** tu viens, je viens aussi.
offrir qc à qn [ɔfʀiʀ]	jdm etw. schenken, jdm etw. anbieten *wird wie* ouvrir *konjugiert* ▶ Verbes, p. 155	Qu'est-ce que tu **offres** à Paul pour son anniversaire ? 🇬🇧 to offer
j'offre • tu offres • il/elle/on offre • nous offrons • vous offrez • ils/elles offrent		
ⓔ **se défendre** [sədefɑ̃dʀ]	sich verteidigen *wird wie* attendre *konjugiert* ▶ Verbes, p. 155	C'était un match difficile, mais Sophie **s'est** bien **défendue** !
je me défends • tu te défends • il/elle/on se défend • nous nous défendons • vous vous défendez • ils/elles se défendent		
le **courage** [ləkuʀaʒ]	der Mut	Il faut avoir **du courage** dans la vie ! → courageux/courageuse
jeter qc [ʒəte]	etw. werfen, etw. wegwerfen ▶ Verbes, p. 154	J'**ai jeté** mes vieux cahiers. = mettre qc à la poubelle
je jette • tu jettes • il/elle/on jette • nous jetons • vous jetez • ils/elles jettent		
en [ɑ̃] + *Material*	aus + *Material*	L'emballage est **en** papier.
la **clé** [lakle]	der Schlüssel	**Les clés** sont pour toi. 
casser qc [kase]	etw. zerbrechen, etw. kaputt machen	Oh non ! J'**ai cassé** mon portable.
ⓔ **se déguiser (en qn/qc)** [sədegize(ɑ̃)]	sich (als jdn/etw.) verkleiden ▶ Verbes, p. 158	Cette année, je **me suis déguisé** en clown.
je me déguise • tu te déguises • il/elle/on se déguise • nous nous déguisons • vous vous déguisez • ils/elles se déguisent		
chaque [ʃak] *inv.*	jeder/jede/jedes	**Chaque** jeudi, je fais de l'escalade.

la Seconde Guerre mondiale [lasəgɔ̃dgɛʀmɔ̃djal] der Zweite Weltkrieg *(1939–1945)*
le Parlement européen [ləpaʀləmɑ̃øʀɔpeɛ̃] das Europäische Parlament *Parlament der Europäischen Union mit Sitz in Straßburg*
Pâques [pɑk] *f. pl.* Ostern
Genève [ʒənɛv] Genf *Stadt in der französischsprachigen Schweiz am Genfer See mit ca. 202 000 Einwohnern.* ▶ Photo
Guillaume Tell [gijomtɛl] Wilhelm Tell *Freiheitskämpfer und Nationalheld der Schweiz*

Diese Wörter kommen im Text S. 18–19 vor. Sie sind aber kein Lernwortschatz:

l'iris [liʀis] *m.*	die Iris *Schwertlilie*
le bretzel [ləbʀɛtzɛl]	die Brezel
romantique [ʀɔmɑ̃tik] *m./f. adj.*	romantisch
un ennemi / une ennemie [ɛ̃/ynenmi]	der/die Feind/in
la marmite [lamaʀmit]	der Kochtopf, der Kessel

Unité 2

plusieurs [plyzjœʀ] *adj. pl.*	mehrere	Mon oncle a **plusieurs** chiens.
le **visage** [ləvizaʒ]	das Gesicht	Ce garçon a **un** joli **visage**, je trouve.
le **champ** [ləʃɑ̃]	das Feld	Il y a **un champ** près de chez moi.
la **lavande** [lalavɑ̃d]	der Lavendel	C'est de **la lavande**, ça sent bon !
le **temps** [lətɑ̃]	das Wetter	Aujourd'hui, **le temps** est mauvais : il pleut et il fait froid.

! le temps = die Zeit / das Wetter

Provence-Alpes-Côte d'Azur (PACA) [pʀɔvɑ̃salpkotdazyʀ/paka] *Region an der Mittelmeerküste im Südosten Frankreichs. Die Hauptstadt der Region ist Marseille.*
la Provence [lapʀɔvɑ̃s] die Provence *Teil der Region PACA*
les Gorges du Verdon [legɔʀʒdyvɛʀdɔ̃] *f. pl.* die Verdonschlucht *mit bis zu 100 m Breite, etwa 20 km Länge und bis zu 700 m Tiefe einer der größten Canyons Europas*
la Promenade des Anglais [lapʀɔmənaddezɑ̃glɛ] *weltberühmte, sieben Kilometer lange Strandpromenade in Nizza*
Nice [nis] Nizza *Küstenstadt in der Region PACA, mit ca. 341 000 Einwohnern die fünftgrößte Stadt Frankreichs* ▶ Photo

Unité 2 Vocabulaire thématique

décrire qn/qc [dekʀiʀ]	jdn/etw. beschreiben *wird wie* écrire *konjugiert* ▶ Verbes, p. 156	Tu peux **décrire** la photo ? 🇬🇧 to describe
je décris • tu décris • il/elle/on décrit • nous décrivons • vous décrivez • ils/elles décrivent		
une **image** [ynimaʒ]	ein Bild	C'est un livre avec **des images**.

le tableau / ! les tableaux [lətablo/letablo]	das Gemälde	J'aime **les tableaux** de Claude Monet.
dater de [datedə] + *Zeit*	aus ... stammen *zeitlich*	Ce roman **date des** années 80.
le **siècle** [ləsjɛkl]	das Jahrhundert	Je suis né au 21e **siècle**.
montrer qc (à qn) [mɔ̃tʀe]	(jdm) etw. zeigen	Il **montre** la maison à son ami.
le **premier plan** [ləpʀəmjeplɑ̃]	der Vordergrund	**Au premier plan**, on voit des gens.
l'**arrière-plan** [laʀjɛʀplɑ̃] *m.*	der Hintergrund	**À l'arrière-plan**, on voit un jardin. ≠ le premier plan
la **rivière** [laʀivjɛʀ]	der Fluss *Während „rivière" einen Fluss bezeichnet, der in einen anderen Fluss mündet, ist „fleuve" ein Strom oder Fluss, der ins Meer fließt.*	On fait un pique-nique au bord de **la rivière**. 🇬🇧 river 
le **rocher** [ləʀɔʃe]	der Felsen	🇬🇧 rock
un **escalier** [ɛ̃nɛskalje]	eine Treppe	Tu prends **l'escalier** ou l'ascenceur ?
vers [vɛʀ]	in Richtung von jdm/etw., auf etw. zu *örtlich*	C'est la route qui mène **vers** la mer.
autour de [otuʀdə]	um ... herum, in der Umgebung von	Il y a cinq chaises **autour de** la table. Es stehen fünf Stühle um den Tisch herum.
le **chemin** [ləʃəmɛ̃]	der Weg	Reste sur **le chemin** !
assez [ase] *adv.*	ziemlich	J'habite **assez** loin de mon école.
le **ciel** [ləsjɛl]	der Himmel	**Le ciel** est bleu.
le **nuage** [lənyaʒ]	die Wolke	Il y a **des nuages** dans le ciel. Es sind Wolken am Himmel.
la **lumière** [lalymjɛʀ]	das Licht	**La lumière** de la Provence est belle.
peut-être [pøtɛtʀ] *adv.*	vielleicht	On va **peut-être** au musée demain.

Unité 2 Volet 1

le **gladiateur** [ləgladjatœʀ]	der Gladiator	Je regarde un film sur **les gladiateurs**.
romain/romaine [ʀɔmɛ̃/ʀɔmɛn] *adj.*	römisch	Ce monument **romain** est impressionnant !
une **action** [ynaksjɔ̃]	eine Handlung, eine Tat, *hier:* eine Action	C'est une bonne **action**.
autrefois [otʀəfwa] *adv.*	früher, damals	= avant
le **Moyen-Âge** [ləmwajɛnɑʒ]	das Mittelalter	**Le Moyen-Âge** est l'époque entre le 5e et le 15e siècle.
les **arènes** [lezaʀɛn] *f. pl.*	die Arena	Il y a des spectacles dans **les arènes**.
une **époque** [ynepɔk]	eine Zeit, eine Epoche	**À cette époque**, les gens avaient beaucoup d'idées créatives.

connaître qn/qc [kɔnɛtʀ]	jdn/etw. kennen ▶ Verbes, p. 156	Il **connaît** tout le monde !
je connais • tu connais • il/elle/on connaît • nous connaissons • vous connaissez • ils/elles connaissent		
gigantesque [ʒigɑ̃tɛsk] *m./f. adj.*	gigantisch, riesig	Le stade est **gigantesque**.
le **tapis** [lətapi]	der Teppich	Il y a un magasin de **tapis** en face.
magique [maʒik] *m./f. adj.*	magisch	magic
réparer qc [ʀepaʀe]	etw. reparieren	Tu peux **réparer** mon vélo ?
le **paddle** [ləpadœl]	das Stand-up-Paddling	En été, on fait **du paddle**.
la **prison** [lapʀizɔ̃]	**das** Gefängnis	Il a passé deux ans en **prison**. prison
mystérieux/mystérieuse [misteʀjø/misteʀjøz] *adj.*	geheimnisvoll, mysteriös	mysterious
toujours [tuʒuʀ] *adv.*	*hier:* immer noch	Je n'ai **toujours** pas compris.
le **roi** / la **reine** [ləʀwa/laʀɛn]	der/die König/in	**Le roi** de Belgique s'appelle Philippe.

Avignon [aviɲɔ̃] *Stadt in PACA, an der Rhône, mit ca. 92 000 Einwohnern. Die Altstadt von Avignon zählt zum UNESCO-Weltkulturerbe.*
Paul Cézanne [pɔlsezan] *französischer Maler (1839–1906). Cézannes Werk verbindet die Stimmungsmalerei des Impressionismus mit kräftigen, kontrastreichen Farben und klaren Konturen. Er gilt als „Vater der modernen Kunst".*
l'homme au masque de fer [lɔmomaskdəfɛʀ] *m.* der Mann mit der eisernen Maske *unbekannter geheimnisvoller Staatsgefangener von Ludwig XIV., über dessen Identität bis heute spekuliert wird.*
Louis XIV [lwikatɔʀz] « **le Roi-Soleil** » Ludwig XIV. „der Sonnenkönig" *(1638–1715) Von 1643 bis 1715 König von Frankreich. Er gilt als Inbegriff des absolutistischen Herrschers, von dem alle Macht ausgeht und der lediglich Gott untersteht: Sein Satz „L'état, c'est moi. (Der Staat bin ich.)" ist weltberühmt. Während seiner Herrschaft erobert er Gebiete im heutigen Osten Frankreichs und lässt zahlreiche Prachtbauten errichten, darunter das Schloss von Versailles (ab 1682 sein Regierungssitz). Mit seinem Widerruf des Edikts von Nantes 1685 endet die Religionsfreiheit in Frankreich.* ▶ Photo

Diese Wörter kommen im Text S. 34–35 vor. Sie sind aber kein Lernwortschatz:

le **palais** [ləpalɛ]	der Palast
le **pape** [ləpap]	der Papst
le **combat** [ləkɔ̃ba]	der Kampf
les **paparazzi** [lepapaʀadzi] *m. pl.*	die Paparazzi
le **chantier** [ləʃɑ̃tje]	die Baustelle, *hier:* das Workcamp

Unité 2 Volet 2

le **concours** [ləkɔ̃kuʀ]	der Wettbewerb	On va faire **un concours** de danse.
la **colo** *fam.* / la **colonie (de vacances)** [lakɔlo/lakɔloni(dəvakɑs)]	**das** Feriencamp, die Ferienfreizeit, **das** Ferienlager	Issam part en **colo** à Brest.

le **canoë** [ləkanoe]	das Kanu, das Kanufahren	J'adore faire **du canoë**.
un **animateur** / une **animatrice** [ɛ̃animatœʀ/ynanimatʀis]	ein/eine Animateur/in, *hier:* ein/eine Gruppenleiter/in, ein/eine Betreuer/in	**Nos animateurs** sont plutôt cool. 🇬🇧 animator
ê **s'arrêter** [saʀɛte]	anhalten ▶ Verbes, p. 158	→ l'arrêt
je m'arrête • tu t'arrêtes • il/elle/on s'arrête • nous nous arrêtons • vous vous arrêtez • ils/elles s'arrêtent		
d'habitude [dabityd] *adv.*	normalerweise, für gewöhnlich	**D'habitude**, Mehdi va au handball le mercredi.
ê **(bien) s'entendre (avec qn)** [(bjɛ̃)sɑ̃tɑ̃dʀ(avɛk)]	sich (gut) (mit jdm) verstehen *wird wie* attendre *konjugiert* ▶ Verbes, p. 155	Léo ne **s'entend** pas bien avec Lola. Ils se disputent souvent.
je m'entends • tu t'entends • il/elle/on s'entend • nous nous entendons • vous vous entendez • ils/elles s'entendent		
être de bonne/mauvaise humeur [ɛtʀdəbɔn/movɛzymœʀ]	gute/schlechte Laune haben	Elle **est de bonne humeur**, aujourd'hui ! Sie hat heute gute Laune!
ê **se disputer** [sədispyte]	sich streiten ▶ Verbes, p. 158	Loïc **se dispute** avec son frère.
je me dispute • tu te disputes • il/elle/on se dispute • nous nous disputons • vous vous disputez • ils/elles se disputent		
bref [bʀɛf] *adv.*	kurzum, kurz gesagt	**Bref**, on a adoré le film.
à cause de ça [akozdəsa]	deswegen	Nathan est malade. **À cause de ça**, il ne vient pas en cours.
l'autre [lotʀ] *m./f.*	der/die andere	Qu'est-ce qu'ils font, **les autres** ?
la **grotte** [lagʀɔt]	die Grotte	On a découvert **une grotte** cet été.
l'**équilibre** [lekilibʀ] *m.*	das Gleichgewicht	Elle a perdu **l'équilibre** et est tombée.
ne... personne [nə…pɛʀsɔn]	niemand	Je **ne** connais **personne** ici.

Je **ne** déteste **personne**.
Je **ne** suis contre **rien**.
Je **ne** m'énerve **jamais** !

j'en ai marre [ʒɑ̃nemaʀ] *fam.*	ich hab genug, mir reicht's, ich hab's satt	**J'en ai marre** de cette chanson !
un **oiseau** / ! des **oiseaux** [ɛ̃nwazo/dezwazo] *m.*	ein Vogel	Mon chat adore **les oiseaux**.
malheureusement [maløʀøzmɑ̃] *adv.*	leider, unglücklicherweise	– Il pleut demain ? – Oui, **malheureusement**.
courir [kuʀiʀ]	rennen, laufen ▶ Verbes, p. 156	→ la course
je cours • tu cours • il/elle/on court • nous courons • vous courez • ils/elles courent		
Vas-y ! [vazi]	Los!	**Vas-y !** C'est à toi.
enfin [ɑ̃fɛ̃] *adv.*	endlich, schließlich	Je peux **enfin** rentrer à la maison.
Qu'est-ce qui s'est passé ? [kɛskisɛpase]	Was ist passiert?	**Qu'est-ce qui s'est passé ?** Pourquoi est-ce que tu m'appelles ?

Diese Wörter kommen im Text S. 40 vor. Sie sind aber kein Lernwortschatz:

le vautour [ləvotuʀ]	der Geier
turquoise [tyʀkwaz]	türkis
le/la capitaine [lə/lakapitɛn]	der/die Kapitän/in
le zigzag [ləzigzag]	der Zickzack
le nid [ləni]	das Nest

Unité 3

Vive... [viv]	Es lebe ... / Es leben ...	**Vive** les vacances !
franco-allemand/franco-allemande [fʀɑ̃koalmɑ̃/fʀɑ̃koalmɑ̃d] *adj.*	deutsch-französisch	Faisons une fête **franco-allemande** ! → francophone
une **habitude** [ynabityd]	eine Gewohnheit	→ d'habitude
la **famille d'accueil** [lafamijdakœj]	die Gastfamilie	**Ma famille d'accueil** est très sympa.
le **malentendu** [ləmalɑ̃tɑ̃dy]	das Missverständnis	Il y a **un malentendu** : je ne suis pas Madame Lepic !

l'OFAJ (Office franco-allemand pour la Jeunesse) [lɔfaʒ] *m.*
das DFJW (Deutsch-Französische Jugendwerk)
ermöglichte seit 1963 über 9 Millionen jungen Menschen aus Deutschland und Frankreich die Teilnahme an Austauschprogrammen. Das DFJW hat seinen Sitz in Berlin und Paris.

Unité 3 Vocabulaire thématique

un **objet** [ɛ̃nɔbʒɛ]	ein Objekt, ein Gegenstand	= la chose, le truc *fam.*
le **pansement** [ləpɑ̃smɑ̃]	das Pflaster, der Verband	J'ai besoin d'**un pansement**. Ich brauche ein Pflaster.
le **sèche-cheveux** [ləsɛʃʃəvø]	der Fön, der Haartrockner	Zut, j'ai oublié **mon sèche-cheveux** !
le **cheveu** / ! **les cheveux** [ləʃəvø/leʃəvø]	das Haar	**Ses cheveux** sont longs et noirs.
le **couteau** / ! **les couteaux** [ləkuto/lekuto]	das Messer	Alice coupe sa pomme avec **un couteau**.
le **dentifrice** [lədɑ̃tifʀis]	die Zahnpasta	→ la dent
le **volet** [ləvɔlɛ]	der Fensterladen, der Rollladen	Vous avez **des volets** aux fenêtres ?
un **oreiller** [ɛ̃nɔʀeje]	ein Kopfkissen	Je dors toujours avec **un oreiller**.
dormir [dɔʀmiʀ]	schlafen *wird wie* sortir *konjugiert* ▶ Verbes, p. 155	Je **dors** souvent chez ma copine.
je dors • tu dors • il/elle/on dort • nous dormons • vous dormez • ils/elles dorment		
le **métal** [ləmetal]	das Metall	L'or est **un métal**.
couper qc [kupe]	etw. (ab-)schneiden	Léa **coupe** ses spaghettis : c'est l'horreur !

se couper [səkupe]	sich schneiden ▶ Verbes, p. 158	Aïe ! Je **me suis coupée** !
quelque chose de [kɛlkəʃozdə] + *adj.*	etwas + *Adjektiv*	Les vrais amis, c'est **quelque chose de** magique !
le **plastique** [ləplastik]	das Plastik, der Kunststoff	Il y a trop de **plastique** dans la mer.
une **sorte de** [ynsɔʀtdə]	eine Art + *Nomen*, eine Sorte	Paul a plusieurs **sortes de** stylos pour dessiner.
la **crème** [lakʀɛm]	die Creme	Je mets de **la crème**. Ich trage Creme auf.
Tu vois ce que je veux dire ? [tyvwasəkəʒəvødiʀ]	Weißt du, was ich meine?	– **Tu vois ce que je veux dire ?** – Oui, je pense.

Unité 3 | Volet 1

▶ le **coffre** [ləkɔfʀ]	der Kofferraum	Votre voiture a un grand **coffre** !
! coffre ≠ Koffer	Wörter aus verschiedenen Sprachen, die sich zwar ähneln, aber eine unterschiedliche Bedeutung haben, nennt man *faux ami* (= falscher Freund).	
mal [mal] *adv.*	schlecht, *hier:* falsch	≠ bien
dire à qn de [diʀ(də)] + *inf.*	jdn auffordern etw. zu tun; jdm sagen, dass er/sie etw. tun soll ▶ Verbes, p. 156	Mon père m'**a dit de** ranger ma chambre. Mein Vater hat gesagt, ich soll mein Zimmer aufräumen.
demander à qn de [dəmɑ̃de(də)] + *inf.*	jdn bitten etw. zu tun	Jean **demande** à Amir **de** lui expliquer les devoirs.
arriver à [aʀivea] + *inf.*	es schaffen etw. zu tun	Tu **es arrivé à** faire cet exercice ?

Diese Verben mit Infinitivergänzung kennst du jetzt:

à + *infinitif*	de + *infinitif*	▭ + *infinitif*
aider qn à + *inf.*	choisir de + *inf.*	adorer + *inf.*
apprendre à + *inf.*	décider de + *inf.*	aimer + *inf.*
arriver à + *inf.*	demander (à qn) de + *inf.*	détester + *inf.*
commencer à + *inf.*	dire (à qn) de + *inf.*	devoir + *inf.*
continuer à + *inf.*	essayer de + *inf.*	il faut + *inf.*
encourager (qn) à + *inf.*	oublier de + *inf.*	pouvoir + *inf.*
réussir à + *inf.*	proposer (à qn) de + *inf.*	préférer + *inf.*
	rêver de + *inf.*	vouloir + *inf.*
		savoir + *inf.*

Merke: Verb + à / **de** / ▭ + Infinitiv

Tu en veux ? [tyɑ̃vø]	Möchtest du (davon)?	J'ai fait un gâteau. **Tu en veux ?** ◀
un **œil** / ! des **yeux** [ɛ̃nœj/dezjø]	ein Auge	Zut ! J'ai un truc dans **l'œil**.
une **expérience** [ynɛkspeʀjɑ̃s]	eine Erfahrung	experience
avoir l'air [avwaʀlɛʀ] + *adj.*	... aussehen	Il **a l'air** mystérieux. Er sieht geheimnisvoll aus.
le **progrès** [ləpʀɔgʀɛ]	der Fortschritt	Il a fait **des progrès** à l'école.

décider qc / de + *inf.* [deside(də)]	etw. entscheiden, beschließen, etw. zu tun	🇬🇧 to decide to
une **expression** [ynɛkspʀɛsjɔ̃]	ein Ausdruck	Tu connais **des expressions** françaises ?
mot à mot [motamo]	wortwörtlich, Wort für Wort	« Gagner de l'argent » veut dire **mot à mot** « Geld gewinnen ».
essayer qc/de + *inf.* [eseje(də)]	etw. versuchen, *auch:* etw. anprobieren; versuchen etw. zu tun ▶ Verbes, p. 154	Tu **as essayé** ces sneakers ? Elles sont trop cool.
j'essaie • tu essaies • il/elle/on essaie • nous essayons • vous essayez • ils/elles essaient		
fatigué/fatiguée [fatige] *adj.*	müde	Aujourd'hui, Yannick est **fatigué**.
tenir [təniʀ]	halten, durchhalten *wird wie* venir *konjugiert* ▶ Verbes, p. 157	Mon père m'appelle. Tu peux **tenir** mon sandwich, s'il te plaît ?
je tiens • tu tiens • il/elle/on tient • nous tenons • vous tenez • ils/elles tiennent		
râler contre qn/qc [ʀalekɔ̃tʀ]	über jdn/etw. meckern, über jdn/etw. motzen	Les élèves **râlent** souvent **contre** les profs.
en fait [ɑ̃fɛt] *adv.*	eigentlich, tatsächlich	**En fait**, je n'aime pas le chocolat.
manquer (à qn) [mɑ̃ke]	(jdm) fehlen	Tu me **manques** !
savoir qc [savwaʀ]	etw. wissen, etw. können ▶ Verbes, p. 157	– Amir part à quelle heure ? – Je ne **sais** pas encore.
je sais • tu sais • il/elle/on sait • nous savons • vous savez • ils/elles savent		

Fatou sait dessiner.

Fatou ne peut pas dessiner.

possible [pɔsibl] *m./f. adj.*	möglich	🇬🇧 possible
même si [mɛmsi]	auch wenn, selbst wenn	Je veux sortir **même s**'il pleut.

la salade niçoise [lasaladniswaz] *typisch provenzalischer Salat aus grünem Blattsalat, Gurken, Eiern, Zwiebeln, Tomaten, schwarzen Oliven und Sardellenfilets*
Jean Giono [ʒɑ̃ʒjono] *(1895–1970) französischer Schriftsteller*
la via ferrata [laviafeʀata] *der Klettersteig* ▶ Photo

Diese Wörter kommen im Text S. 58–59 vor. Sie sind aber kein Lernwortschatz:

Cologne [kolɔɲ]	Köln
communiquer [kɔmynike]	sich verständigen, kommunizieren

Unité 3 Volet 2

la vie de tous les jours [lavidətuleʒuʀ]	das tägliche Leben, der Alltag	Qu'est-ce que tu fais dans **la vie de tous les jours** ?
la différence [ladifeʀɑ̃s]	der Unterschied	→ différent/différente
de manière [dəmanjɛʀ] + *adj.*	auf ... Art und Weise	Madame Lebrun explique toujours **de manière** intéressante.
typiquement [tipikmɑ̃] *adv.*	typisch	C'est **typiquement** allemand.
environ [ɑ̃viʀɔ̃] *adv.*	ungefähr, in etwa	Martin arrive à 10 heures **environ**.
correctement [kɔʀɛktəmɑ̃] *adv.*	korrekt, richtig	Elle fait les choses **correctement**.
en général [ɑ̃ʒeneʀal] *adv.*	im Allgemeinen, normalerweise	**En général**, je me lève tôt.
c'est pourquoi [sɛpuʀkwa]	deshalb, daher	🇬🇧 that's why
le morceau / ! les morceaux [ləmɔʀso/lemɔʀso]	das Stück	Tu veux **un morceau** de sucre dans ton café ?
sévèrement [sevɛʀmɑ̃] *adv.*	streng	→ sévère
recommencer [ʀəkɔmɑ̃se]	wieder anfangen, etw. noch einmal tun *wird wie* commencer *konjugiert* ▶Verbes, p. 154	J'ai perdu mon cahier, je dois tout **recommencer** !
je recommence • tu recommences • il/elle/on recommence • nous recommençons • vous recommencez • ils/elles recommencent		
payer (qc) [peje]	zahlen, etw. bezahlen *wird wie* essayer *konjugiert* ▶Verbes, p. 154	Jonathan **paie** le café. 🇬🇧 to pay 
je paie • tu paies • il/elle/on paie • nous payons • vous payez • ils/elles paient		
rapporter qc [ʀapɔʀte]	etw. zurückbringen	Tu peux me **rapporter** mon livre ?
réutiliser qc [ʀeytilize]	etw. wiederverwenden	Je **réutilise** les sacs en plastique.

Die Vorsilbe *re-* (vor Vokal *ré-* oder *r-*) bedeutet „wieder" oder „zurück".	apporter → **r**apporter commencer → **re**commencer	faire → **re**faire lire → **re**lire	utiliser → **ré**utiliser voir → **re**voir

garder qc [gaʀde]	etw. behalten	Je peux **garder** ton stylo ?
laver qc [lave]	etw. waschen, etw. (ab-)spülen	Robin **lave** son vélo.
protéger qn/qc [pʀɔteʒe]	jdn/etw. schützen, jdn/etw. bewahren ▶Verbes, p. 154	🇬🇧 to protect
je protège • tu protèges • il/elle/on protège • nous protégeons • vous protégez • ils/elles protègent		
l'environnement [lɑ̃viʀɔnmɑ̃] *m.*	die Umwelt	🇬🇧 environment
heureusement [øʀøzmɑ̃] *adv.*	glücklicherweise	≠ malheureusement
autrement [otʀəmɑ̃] *adv.*	anders	Mais non, il faut faire **autrement** ! Aber nein, das muss man anders machen!
ⓔ **s'énerver** [senɛʀve]	sich aufregen ▶Verbes, p. 158	Pourquoi tu **t'énerves** comme ça ?
je m'énerve • tu t'énerves • il/elle/on s'énerve • nous nous énervons • vous vous énervez • ils/elles s'énervent		
curieux/curieuse [kyʀjø/kyʀjøz] *adj.*	*auch:* neugierig, merkwürdig	Il est **curieux** : il veut tout savoir.

Arte [aʀte] Arte *1991 gegründeter deutsch-französischer Fernsehsender mit Hauptsitz in Straßburg.* ▶ Photo
Karambolage [kaʀɑ̃bɔlaʒ] Karambolage *Fernsehsendung auf Arte, in der wöchentlich deutsch-französische Eigenheiten auf humorvolle Art vorgestellt und erklärt werden.*

Diese Wörter kommen im Text S. 64 vor. Sie sind aber kein Lernwortschatz:

à la française [alafʀɑ̃sɛz]	nach französischer Art
la **croûte** [lakʀut]	die Rinde, die Kruste
tartiner qc [taʀtine]	etw. schmieren, etw. streichen
la **consigne** [lakɔ̃siɲ]	das Pfand

Unité 4

le **Québec** [ləkebɛk]	Quebec *größte und französischsprachige Provinz Kanadas*	**Le Québec** fait partie du Canada.
le **Canada** [ləkanada]	Kanada	**Le Canada** est un grand pays.
peint/peinte [pɛ̃/pɛ̃t] *adj.*	bemalt	Nos volets sont **peints** en vert.
la **baleine** [labalɛn]	der Wal	**Les baleines** vivent dans la mer.
le **panneau** / ! **les panneaux** [ləpano/lepano]	das Schild	Sur **le panneau**, on peut voir le nom de la ville.
un ours / ! **des ours** [ɛ̃nuʀs/dezuʀs] *m.*	ein Bär	**Les ours** aiment le miel.

! Merke:

l'ours noir = der Schwarzbär

l'ours brun = der Braunbär

l'ours blanc = der Eisbär

l'été indien [leteɛ̃djɛ̃] *m.* der Indian Summer *in Kanada besonders bunte und warme Jahreszeit kurz vor dem Winter*
Québec (ville) [kebɛk(vil)] Quebec (Stadt) *Hauptstadt von Quebec, mit ca. 532 000 Einwohnern die zweitgrößte Stadt der Provinz. Die Altstadt und die Befestigungsanlagen gehören zum UNESCO-Weltkulturerbe.*
Montréal [mɔ̃ʀeal] Montreal *größte Stadt von Quebec und zweitgrößte Stadt Kanadas mit ca. 1,7 Millionen Einwohnern. Montreal ist nach Paris die zweitgrößte Stadt der Welt, in der Französisch als Muttersprache gesprochen wird.*
le fleuve Saint-Laurent [ləflœvsɛ̃lɔʀɑ̃] der Sankt-Lorenz-Strom *mit 2900 km Länge drittgrößter Fluss Nordamerikas. Bildet die Grenze zwischen der kanadischen Provinz Ontario und dem US-Bundesstaat New York und durchquert Quebec.* ▶ Photo

Unité 4 Vocabulaire thématique

la **province** [lapʀɔvɛ̃s]	die Provinz *Landesteil, entspricht den Regionen in Frankreich*	Le Québec est **une province** du Canada.
l'**est** [lɛst] *m.*	der Osten	Le Québec se trouve dans **l'est** du Canada.

Les quatre points cardinaux | Die vier Himmelsrichtungen

le **nord** [lənɔʀ] der Norden
🇬🇧 north
le **sud** [ləsyd] der Süden
🇬🇧 south
l'**est** der Osten
🇬🇧 east
l'**ouest** der Westen
🇬🇧 west

un **océan** [ɛ̃noseɑ̃] *m.*	ein Ozean	🇬🇧 ocean
le **kilomètre carré** [ləkilɔmɛtʀkaʀe]	der Quadratkilometer	Le Canada fait 9,9 millions de **kilomètres carrés**. Kanada ist 9,9 Mio. km² groß.

Diese Maßeinheiten kennst du jetzt:

1 kilomètre = 1000 mètres	La promenade **fait** trois kilomètres.
1 mètre = 100 centimètres	Je **fais** un mètre 60.
1 kilomètre carré = 1 million de mètres carrés	Le territoire **fait** cinq kilomètres carrés.
1 kilo = 1000 grammes	Elle **fait** 48 kilos.
1 heure = 60 minutes	
1 euro = 100 centimes	Ça **fait** 12 euros 50.

pour cent [puʀsɑ̃]	Prozent	56 **pour cent** des Québécois sont bilingues. %
le **territoire** [ləteʀitwaʀ]	das Gebiet	C'est un grand **territoire**.
le **Québécois** / la **Québécoise** [ləkebekwa/lakebekwaz]	der/die Einwohner/in von Quebec	Les habitants du Québec s'appellent **les Québécois**.
coloniser qn/qc [kɔlɔnize]	jdn/etw. kolonisieren	La France **a colonisé** beaucoup de pays.
le **peuple** [ləpœpl]	das Volk	🇬🇧 people
autochtone [otɔkton] *m./f. adj.*	einheimisch, indigen	Il y a onze peuples **autochtones** au Québec.
le **degré (Celsius)** [lədəgʀe(sɛlsjys)]	das Grad (Celsius)	Il fait moins 18 **degrés (–18° C)** !
le **climat** [ləklima]	das Klima	Dans le nord du Québec, **le climat** est froid.
la **neige** [lanɛʒ]	der Schnee	C'est joli, les maisons sous **la neige**.
la **glace** [laglas]	**das** Eis, *auch:* **das** Speiseeis	En hiver, il y a de **la glace**.
la **plupart (de)** [laplypaʀ(də)]	die meisten	**La plupart des** gens aiment les vacances.

Diese Wörter kommen im Text S. 78 vor. Sie sind aber kein Lernwortschatz:

la Chine [laʃin]	China
le Maroc [ləmaʀɔk]	Marokko
les États-Unis (d'Amérique) [lezetazyni(dameʀik)] *m. pl.*	die Vereinigten Staaten (von Amerika)

Unité 4 Volet 1

un explorateur / une exploratrice [ɛ̃nɛksplɔʀatœʀ/ynɛksplɔʀatʀis]	ein/eine Forscher/in	**Les explorateurs** découvrent des nouveaux territoires. 🇬🇧 explorer
par [paʀ]	über, durch	Ils regardent **par** la fenêtre.
fonder qc [fɔ̃de]	etw. gründen	Qui **a fondé** la ville de Montréal ?
entrer en guerre avec qn [ɑ̃tʀeɑ̃gɛʀavɛk]	gegen jdn in den Krieg ziehen	Quand est-ce que les Français **sont entrés en guerre avec** les Anglais ?
le **bout du monde** [ləbudymɔ̃d]	das Ende der Welt	Je voudrais voyager au **bout du monde**.
observer qn/qc [ɔpsɛʀve]	jdn/etw. beobachten	Tu aimes **observer** les animaux ?
vivre (qc) [vivʀ]	leben, etw. erleben ▶ Verbes, p. 157	→ la vie
je vis • tu vis • il/elle/on vit • nous vivons • vous vivez • ils/elles vivent		
le **traîneau à chiens** [lətʀɛnoaʃjɛ̃]	der Hundeschlitten	On fait un tour en **traîneau à chiens**. 
se souvenir de qn/qc [səsuvniʀdə]	sich an jdn/etw. erinnern *wird wie* venir *konjugiert* ▶ Verbes, p. 157	→ le souvenir
je me souviens • tu te souviens • il/elle/on se souvient • nous nous souvenons • vous vous souvenez • ils/elles se souviennent		
peu (de) [pø(də)] *adv.*	wenig	Au Canada, il y a **peu d'**habitants. ≠ beaucoup (de)
la **réserve** [laʀezɛʀv]	**das** Reservat	*begrenztes Gebiet, das einem indigenen Volk vom Staat zugewiesen wurde. In Kanada liegen diese Reservate zwar auf dem ehemaligen Stammesgebiet, sind aber oft sehr viel kleiner.*
la **chasse** [laʃas]	die Jagd	Il ne va plus à **la chasse**.
la **pêche** [lapɛʃ]	**das** Angeln, **das** Fischen	Je vais à **la pêche** demain. Ça te dit ?
un **Européen** / une **Européenne** [ɛ̃nøʀɔpeɛ̃/ynøʀɔpeɛn]	ein/eine Europäer/in	**Les Européens** parlent des langues différentes. → l'Europe *f.*
en échange [ɑ̃neʃɑ̃ʒ]	dafür, im Gegenzug	→ échanger qc (contre qc)
la **vieille ville** [lavjɛjvil]	die Altstadt	**La vieille ville** de Québec est belle.

la **patinoire** [lapatinwaʀ]	die Eisbahn, die Schlittschuhbahn	En hiver, on va à **la patinoire**.

Jacques Cartier [ʒakkaʀtje] *(1491–1557) französischer Seefahrer und Entdecker. Im Auftrag von König François Ier fand er den nördlichen Seeweg nach Asien. Er entdeckte 1534 Gebiete des heutigen Kanada, die er für Frankreich in Besitz nahm.*
Samuel de Champlain [samyɛldəʃɑ̃plɛ̃] *(1574–1635) französischer Abenteurer und Forschungsreisender, Gründer und erster Gouverneur der Kolonie Neufrankreich* ▶ Photo
l'orignal / ! les orignaux [lɔʀiɲal/lezɔʀiɲo] *m.* der Elch *in Nordamerika*
l'Algonquin / l'Algonquine [lalgɔ̃kɛ̃/lalgɔ̃kin] der/die Algonkin *Stamm nordamerikanischer Ureinwohner, der zu den First Nations of Canada – den indigenen Völkern Kanadas – gezählt wird.*
la poutine [laputin] *Pommes frites mit Käse und dunkler Sauce, Spezialität in Quebec*

Diese Wörter kommen im Text S. 80–81 vor. Sie sind aber kein Lernwortschatz:

la **devise** [ladəviz]	die Devise, **das** Motto
le **parlement** [ləpaʀləmɑ̃]	das Parlament
le/la **nomade** [lənɔmad/lanɔmad]	der/die Nomad/in
le **piège** [ləpjɛʒ]	die Falle

Unité 4 Volet 2

le **hockey sur glace** [ləɔkɛsyʀglas]	Eishockey	→ la glace
un **érable** [ɛ̃neʀabl]	ein Ahorn	Mon arbre préféré, c'est **l'érable**.
symboliser qn/qc [sɛ̃bɔlize]	jdn/etw. symbolisieren, jdn/etw. versinnbildlichen	L'arbre **symbolise** la vie. → le symbole
canadien/canadienne [kanadjɛ̃/kanadjɛn] *adj.*	kanadisch	Marion a un ami **canadien**. 🇬🇧 Canadian
autant de [otɑ̃də] *adv.*	genau so viel	Est-ce qu'il y a **autant de** touristes à Montréal qu'à Paris ?

Diese Mengenangaben kennst du jetzt:

pas de tomates ... keine ...
peu de tomates ... wenige ...
moins de tomates ... weniger ...
assez de tomates ... genug ...
autant de tomates ... so viele ...
beaucoup de tomates ... viele ...

trop de tomates ... zu viele ...
plus de tomates ... mehr ...
la plupart des tomates ... die meisten ...
un million de tomates ... eine Million ...

le **sirop** [ləsiʀo]	der Sirup	J'aime **le sirop** de fraise avec de l'eau. Ich mag Erdbeersirup mit Wasser.
on en met partout [ɔ̃nɑ̃mɛpaʀtu]	man tut es überall dran/dazu	Dans ma famille, on adore le beurre. **On en met partout** !

fabriquer qc [fabʀike]	etw. herstellen	À Toulouse, on **fabrique** des avions.
la **motoneige** [lamotonɛʒ]	der Motorschlitten, **das** Schneemobil	On fait un tour en **motoneige** ? → la neige
plus de [plysdə] *adv.*	mehr	Je voudrais **plus de** lait, s'il te plaît. ≠ moins de
moins de [mwɛ̃də] *adv.*	weniger	Il y a **moins d'**habitants au Québec qu'en France. ≠ plus de

Il est une heure **moins** le quart.
Es ist Viertel vor eins.

Un vélo va **moins** vite **qu'**une voiture.
Ein Fahrrad fährt nicht so schnell wie ein Auto.

La France a **moins d'**habitants que l'Allemagne.
Frankreich hat weniger Einwohner als Deutschland.

Tom est **moins** grand **que** Marthe.
Tom ist kleiner als Marthe.

Il fait **moins** 12 degrés.
Es sind minus 12 Grad.

C'est la matière que j'aime le **moins**.
Das ist das Schulfach, das ich am wenigsten mag.

transporter qc [tʀɑ̃spɔʀte]	etw. transportieren, etw. befördern	Comment tu vas **transporter** ça ?
construire qc [kɔ̃stʀɥiʀ]	etw. bauen ▶ Verbes, p. 156	Qui **a construit** ce château ?
je construis • tu construis • il/elle/on construit • nous construisons • vous construisez • ils/elles construisent		
la **cabane** [lakaban]	die Hütte	**Une cabane**, c'est comme une petite maison.
conduire qc [kɔ̃dɥiʀ]	etw. fahren, etw. lenken *wird wie* construire *konjugiert* ▶ Verbes, p. 156	Est-ce que tu **as** déjà **conduit** une voiture ?
je conduis • tu conduis • il/elle/on conduit • nous conduisons • vous conduisez • ils/elles conduisent		
la **liberté** [lalibɛʀte]	die Freiheit	Les oiseaux vivent en **liberté**.
l'**amitié** [lamitje]	die Freundschaft	→ l'ami / l'amie
la **paix** [lapɛ]	der Frieden	Nous voulons vivre en **paix**. Wir wollen in Frieden leben.
la **ligne** [laliɲ]	die Linie *auch bei Verkehrsmittel*	Il faut écrire sur **les lignes**.
le **respect** [ləʀɛspɛ]	der Respekt	Si on veut bien vivre ensemble, il faut **du respect**.

le chandail [ləʃɑ̃daj] le maillot *das Trikot* **!** *in Frankreich:* le chandail = *der Pullover*
les Canadiens de Montréal [lekanadjɛ̃dəmɔ̃Real] *m. pl. mit insgesamt 24 Stanley-Cup-Siegen die erfolgreichste Eishockeymannschaft der NHL. Die Teamfarben sind Rot, Weiß und Blau. Die Mannschaft wird auch „Habs" oder „Le Canadien" genannt.*
la LNH (= Ligue nationale de hockey) [laɛlɛnaʃ] die NHL (= National Hockey League) *Eishockey-Profiliga in Nordamerika und beliebteste Liga Kanadas*
Maurice Richard [mɔRisRiʃaR] *(1921–2000) kanadische Eishockeyspielerlegende*
la tire d'érable [latiRdeRabl] *Spezialität aus Quebec, ähnlich einem Karamellbonbon. Erhitzter Ahornsirup wird dafür auf Schnee gegossen und vor dem vollständigen Erkalten auf ein Holzstäbchen gerollt.* ▶ Photo
le wampum [ləwampum] *Perlengürtel aus Meeresschnecken und Muscheln, wurde auch als Tauschmittel benutzt.*

Diese Wörter kommen im Text S. 85 vor. Sie sind aber kein Lernwortschatz:

la **ceinture** [lasɛ̃tyR]	der Gürtel
la **perle** [lapɛRl]	die Perle

Unité 5

réaliser qc [Realize]	etw. verwirklichen	J'**ai réalisé** mon rêve ! Je suis devenue artiste.
lutter (pour/contre qc) [lyte(puR/kɔ̃tR)]	(für/gegen etw.) kämpfen	Il faut **lutter** pour la liberté.
l'**inégalité** [linegalite] *f.*	die Ungleichheit	Il y a trop d'**inégalités** dans le monde.
s'engager (pour qc) [sɑ̃gaʒe(puR)]	sich engagieren *wird wie* manger *konjugiert* ▶ Verbes, p. 154	Nous **nous engageons** pour la nature. → engagé/engagée

je m'engage • tu t'engages • il/elle/on s'engage • nous nous engageons • vous vous engagez • ils/elles s'engagent

Unité 5 Vocabulaire thématique

un **argument** [ɛ̃naRgymɑ̃]	ein Argument	C'est un bon **argument** !
la **discussion** [ladiskysjɔ̃]	das Gespräch, die Diskussion	→ discuter
sûr/sûre [syR] *adj.*	sicher	🇬🇧 sure

! **sûr** = sicher **sur** = auf

d'un côté [dɛ̃kote] *adv.*	einerseits	**D'un côté**, je comprends.
d'un autre côté [dɛ̃notRkote] *adv.*	andererseits	**D'un autre côté**, il faut voir plus grand.
horrible [ɔRibl] *m./f. adj.*	schrecklich	🇬🇧 horrible
donc [dɔ̃k]	also, daher	Je pense, **donc** je suis.

il (ne) suffit (pas) de [il(nə)syfi(pa)də] + *inf.*	es reicht/genügt (nicht) etw. zu tun	Pour réussir, il **suffit de** travailler. → Ça suffit !
changer (qc) [ʃɑ̃ʒe]	sich/etw. (ver-)ändern *wird wie* manger *konjugiert* ▸Verbes, p. 154	🇬🇧 to change → échanger qc (contre qc), l'échange
je change • tu changes • il/elle/on change • nous changeons • vous changez • ils/elles changent		
(ne...) pas du tout [(nə)padytu]	gar nicht	Bantu n'aime **pas du tout** chanter.
réaliste [ʀealist] *m./f. adj.*	realistisch	Ce film n'est pas **réaliste**.
justement [ʒystəmɑ̃] *adv.*	genau, eben, gerade	**Justement**, c'est ça, le problème ! Genau, das ist das Problem!
la **société** [lasɔsjete]	die Gesellschaft	C'est un vrai problème de **société**. 🇬🇧 society
Ce n'est pas ce que je veux dire. [sənɛpasəkəʒəvødiʀ]	Das meine ich nicht.	– **Ce n'est pas ce que je veux dire.** – Ah, pardon, j'ai mal compris !

Unité 5 Volet 1

injuste [ɛ̃ʒyst] *m./f. adj.*	ungerecht	≠ juste
réagir [ʀeaʒiʀ]	reagieren *wird wie* finir *konjugiert* ▸Verbes, p. 155	Comment est-ce que tes parents **ont réagi** ?
je réagis • tu réagis • il/elle/on réagit • nous réagissons • vous réagissez • ils/elles réagissent		
▸ **être exclu/exclue (de qc)** [ɛtʀɛkskly(də)]	(von etw.) ausgeschlossen sein	Gabin **est exclu** du groupe.
la **génération** [laʒeneʀasjɔ̃]	die Generation	Nos parents sont de la même **génération**.
la **conséquence** [lakɔ̃sekɑ̃s]	die Folge, die Konsequenz	**Les conséquences** des inégalités sont graves.
le **réchauffement climatique** [ləʀeʃofmɑ̃klimatik]	die Klimaerwärmung	→ chaud, le climat
un/une **adulte** [ɛ̃nadylt/ynadylt] *m./f.*	ein/eine Erwachsene	🇬🇧 adult → adulte *adj.*
la **maladie** [lamaladi]	die Krankheit	→ malade
obliger qn à [ɔbliʒea] + *inf.*	jdn zwingen etw. zu tun	Mes parents **m'obligent à** ranger ma chambre.
le **médecin** [ləmɛdsɛ̃]	der Arzt / die Ärztin *das Wort „médecin" ist immer männlich*	Je suis malade, je vais chez **le médecin**. ◂
se sentir [səsɑ̃tiʀ]	sich fühlen *wird wie* sortir *konjugiert* ▸Verbes, p. 155	Je **me sens** très bien dans mon école.
je me sens • tu te sens • il/elle/on se sent • nous nous sentons • vous vous sentez • ils/elles se sentent		
se sentir (mal) à l'aise [səsɑ̃tiʀ(mal)alɛz]	sich (nicht) wohlfühlen	Je **me sens mal à l'aise** en cours de maths.
la **peau** [lapo]	die Haut	Il a des problèmes de **peau**.
avoir envie de qc / de + *inf.* [avwaʀɑ̃vidə]	Lust auf etw. haben, Lust etw. zu tun	Tu **as envie d'**aller au cinéma ?

le **préjugé** [ləpʀeʒyʒe]	das Vorurteil	prejudice
raciste [ʀasist] *m./f. adj.*	rassistisch	racist
le **racisme** [ləʀasism]	der Rassismus	→ raciste
faire le ménage [fɛʀləmenaʒ]	den Haushalt machen, putzen	C'est propre ! Tu **as fait le ménage** ? Es ist so sauber! Hast du geputzt?
(avoir) le droit (de + *inf.*) [(avwaʀ)lədʀwa(də)]	das Recht (haben etw. zu tun, etw. tun dürfen)	Tu n'**as** pas **le droit** de faire ça ! Du darfst das nicht tun!
la **règle** [laʀɛgl]	die Regel	Il y a trop de **règles** à l'école.
l'égalité [legalite] *f.*	die Gleichheit	≠ l'inégalité

Pronote [pʀonɔt] *Software und App zur Verwaltung des schulischen Lebens in Frankreich. Dort werden u. a. Stundenpläne, Noten und Abwesenheiten online gestellt, die für Lehrer, Eltern und Schüler einsehbar sind.*

Diese Wörter kommen im Text S. 104–105 vor. Sie sind aber kein Lernwortschatz:

la **justice sociale** [laʒystissɔsjal]	die soziale Gerechtigkeit
les données personnelles [ledɔnepɛʀsɔnɛl] *f. pl.*	die persönlichen Daten
le **diabète** [lədjabɛt]	Diabetes

Unité 5 Volet 2

admirer qn/qc [admiʀe]	jdn/etw. bewundern	to admire
▶ **ennuyeux/ennuyeuse** [ɑ̃nɥijø/ɑ̃nɥijøz] *adj.*	langweilig	Tu trouves l'histoire **ennuyeuse** ?
ouvert/ouverte [uvɛʀ/uvɛʀt] *adj.*	offen	→ ouvrir qc
(ne…) même pas [(nə…)mɛmpa]	nicht einmal	Je **n'**ai **même pas** compris la fin !
la **chaussure** [laʃosyʀ]	der Schuh	Il achète **des chaussures** noires. 
ce que je préfère [səkəʒəpʀefɛʀ]	das, was ich am liebsten mag	**Ce que je préfère** dans le film, c'est la fin.
ce qui (ne) me plaît (pas) [səki(nə…)məplɛ(pa)]	was mir (nicht) gefällt	**Ce qui me plaît**, c'est la musique.
la **relation** [laʀəlasjɔ̃]	die Beziehung	Il a **une** bonne **relation** avec Élodie. Er hat eine gute Beziehung zu Élodie. relationship
la **scène** [lasɛn]	die Szene	**La scène** au café est drôle.
touchant/touchante [tuʃɑ̃/tuʃɑ̃t] *adj.*	(be-)rührend, ergreifend	Ce film est vraiment **touchant**. touching
la **chance** [laʃɑ̃s]	die Chance, **das** Glück	Quelle **chance** ! Was für ein Glück! → avoir de la chance
traiter qn comme qc [tʀɛtekɔm]	jdn wie etw. behandeln	Il **me traite comme** une petite fille !
accepter qc / de + *inf.* [aksɛpte(də)]	etw. annehmen, akzeptieren etw. zu tun	to accept

interdire à qn de [ɛ̃tɛʀdiʀdə] + *inf.*	jdm verbieten etw. zu tun *wird wie* dire *konjugiert* ►Verbes, p. 156	Je t'**interdis de** sortir à cette heure ! Ich verbiete dir, um diese Uhrzeit auszugehen !
j'interdis • tu interdis • il/elle/on interdit • nous interdisons • vous interdisez • ils/elles interdisent		
le **contraste** [ləkɔ̃tʀast]	der Kontrast	Il y a un grand **contraste** entre le noir et le blanc.
refuser qc / de + *inf.* [ʀəfyze(də)]	etw. ablehnen, sich weigern etw. zu tun	🇬🇧 to refuse to
le **comportement** [ləkɔ̃pɔʀtəmɑ̃]	das Verhalten	Le **comportement** de mon voisin est bizarre. Il ne m'a jamais parlé.
en tout cas [ɑ̃tuka] *adv.*	jedenfalls, auf jeden Fall	– On a un contrôle aujourd'hui ? – **En tout cas**, j'ai révisé !
le **rôle** [ləʀol]	die Rolle	Qui joue **le rôle** du père ?
principal/principale/principaux *m. pl.* [pʀɛ̃sipal/pʀɛ̃sipo] *adj.*	Haupt-	Amélie est le personnage **principal** du film.
le **personnage** [ləpɛʀsɔnaʒ]	die Figur, *auch:* die Rolle	Astérix est **un personnage** de BD.

Dieses Wort kommt im Text S. 164 vor. Das ist aber kein Lernwortschatz:

un **idiot** / une **idiote** [ɛ̃nidjo/ynidjɔt] *m./f.*	ein/eine Idiot/in

L'alphabet braille | Die Brailleschrift

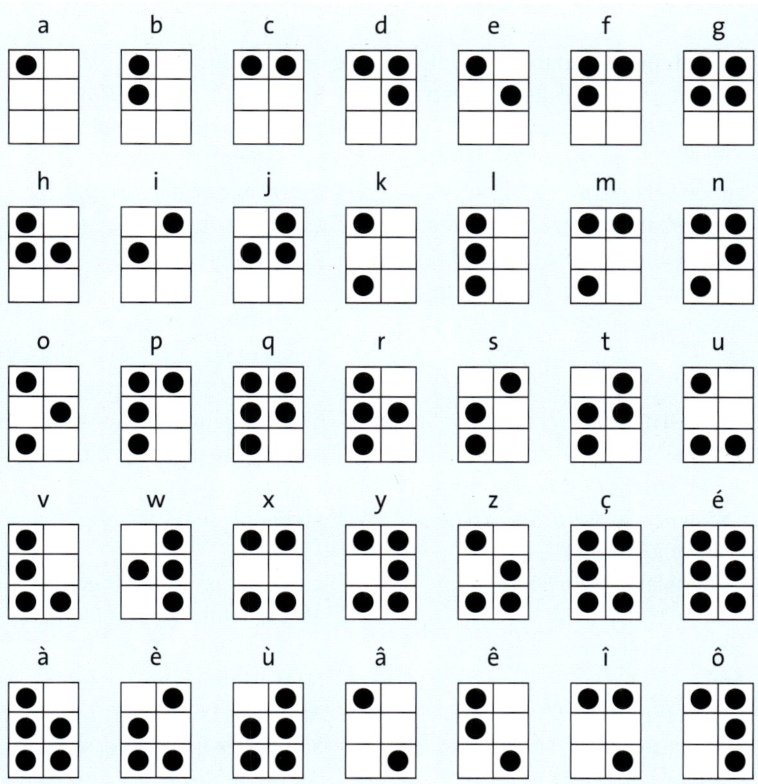

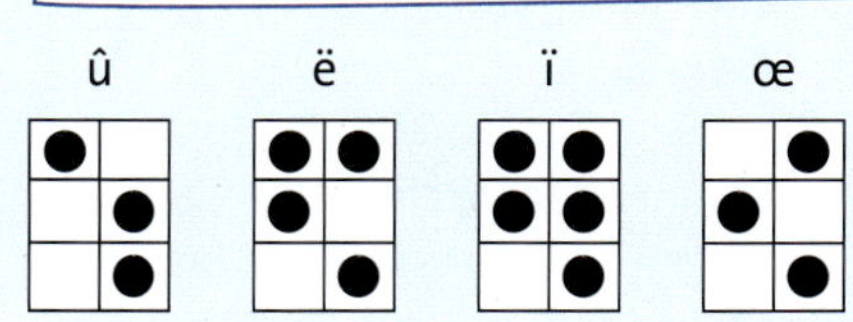

Regardez autour de vous ! Un peu partout, on trouve des informations en braille : sur les emballages de médicaments par exemple !

Liste alphabétique français-allemand

Die Angabe hinter dem Pfeil verweist auf den jeweiligen Absatz, in dem die Vokabel eingeführt wird. → 1/A steht für Unité 1, Auftaktseite; 2/Voc für Unité 2, Vocabulaire; 3/1 für Unité 3, Volet 1 und M4 steht für Module 4.

A

à in; **(1) à (0)** (1) zu (0); **à... ans** mit ... Jahren; **à... heure(s)** um ... Uhr; **À bientôt !** Bis bald!; **à côté de** neben; **À demain !** Bis morgen!; **à droite (de)** rechts (von); **à gauche (de)** links (von); **à la maison** zu Hause, daheim; **À plus !** *fam.* Bis später!; **À quelle heure ?** Um wie viel Uhr?; **À vous, maintenant !** Jetzt seid ihr dran!
à cause de wegen; **à cause de ça** deswegen → 2/2
à la place de (qn/qc) anstelle von (jdm/etw.), statt
à pied zu Fuß → 1/1
l' **abonné / l'abonnée** *m./f.* der/die Abonnent/in
accepter qc / de + *inf.* etw. annehmen, akzeptieren etw. zu tun → 5/2
accompagner qn jdn begleiten
acheter qc etw. kaufen *Konjugation S. 154*
l' **acteur / l'actrice** *m./f.* der/die Schauspieler/in
actif/active *adj.* aktiv
l' **action** *f.* die Handlung, die Tat, die Action → 2/1
l' **activité** *f.* die Aktivität, die Freizeitaktivität
admirer qn/qc jdn/etw. bewundern → 5/2
adorer qn/qc / + *inf.* jdn/etw. sehr lieben (zu tun)
adulte *m./f. adj.* erwachsen
l' **adulte** *m./f.* der/die Erwachsene → 5/1
les **affaires** *f. pl.* die Sachen
ah ah, ach
l' **aide** *f.* die Hilfe
aider (qn) (jdm) helfen
Aïe ! Aua!
aimer qn/qc jdn/etw. mögen, jdn/etw. lieben; **aimer** + *inf.* es mögen, etw. zu tun; **aimer bien qn/qc / +** *inf.* jdn/etw. gern (zu tun) mögen
l' **album** *m.* das Album
l' **Allemagne** *f.* Deutschland
l' **allemand** *m.* Deutsch, die deutsche Sprache; **allemand/allemande** *adj.* deutsch
aller gehen *Konjugation S. 156*
l' **allergie** *f.* die Allergie
Allez ! Los!, Kommt schon!
Allô ? Hallo?
alors *adv.* also; **Et alors ?** Na und?
les **Alpes** *f. pl.* die Alpen
l' **alphabet** *m.* das Alphabet
l' **ambiance** *f.* die Stimmung, die Atmosphäre
l' **ami / l'amie** *m./f.* der/die Freund/in
l' **amitié** *f.* die Freundschaft → 4/2
s'amuser sich amüsieren, Spaß haben *wie* se coucher, *Konjugation S. 158* → 1/2
l' **an** *m.* das Jahr
l' **anglais** *m.* Englisch
l' **animal** / les **animaux** *m.* das (Haus-)Tier
l' **animateur / l'animatrice** der/die Animateur/in, der/die Gruppenleiter/in, der/die Betreuer/in → 2/2
l' **année** *f.* das Jahr
l' **anniversaire** *m.* der Geburtstag; **Joyeux anniversaire !** Herzlichen Glückwunsch zum Geburtstag!
l' **annonce** *f.* die Anzeige, die Ansage
août August
l' **appareil dentaire** *m.* die Zahnspange
l' **appartement** *m.* die Wohnung
appeler qn jdn anrufen, jdn nennen *Konjugation S. 154*; **s'appeler** heißen *Konjugation S. 158* → 1/1
l' **appli** *fam.* / l'**application** *f.* die App
apporter qc etw. mitbringen
apprendre qc etw. lernen *wie* prendre, *Konjugation S. 157*
après danach, nach
l' **après-midi** *m.* der Nachmittag, am Nachmittag
l' **arbitre** *m./f.* der/die Schiedsrichter/in
l' **arbre** *m.* der Baum
les **arènes** *f. pl.* die Arena → 2/1
l' **argent** *m.* das Geld, das Silber; **gagner de l'argent** Geld verdienen
l' **argument** *m.* das Argument → 5/Voc
l' **armoire** *f.* der Schrank
l' **arrêt** *m.* die Haltestelle, der Halt
s'arrêter anhalten *wie* se coucher, *Konjugation S. 158* → 2/2
l' **arrière-grand-mère** *f.* die Urgroßmutter
l' **arrière-grand-père** *m.* der Urgroßvater
l' **arrière-plan** *m.* der Hintergrund → 2/Voc
arriver ankommen, kommen; **arriver à** + *inf.* es schaffen etw. zu tun → 3/1
les **arts plastiques** *m. pl.* Kunst
l' **artiste** *m./f.* der/die Künstler/in
les **arts martiaux** *m. pl.* der Kampfsport
l' **ascenseur** *m.* der Aufzug
asiatique *m./f. adj.* asiatisch
l' **Asie** *f.* Asien
assez *adv.* ziemlich → 2/Voc; **assez de qc** genug, genügend; **J'en ai assez !** Ich hab genug!, Mir reicht's! → 2/2; **ne... pas assez de qc** nicht genug, nicht genügend
l' **astronaute** *m./f.* der/die Astronaut/in
l' **atelier** *m.* der Workshop, das Atelier
attaquer (qn) (jdn) angreifen
attendre (qn/qc) (auf jdn/etw.) warten *Konjugation S. 155*
faire attention aufpassen
Attention ! Achtung!
au bord de qc am Ufer von etw.
au début (de qc) am Anfang (von etw.), zuerst

au moins *adv.* mindestens, wenigstens
Au revoir ! Auf Wiedersehen!
Au secours ! Zu Hilfe!
aujourd'hui *adv.* heute
aussi auch; **aussi... que** (genau) so ... wie
autant de *adv.* genau so viel → 4/2
l' **auteur** / l'**auteure** *m./f.* der/die Autor/in
autochtone *m./f. adj.* einheimisch, indigen → 4/Voc
l' **automne** *m.* der Herbst
autour de um ... herum, in der Umgebung von → 2/Voc
autre *m./f. adj.* anderer/andere/anderes; **autre chose** etwas anderes; **d'un autre côté** *adv.* andererseits → 5/Voc
l' **autre** *m./f.* der/die Andere → 2/2
autrefois *adv.* früher, damals → 2/1
autrement *adv.* anders → 3/2
avant *adv.* früher, vorher, vor, davor
avec mit
l' **avenir** *m.* die Zukunft
l' **aventure** *f.* das Abenteuer
l' **aventurier** / l'**aventurière** *m./f.* der/die Abenteurer/in
l' **avion** *m.* das Flugzeug
l' **aviron** *m.* das Rudern
l' **avis** *m.* die Meinung; **à mon avis** meiner Meinung nach
avoir haben *Konjugation S. 154*; **avoir... ans** ... Jahre alt sein; **avoir... vues** ... Aufrufe/Klicks haben; **avoir besoin de qn/qc** jdn/etw. brauchen; **avoir de la chance** Glück haben; **avoir envie de qc / de** + *inf.* Lust auf etw. haben, Lust haben etw. zu tun → 5/1; **avoir faim** Hunger haben; **avoir la moyenne** bestehen; **avoir l'air** + *adj.* ... aussehen → 3/1; **avoir le droit de** + *inf.* das Recht haben etw. zu tun, etw. tun dürfen → 5/1; **avoir lieu** stattfinden → 1/2; **avoir mal** Schmerzen haben; **avoir peur** Angst haben, Angst bekommen; **avoir qc** etw. erwischen → 1/1; **avoir raison** recht haben; **avoir soif** Durst haben
avril April

B

le **bac** *fam.* / le **baccalauréat** das Abi, das Abitur
la **baguette** das Baguette
ⓔ **se baigner** baden *wie* se coucher, *Konjugation S. 158* → 1/1
baisser les bras aufgeben
la **balade** der Spaziergang, die Spazierfahrt
la **baleine** der Wal → 4/A
la **balise** die Boje; la **balise refuge** die Rettungsbake
le **ballon** der Ball
la **banane** die Banane
le **basket** Basketball, das Basketballspielen
le **bateau** / les **bateaux** das Schiff, das Boot
le **bâtiment** das Gebäude
la **batterie** der Akku, das Schlagzeug
le **bavard** / la **bavarde** die Quasselstrippe
le **bazar** *fam.* das Durcheinander
la **bédé** / **BD (bande dessinée)** / les **BD** der Comic
beau/bel *m.* / **belle** *f.* / **beaux** *m. pl.* / **belles** *f. pl. adj.* schön
le **beau-père** der Stiefvater
beaucoup *adv.* sehr, viel; **beaucoup de monde** viele Leute; **beaucoup de qc** viel/viele
la **beauté** die Schönheit
la **Belgique** Belgien → 1/A
la **belle-mère** die Stiefmutter
beurk *fam.* bäh
le **beurre** die Butter
bien *adv.* gut
bien sûr natürlich, selbstverständlich
bientôt *adv.* bald
Bienvenue ! Willkommen!
bilingue *m./f. adj.* zweisprachig, bilingual → 1/Voc
le **billet** das Ticket, der Schein, der Fahrschein
le **biscuit** der Keks
le **bisou** das Küsschen
bizarre *m./f. adj.* merkwürdig
la **blague** der Witz, der Scherz
blanc/blanche *adj.* weiß
le **bleu** Blau; **bleu/bleue** *adj.* blau
le **blog** der Blog
bof *fam.* Na ja. / Es geht so.
la **boisson** das Getränk
bon/bonne *adj.* gut, lecker; **Bon appétit !** Guten Appetit!; **Bonne idée !** Gute Idee!; **être bon/bonne en qc** in etw. gut sein
le **bonbon** das Bonbon
Bonjour ! Guten Tag!, Guten Morgen!
la **bosse** die Beule
la **boulangerie** die Bäckerei
les **boules** *f. pl.* Boule, das Boulespiel
le **bout du monde** das Ende der Welt → 4/1
la **bouteille** die Flasche
bravo bravo
bref *adv.* kurzum → 2/2
la **Bretagne** die Bretagne
le **bruit** der Lärm, das Geräusch
la **brute** der/die Unruhestifter/in
le **bulletin** das Zeugnis
le **bunker** der Bunker
le **bureau** / les **bureaux** das Büro, der Schreibtisch
le **bus** der Bus
le **but** das Ziel, das Tor; **marquer un but** ein Tor schießen, treffen; le **gardien** / la **gardienne (de but)** der/die Torwart/in

C

ça *fam.* / **cela** das; **Ça dépend.** Es kommt darauf an.; **ça explose** *fam.* es eskaliert, es kracht; **Ça marche !** *fam.* Geht klar!, das klappt!, O.k.!; **ça sent** es riecht (nach); **Ça suffit !** Es/Das reicht!; **Ça te dit ? / Ça vous dit ?** *fam.* Sagt dir/euch das zu?; **Ça va ?** Wie geht's? / Geht's (dir) gut?; **Ça va.** Es geht mir gut.; **ça veut dire** das heißt; **Ça y est !** *fam.* so, es ist soweit
la **cabane** die Hütte → 4/2
le **cadeau** / les **cadeaux** das Geschenk
le **café** das Café, der Kaffee
le **cahier** das Heft

calculer qc etw. berechnen, etw. ausrechnen
le **camping** das Zelten, der Zeltplatz
le **Canada** Kanada → 4/A
canadien/canadienne *adj.* kanadisch → 4/2
le **canoë** das Kanu, das Kanufahren → 2/2
la **cantine** die Kantine, der Speisesaal
la **capitale** die Hauptstadt
le **caractère** der Charakter
la **carotte** die Karotte, die Möhre
le **carrefour** die Kreuzung
la **carrière** die Karriere
la **carte** die Karte; la **carte postale** die Postkarte
le **carton (jaune/rouge)** die (gelbe/rote) Karte
en tout cas *adv.* jedenfalls, auf jeden Fall → 5/2
la **cascade** der Wasserfall
casser qc etw. zerbrechen, etw. kaputt machen → 1/2
la **catastrophe** die Katastrophe
la **cathédrale** die Kathedrale, der Dom
le **cauchemar** der Albtraum
le **CDI** die Schulbibliothek
ce/cet/cette/ces dieser/diese/dieses
Ce n'est pas ce que je veux dire. das meine ich nicht. → 5/Voc
Ce n'est pas pareil ! das ist nicht das Gleiche!
ce qui (ne) me plaît (pas) was mir (nicht) gefällt → 5/2
ça *fam.* / **cela** das
célèbre *m./f. adj.* berühmt
cent hundert
le **centime** der Cent
le **centimètre** der Zentimeter
le **centre** das Zentrum; le **centre commercial** / les **centres commerciaux** das Einkaufszentrum; le **centre-ville** das Stadtzentrum
les **céréales** *f. pl.* das Getreide, das Müsli, die Cornflakes
c'est das ist; **c'est à...** ... ist dran.; **C'est ça.** Genau., das stimmt.; **c'est dommage** das ist schade; **C'est l'horreur !** *fam.* das ist der Horror!; **C'est parti !** *fam.* Los geht's!; **C'est quoi, cette histoire ?** *fam.* Was soll das?; **C'est terminé !** das war's!
c'est pourquoi deshalb, daher → 3/2
c'était das war, es war
la **chaîne** der Kanal
la **chaise** der Stuhl
la **chambre** das Zimmer, das Schlafzimmer
le **champ** das Feld → 2/A
le **champion** / la **championne** der Champion, der/die Meister/in
la **chance** die Chance, das Glück → 5/2; **avoir de la chance** Glück haben
changer (qc) sich/etw. (ver-)ändern *wie* manger, *Konjugation S. 154* → 5/Voc
la **chanson** das Lied
chanter singen
le **chanteur** / la **chanteuse** der/die Sänger/in
chaque *inv.* jeder/jede/jedes → 1/2
la **chasse** die Jagd → 4/1
le **chat** die Katze, der Kater
le **château** / les **châteaux** das Schloss
chatter chatten
chaud/chaude *adj.* warm, heiß
la **chaussure** der Schuh → 5/2
le/la **chef** der/die Chef/in
le/la **chef de cuisine** der Chefkoch / die Chefköchin
le **chemin** der Weg → 2/Voc
cher/chère + *Anrede* lieber/liebe; **cher/chère** *adj.* teuer
chercher qn/qc jdn/etw. suchen
le **cheveu** / les **cheveux** das Haar → 3/Voc
chez bei; **chez moi** bei mir (zu Hause)
le **chien** der Hund; le **traîneau à chiens** der Hundeschlitten → 4/1
chiller *fam.* chillen
la **chimie** die Chemie
chinois/chinoise *adj.* chinesisch
les **chips** *f. pl.* die Kartoffelchips
le **choc** der Schock
le **chocolat** die Schokolade
choisir qn/qc jdn/etw. aussuchen, jdn/etw. auswählen *wie* finir, *Konjugation S. 155*
la **chose** die Sache, das Ding
chou *adj. inv. fam.* süß
le **chouchou** / la **chouchoute** *fam.* der Liebling
la **chouquette** die Chouquette
Chut ! Pst!
le **ciel** der Himmel → 2/Voc
le **cinéma** das Kino
la **cinquième** die siebte Klasse
la **classe** die Klasse
la **clé** der Schlüssel → 1/2
le **cliché** das Klischee
le **climat** das Klima → 4/Voc
cliquer sur qc auf etw. klicken
le **clown** der/die Clown/in
le **club** die AG, der Verein, der Klub
le **coca** die Cola
le **cœur** das Herz → 1/1
le **coffre** der Kofferraum → 3/1
le **coin (photo)** die (Foto-)Ecke
le **collège** die Schule
la **colo** *fam.* / la **colonie (de vacances)** das Feriencamp, die Themenfreizeit → 2/2
coloniser qn/qc jdn/etw. kolonisieren → 4/Voc
Combien... ? Wie viel ... ?; **Combien de... ?** Wie viel(e) ... ?
commander qc etw. bestellen
comme wie, wie z. B., als, da → 1/1; **comme ça** so
commencer qc etw. beginnen *Konjugation S. 154*
Comment... ? Wie ... ?
le **commentaire** der Kommentar
le **centre commercial** / les **centres commerciaux** das Einkaufszentrum
compliqué/compliquée *adj.* kompliziert
le **comportement** das Verhalten → 5/2
composer qc etw. komponieren
comprendre qn/qc jdn/etw. verstehen *wie* prendre, *Konjugation S. 157*
compter (pour qn) (jdm etw.) bedeuten, (für jdn etw.) zählen; **compter sur qn** auf jdn zählen
le **concert** das Konzert

le **concours** der Wettbewerb → 2/2
conduire qc etw. fahren, etw. lenken *wie* construire, *Konjugation S. 156* → 4/2
le **conflit** der Konflikt
connaître qn/qc jdn/etw. kennen *Konjugation S. 156* → 2/1
le **conseil** der Rat, Ratschlag
la **conséquence** die Folge, die Konsequenz → 5/1
la **console** die Konsole
construire qc etw. bauen *Konjugation S. 156* → 4/2
content/contente *adj.* zufrieden, froh
le **continent** der Kontinent
continuer weitergehen, weiterlaufen; **continuer (qc)** (etw.) weitermachen, (etw.) fortführen
le **contraire** das Gegenteil
le **contraste** der Kontrast → 5/2
contre gegen, dagegen
le **contrôle** die Kontrolle, die Leistungskontrolle
cool *adj. inv. fam.* cool
le **copain** / la **copine** der/die Freund/in
le **coquillage** die Muschel
correctement *adv.* korrekt, richtig → 3/2
le/la **corres** *fam.* / le **correspondant** / la **correspondante** der/die Brieffreund/in, der/die Austauschpartner/in
corriger qc etw. korrigieren, etw. berichtigen *wie* manger, *Konjugation S. 154*
d'un autre côté *adv.* andererseits → 5/Voc; **d'un côté** *adv.* einerseits → 5/Voc
ê **se coucher** sich hinlegen, schlafen gehen *Konjugation S. 158* → 1/1
coucou *fam.* hi
la **couleur** die Farbe
le **couloir** der Flur
du coup *fam.* daraufhin, deshalb, daher
couper qc etw. (ab-)schneiden → 3/Voc; ê **se couper** sich schneiden *wie* se coucher, *Konjugation S. 158* → 3/Voc
la **cour** der Schulhof, der Hof
le **courage** der Mut → 1/2
courageux/courageuse *adj.* mutig
courir rennen, laufen *Konjugation S. 156* → 2/2
le **cours** der Unterricht, die Unterrichtsstunde; **avoir cours** Unterricht haben; **en cours** im Unterricht
la **course** der Lauf, das Rennen
la **course-poursuite** die Verfolgungsjagd
les **courses** *f. pl.* die Einkäufe; **faire les courses** einkaufen
court/courte *adj.* kurz
le **cousin** / la **cousine** der/die Cousin/e
le **couteau** / les **couteaux** das Messer → 3/Voc
coûter kosten
le/la **CPE** der/die Schulbetreuer/in
créatif/créative *adj.* kreativ
créer qc etw. erschaffen, etw. gründen
la **crème** die Creme → 3/Voc, die Crème fraîche, die Sahne
créole *adj.* kreolisch
crier schreien
critiquer (qn/qc) (jdn/etw.) kritisieren
le/la **Croate** der Kroate / die Kroatin
la **cuisine** das Kochen, die Küche
la **culture** die Kultur
curieux/curieuse *adj.* neugierig, merkwürdig → 3/2
le **cyberharcèlement** das Cybermobbing

D

d'abord zuerst
d'accord einverstanden, okay
d'ailleurs *adv.* übrigens
dans in
la **danse** der Tanz, das Tanzen
danser tanzen
dater de + *Zeit* aus ... stammen → 2/Voc
de aus, von
débrouillard/débrouillarde *adj. fam.* geschickt, pfiffig
décembre Dezember
décider qc / de + *inf.* etw. entscheiden, beschließen etw. zu tun → 3/1
découvrir qn/qc jdn/etw. entdecken *wie* ouvrir, *Konjugation S. 155* → 1/1
décrire qn/qc jdn/etw. beschreiben *wie* écrire, *Konjugation S. 156* → 2/Voc
défendre (qn/qc) (jdn/etw.) verteidigen *wie* attendre, *Konjugation S. 155*; ê **se défendre** sich verteidigen → 1/2
le **défilé** der Umzug, die Parade → 1/2
le **degré** das Grad → 4/Voc
ê **se déguiser** sich (als jd/etw.) verkleiden *wie* se coucher, *Konjugation S. 158* → 1/2
dehors *adv.* draußen
déjà *adv.* schon, bereits
demain *adv.* morgen; **À demain !** Bis morgen!
demander (qc à qn) (jdn nach etw.) fragen, jdn um etw. bitten; **demander à qn de** + *inf.* jdn bitten etw. zu tun → 3/1; **demander si** fragen, ob
et demi/demie *adj.* halb
le **demi-frère** der Halbbruder
la **demi-sœur** die Halbschwester
la **dent** der Zahn
le **dentifrice** die Zahnpasta → 3/Voc
le **départ** die Abfahrt
ê **se dépêcher** sich beeilen *wie* se coucher, *Konjugation S. 158* → 1/1
dépendre de qn/qc von jdm/etw. abhängen, von jdm/etw. abhängig sein *wie* attendre, *Konjugation S. 155* → 1/Voc
depuis *adv.* seit, seitdem
dernier/dernière *adj.* letzter/letzte/letztes
derrière hinter
ê **descendre** aussteigen, hinuntergehen *wie* attendre, *Konjugation S. 155*
design *adj. inv.* stylish
le **dessert** die Nachspeise, das Dessert
dessiner qc etw. zeichnen

détester qn/qc / + *inf.* jdn/etw. (zu tun) hassen
deuxième *m./f. adj.* zweiter/zweite/zweites
devant vor
ê **devenir** werden *wie* venir, *Konjugation S. 157*
devoir + *inf.* etw. tun müssen *Konjugation S. 156*
les **devoirs** *m. pl.* die Hausaufgaben; **faire les devoirs** Hausaufgaben machen
la **différence** der Unterschied → 3/2
différent/différente *adj.* verschieden, unterschiedlich
difficile *m./f. adj.* schwer, schwierig
dimanche Sonntag, am Sonntag
dire qc (à qn) (jdm) etw. sagen *Konjugation S. 156*; **dire à qn de** + *inf.* jdn auffordern etw. zu tun; jdm sagen, dass er/sie etw. tun soll → 3/1
la **discussion** das Gespräch, die Diskussion → 5/Voc
discuter (de qc) (über etw.) reden, (über etw.) diskutieren
ê **se disputer** sich streiten *wie* se coucher, *Konjugation S. 158* → 2/2
le/la **documentaliste** der/die Bibliothekar/in
donc also, daher → 5/Voc
donner qc etw. geben, etw. aufgeben; **donner son avis (sur qc)** seine Meinung (zu etw.) äußern
dormir schlafen *wie* sortir, *Konjugation S. 155* → 3/Voc
la **douche** die Dusche
le **drapeau** die Fahne, die Flagge → 1/Voc
le **droit** das Recht → 5/1
drôle *m./f. adj.* lustig, spaßig
le **drone** die Drohne
du coup *fam.* daraufhin, deshalb, daher
dur/dure *adj.* hart, schwer
durer dauern, andauern

E

l' **eau / les eaux** *f.* das Wasser
l' **échange** *m.* der Tausch, der Austausch; **en échange** dafür, im Gegenzug → 4/1
échanger qc (contre qc) etw. austauschen, etw. (gegen etw.) tauschen *wie* manger, *Konjugation S. 154*
l' **école** *f.* die Schule
écolo *fam.* **/ écologique** *m./f. adj.* umweltbewusst, ökologisch, Öko-
écouter (qn/qc) (jdm) zuhören, etw. (an-)hören; **écouter de la musique** Musik hören
les **écouteurs** *m. pl.* die Kopfhörer
écrire qc (à qn) (jdm) etw. schreiben *Konjugation S. 156*
l' **égalité** *f.* die Gleichheit → 5/1
l' **électro** *f.* die Elektromusik
l' **éléphant** *m.* der Elefant
l' **élève** *m./f.* der/die Schüler/in
l' **emballage** *m.* die Verpackung
l' **émission** *f.* die Sendung
l' **emploi du temps** *m.* der Stundenplan
emprunter qc etw. (aus-)leihen
en in, aus → 1/2, in + *Fach*; im Jahr + *Jahreszahl*; mit + *Transportmittel* → 1/1; **en face de qn/qc** gegenüber von jdm/etw.; **en fait** *adv.* eigentlich, tatsächlich → 3/1; **en français/allemand** auf Französisch/Deutsch; **en général** *adv.* im Allgemeinen, normalerweise → 3/2; **en ligne** online; **en plus** außerdem; **en retard** zu spät, mit Verspätung; **en tout cas** *adv.* jedenfalls, auf jeden Fall → 5/2; **en ville** in die Stadt, in der Stadt
en face gegenüber
l' **enceinte** *f.* die Lautsprecherbox
encore *adv.* noch, wieder; **encore une fois** noch einmal
encourager qn jdn ermutigen *wie* manger, *Konjugation S. 154*
l' **endroit** *m.* der Ort, die Stelle
énerver qn jdn nerven, jdn ärgern; ê **s'énerver** sich aufregen *wie* se coucher, *Konjugation S. 158* → 3/2
l' **enfant** *m./f.* das Kind
enfin *adv.* endlich, schließlich → 2/2
engagé/engagée *adj.* engagiert
ê **s'engager** sich engagieren *wie* manger, *Konjugation S. 154* → 5/A
ennuyeux/ennuyeuse *adj.* langweilig → 5/2
enregistrer qc etw. aufnehmen, etw. speichern
ensemble *adv* zusammen
ensuite dann
entendre qn/qc jdn/etw. hören *wie* attendre, *Konjugation S. 155*; ê **(bien) s'entendre** sich (gut) verstehen → 2/2
ê **s'entraîner** trainieren *Konjugation S. 158* → 1/1
l' **entraîneur** / l'**entraîneuse** *m./f.* der/die Trainer/in
entre zwischen
l' **entrée** *f.* der Eingang, die Diele, die Vorspeise
ê **entrer** hineingehen, etw. betreten, hereinkommen; **entrer en guerre avec qn** gegen jdn in den Krieg ziehen → 4/1
environ *adv.* ungefähr, in etwa → 3/2
l' **environnement** *m.* die Umwelt → 3/2
l' **époque** *f.* die Zeit, die Epoche → 2/1
l' **EPS** *f.* Sport *Schulfach*
l' **équilibre** *m.* das Gleichgewicht → 2/2
l' **équipe** *f.* die Mannschaft, das Team
l' **érable** *m.* der Ahorn → 4/2
l' **escalade** *f.* Klettern
l' **escalier** *m.* die Treppe → 2/Voc
essayer qc / de + *inf.* etw. versuchen, etw. anprobieren; versuchen etw. zu tun *Konjugation S. 154* → 3/1
l' **est** *m.* der Osten → 4/Voc
et und; **Et avec ça ?** Darf es sonst noch etwas sein?; **Et toi ?** Und dir?, Und du?
et puis außerdem
l' **étagère** *f.* das Regal
l' **été** *m.* der Sommer
être sein *Konjugation S. 154*; **(être) né/née** geboren (sein); **être accro à qc** *fam.* nach etw. süchtig sein, von etw. abhängig sein; **être contre (qn/qc)** dage-

gen sein, gegen jdn/etw. sein; **être de bonne/mauvaise humeur** gute/schlechte Laune haben → 2/2; **être d'origine** *f.* **(allemande/française)** (deutscher/französischer) Herkunft sein; **être en colère** sauer sein, wütend sein; **être exclu/exclue (de qc)** (von etw.) ausgeschlossen sein → 5/1; **être fan de qn/qc** Fan von jdm/etw. sein; **être nul/nulle en qc** in etw. schlecht sein, in etw. eine Niete sein; **être pressé/pressée** in Eile sein, es eilig haben
faire des études studieren
l' **euro** *m.* der Euro
l' **Europe** *f.* Europa
l' **Européen** / l'**Européenne** der/die Europäer/in → 4/1
exagérer übertreiben *wie* préférer, *Konjugation S. 154*
l' **excursion** *f.* der Ausflug
l' **excuse** *f.* die Entschuldigung, die Ausrede
l' **exemple** *m.* das Beispiel; **par exemple / p. ex.** zum Beispiel / z. B.
l' **exercice** *m.* die Übung
exister existieren
l' **expérience** *f.* die Erfahrung → 3/1
expliquer qc etw. erklären
l' **explorateur** / l'**exploratrice** der/die Forscher/in → 4/1
l' **exposé** *m.* der Vortrag
l' **expression** *f.* der Ausdruck → 3/1
extraordinaire *m./f. adj.* außergewöhnlich

F

fabriquer qc etw. herstellen → 4/2
facile *m./f. adj.* leicht, einfach
faire qc etw. machen, etw. tun *Konjugation S. 156*; **faire attention** aufpassen; **faire confiance à qn** jdm vertrauen; **faire des études** studieren; **faire du/de la/de l'/des** etw. als Hobby ausüben; **faire la cuisine** kochen; **faire la fête** feiern; **faire le ménage** den Haushalt machen → 5/1; **faire les courses** einkaufen; **faire les devoirs** Hausaufgaben machen; **faire partie de qc** zu etw. gehören, Teil von etw. sein → 1/Voc; **faire son sac** seine Tasche packen/vorbereiten → 1/1; **il fait (beau/froid/chaud)** es ist (schön/kalt/warm)
faire un tour spazieren gehen, eine Runde drehen
en fait *adv.* eigentlich, tatsächlich → 3/1
la **famille** die Familie; la **famille d'accueil** die Gastfamilie → 3/A
le/la **fan** der Fan
la **farine** das Mehl
fatigué/fatiguée *adj.* müde → 3/1
la **faute** der Fehler, das Foul
la **femme** die Frau, die Ehefrau
la **fenêtre** das Fenster; **Est-ce que je peux ouvrir la fenêtre ?** Kann ich das Fenster öffnen?
le **fer à repasser** das Bügeleisen
fermer qc etw. schließen, etw. zumachen
le **festival** das Festival
la **fête** die Feier; la **fête nationale** der Nationalfeiertag → 1/Voc
fêter qc etw. feiern
le **feu d'artifice** das Feuerwerk → 1/2
la **feuille** das Blatt
février Februar
fier/fière (de qn/qc) *adj.* stolz (auf jdn/etw.)
la **fille** das Mädchen, die Tochter
le **film** der Film
filmer qn/qc jdn/etw. filmen
le **fils** der Sohn
la **fin** das Ende
la **finale** das Finale
finalement *adv.* letztendlich, schließlich
finir qc etw. beenden, enden *Konjugation S. 155*
le **fleuve** der Fluss
la **fois** / les **fois** das Mal
fonder qc etw. gründen → 4/1
le **foot(ball)** Fußball, das Fußballspielen
la **forêt** der Wald
la **forme** die Form
fort/forte *adj.* stark
fou/folle *adj.* verrückt, wahnsinnig
le **four** der Backofen
la **fraise** die Erdbeere
le **français** **Französisch,** die französische Sprache; **français/française** *adj.* französisch; le **Français** / la **Française** der Franzose / die Französin
la **France** Frankreich
franco-allemand / franco-allemande *adj.* deutsch-französisch → 3/A
francophone *m./f. adj.* französischsprachig → 1/A
le **frère** der Bruder; le **demi-frère** der Halbbruder
les **frères et sœurs** *m. pl.* die Geschwister
les **frites** *f. pl.* die Pommes frites → 1/Voc
froid/froide *adj.* kalt
le **fromage** der Käse
le **fruit** die Frucht, das Obst

G

gagner (qc) (etw.) gewinnen; **gagner de l'argent** Geld verdienen
le **gamer** / la **gameuse** der/die Gamer/in
le **garçon** der Junge
garder qc etw. behalten → 3/2
le **gardien** / la **gardienne (de but)** der/die Torwart/in
la **gare** der Bahnhof
le **gaspillage** die Verschwendung
gaspiller qc etw. verschwenden
le **gâteau** / les **gâteaux** der Kuchen; le **gâteau aux pommes** der Apfelkuchen
le **geek** der Nerd, der Computernerd
en général *adv.* im Allgemeinen, normalerweise → 3/2
la **génération** die Generation → 5/1
génial *m.* / **géniale** *f.* / **géniaux** *m. pl.* / **géniales** *f. pl. adj.* toll, genial
le **genre (de qc)** die Art
les **gens** *m. pl.* die Leute
la **géographie** (die) Geografie, (die) Erdkunde

gigantesque *m./f. adj.* gigantisch, riesig → 2/1
la **glace** das Eis, das Speiseeis → 4/Voc
le **gladiateur** der Gladiator → 2/1
le **gramme** das Gramm
grand/grande *adj.* groß
la **grand-mère** die Großmutter
le **grand-père** der Großvater
grandir aufwachsen, wachsen *wie* finir, *Konjugation S. 155*
les **grands-parents** *m. pl.* die Großeltern
le **gratin** das Gratin, der Auflauf
gratuit/gratuite *adj.* kostenlos, gratis
grave *m./f. adj.* schlimm
la **grotte** die Grotte → 2/2
le **groupe** die Gruppe, die Band; **en groupe** in der Gruppe
la **Guadeloupe** Guadeloupe
entrer en guerre avec qn gegen jdn in den Krieg ziehen → 4/1
la **guitare** die Gitarre

H

l' **habitant / l'habitante** *m./f.* der/die Bewohner/in, der/die Einwohner/in
habiter wohnen
l' **habitude** *f.* die Gewohnheit → 3/A; **d'habitude** *adv. normalerweise, für gewöhnlich* → 2/2
le **handball** Handball, das Handballspielen
haut/haute *adj.* hoch
les **hauts et les bas** *m. pl.* die Höhen und Tiefen, das Auf und Ab
la **hauteur** die Höhe
le **héros / l'héroïne** *m./f.* der/die Held/in
l' **heure** *f.* die Stunde, die Uhr, die Uhrzeit; **à… heure(s)** um … Uhr; **À quelle heure ?** Um wie viel Uhr?; **c'est l'heure de qc** es ist Zeit für etw.; **Il est quelle heure ?** Wie viel Uhr ist es? / Wie spät ist es?
heureusement *adv.* glücklicherweise → 3/2
heureux/heureuse *adj.* glücklich
hier *adv.* **gestern**
le **hip-hop** der Hip-Hop
l' **histoire** *f.* die Geschichte; **C'est quoi, cette histoire ?** *fam.* Was soll das?; l'**histoire-géo** *f.* Geschichte und Erdkunde
l' **hiver** *m.* der Winter
le **hockey sur glace** Eishockey → 4/2
l' **homme** *m.* der Mann
homosexuel/homosexuelle *adj.* homosexuell
horrible *m./f. adj.* schrecklich → 5/Voc
l' **hôtel** *m.* das Hotel
l' **humour** *m.* der Humor

I

ici *adv.* hier
l' **idée** *f.* die Idee; **Bonne idée !** Gute Idee!
il fait (beau/froid/chaud) es ist (schön/kalt/warm); **il pleut** es regnet
il faut qc man braucht / wir brauchen etw.; **il faut** + *inf.* man muss / wir müssen etw. tun; **il ne faut pas** + *inf.* man darf/sollte etw. nicht tun, wir dürfen/sollten etw. nicht tun
il y a es gibt
l' **île** *f.* die Insel
l' **image** *f.* das Bild → 2/Voc
imiter qn/qc jdn nachahmen, etw. nachmachen
important/importante *adj.* wichtig
l' **impression** *f.* der Eindruck
impressionnant/impressionnante *adj.* beeindruckend
l' **inégalité** *f.* die Ungleichheit → 5/A
l' **info** *fam.* / l'**information** *f.* die Info, die Information
l' **ingénieur / l'ingénieure** *m./f.* **der/die Ingenieur/in**
injuste *m./f. adj.* ungerecht → 5/1
les **inséparables** *m./f. pl.* die Unzertrennlichen
l' **instrument** *m.* das Instrument
intelligent/intelligente *adj.* intelligent
l' **intello** *m./f. fam.* der/die Streber/in
interdire (à qn) de + *inf.* jdm verbieten etw. zu tun *wie* dire, *Konjugation S. 156* → 5/2
intéressant/intéressante *adj.* interessant
Internet *m.* das Internet; **surfer (sur Internet)** (im Internet) surfen
inventer qc etw. erfinden
l' **invitation** *f.* die Einladung
inviter qn jdn einladen

J

le **jambon** der Schinken
janvier Januar
le **jardin** der Garten
jaune *m./f. adj.* gelb
le **jaune** Gelb
Je te jure ! *fam.* (Ganz) Ehrlich!, Ich schwör's!
J'en ai assez ! Ich hab genug!, Mir reicht's! → 2/2
je voudrais ich möchte gern; **je voudrais** + *inf.* ich möchte gern etw. tun
j'espère que ich hoffe, dass
jeter qc etw. werfen, etw. wegwerfen *Konjugation S. 154* → 1/2
le **jeu vidéo** das Videospiel
jeudi Donnerstag, am Donnerstag
jeune *m./f. adj.* jung
le/la **jeune** der/die Jugendliche
joli/jolie *adj.* hübsch
jouer spielen; **jouer à** + *Name* etw. spielen; **jouer au / à la / à l' / aux** etw. spielen *Spiel/Sport*; **jouer du / de la / de l' / des** etw. spielen *Instrument*
le **joueur** / la **joueuse** der/die Spieler/in
le **jour** der Tag, tagsüber, am Tag
la **journée** der Tag
juillet Juli
juin Juni
le **jury** die Jury
le **jus** der Saft
jusqu'à *örtlich + zeitlich* bis
juste *m./f. adj.* gerecht
justement *adv.* genau, eben, gerade → 5/Voc

K

le **kilo** das Kilo

le **kilomètre** der Kilometer; le **kilomètre carré** der Quadratkilometer → 4/Voc

L

là *adv.* da, hier
le **lac** der See → 1/A
laisser qc etw. lassen, etw. hinterlassen; **laisser qn tranquille** jdn in Ruhe lassen
le **lait** die Milch
la **langue** die Sprache → 1/Voc
le **lapin** das Kaninchen
le **latin** Latein
la **lavande** der Lavendel → 2/A
laver qc etw. waschen, etw. abspülen → 3/2
le **lecteur** / la **lectrice** der/die Leser/in → 1/2
le **légume** / les **légumes** *m. pl.* das Gemüse
la **lettre** der Buchstabe
leur/leurs ihr/e
se lever aufstehen *wie* acheter, *Konjugation S. 154* → 1/1
la **levure** das Backpulver, die Hefe
la **liberté** die Freiheit → 4/2
le **lien** der Link
la **ligne** die Linie → 4/2
liker qn/qc *fam.* jdn/etw. liken
lire (qc) (etw.) lesen *Konjugation S. 157*
la **liste** die Liste
le **lit** das Bett
le **livre** das Buch
loin *adv.* weit (weg)
long/longue *adj.* lang
longtemps *adv.* lange
la **longueur** die Länge
le **look** der Look, das Outfit
la **lumière** das Licht → 2/Voc
lundi Montag, am Montag
les **lunettes** *f. pl.* die Brille
lutter (pour/contre qc) (für/gegen etw.) kämpfen → 5/A
le **Luxembourg** Luxemburg → 1/A
le **luxembourgeois** Luxemburgisch, die luxemburgische Sprache → 1/A

M

la **machine** die Maschine
Madame/Mme Frau
la **madeleine** die Madeleine
le **magasin** das Geschäft, der Laden
magique *m./f. adj.* magisch → 2/1
mai Mai
maintenant *adv.* jetzt
mais aber, sondern → 4/1;
Mais non ! *fam.* Aber nein!, Nicht doch!
la **maison** das Haus
mal *adv.* schlecht, falsch → 3/1
malade *m./f. adj.* krank
la **maladie** die Krankheit → 5/1
le **malentendu** das Missverständnis → 3/A
malheureusement *adv.* leider, unglücklicherweise → 2/2
maman *f.* Mama
le **manga** der/das Manga
manger qc etw. essen *Konjugation S. 154*
de manière + *adj.* auf ... Art und Weise → 3/2
manquer (à qn) (jdm) fehlen → 3/1
le **marché** der Markt
marcher laufen, gehen, funktionieren
mardi Dienstag, am Dienstag
la **marée basse** die Ebbe, das Niedrigwasser
la **marée haute** die Flut, das Hochwasser
marocain/marocaine *adj.* marokkanisch
mars März
le **match** das Spiel
les **maths** *fam.* / les **mathématiques** *f. pl.* Mathe/Mathematik
la **matière** das Schulfach
le **matin** der Morgen, der Vormittag, am Vormittag
mauvais/mauvaise *adj.* schlecht
la **mécanique** die Mechanik
la **médaille** die Medaille
le **médecin** der Arzt / die Ärztin → 5/1
les **médias** *m. pl.* die Medien
le **médiateur** / la **médiatrice** der/die Vermittler/in
meilleur/meilleure que besser als; le **meilleur** / la **meilleure** *adj.* der/die/das beste
la **mélodie** die Melodie
même *adv.* sogar
le/la **même** *adj.* der-/die-/dasselbe, der/die/das Gleiche; **(ne...) même pas** nicht einmal → 5/2
même si auch wenn, selbst wenn → 3/1
mener führen, in Führung liegen *wie* acheter, *Konjugation S. 154*
le **menu** das Menü
la **mer** das Meer, die See
merci danke
mercredi Mittwoch, am Mittwoch
la **mère** die Mutter
le **message** die Botschaft, die Aussage, die Nachricht
le **métal** das Metall → 3/Voc
le **mètre** der Meter
le **métro** die U-Bahn, die Metro
mettre qc etw. stellen, etw. setzen, etw. legen, etw. anziehen *Konjugation S. 157*; **mettre la pression à qn** jdn unter Druck setzen; **mettre qc à la poubelle** etw. in den Müll werfen; **mettre... minutes** ... Minuten benötigen → 1/1
miam *fam.* lecker
midi zwölf Uhr mittags, Mittag, mittags
le **miel** der Honig
au milieu (de qc) in der Mitte (von etw.), mitten in
mille *adj.* tausend
le **million** die Million
minuit Mitternacht
la **minute** die Minute; **mettre... minutes** ... Minuten benötigen → 1/1
la **mission** die Mission
la **mi-temps** die Halbzeit
moche *m./f. adj.* hässlich
moderne *m./f. adj.* modern
moi ich; **moi non** ich nicht; **moi non plus** ich auch nicht; **moi si** doch, ich schon; **moi, c'est** + *Name* ich heiße + *Name*
moins *adv.* weniger, minus; **moins... que** weniger ... als, nicht so ... wie; **moins de** *adv.* weniger → 4/2; **moins le quart** Viertel vor
le **mois** der Monat
le **moment** der Moment, der Augenblick

mon/ma/mes mein/e
le **monde** die Welt; **beaucoup de monde** viele Leute
la **monnaie** die Währung → 1/Voc
Monsieur/M. Herr
la **montagne** der Berg, das Gebirge
ê **monter** steigen, hinaufsteigen, ansteigen
montrer qc (à qn) (jdm) etw. zeigen → 2/Voc
le **monument** das Bauwerk, das Denkmal
le **morceau** / les **morceaux** das Stück → 3/2
le **mot** das Wort; **mot à mot** wortwörtlich, Wort für Wort → 3/1
motivant/motivante *adj.* motivierend
la **moto** das Motorrad
la **motoneige** der Motorschlitten, das Schneemobil → 4/2
le **Moyen-Âge** das Mittelalter → 2/1
la **moyenne** der Durchschnitt; **avoir la moyenne** bestehen
le **mur** die Mauer, die Wand
le **musée** das Museum
la **musique** die Musik; **écouter de la musique** Musik hören
mystérieux/mystérieuse *adj.* geheimnisvoll, mysteriös → 2/1

N

nager schwimmen *wie* manger, *Konjugation S. 154*
national *m.* / **nationale** *f.* / **nationaux** *m. pl.* / **nationales** *f. pl. adj.* national, National-
la **fête nationale** der Nationalfeiertag → 1/Voc
la **nature** die Natur
ne... pas nicht; **ne... plus** nicht mehr; **(ne...) même pas** nicht einmal → 5/2; **(ne...) pas du tout** gar nicht → 5/Voc; **ne... rien** nichts; **ne... jamais** nie; **ne... pas de qc** kein/keine/keinen; **ne... pas trop** nicht so sehr, nicht so gern; **ne... plus de qc** kein/keine/keinen ... mehr; **ne... personne** niemand → 2/2
le **néerlandais** Niederländisch, die niederländische Sprache → 1/Voc
la **neige** der Schnee → 4/Voc
N'importe quoi ! *fam.* So ein Quatsch!
le **noir** Schwarz; **noir/noire** *adj.* schwarz
le **nom** der Name, der Nachname
non *adv.* nein; **Mais non !** *fam.* Aber nein!, Nicht doch!; **non ?** *fam.* nicht wahr?, oder?
le **nord** der Norden → 4/Voc
normal *m.* / **normale** *f.* / **normaux** *m. pl.* / **normales** *f. pl. adj.* normal
la **note** die Note
notre/nos unser/e
nouveau / **nouvel** *m.* / **nouvelle** *f.* / **nouveaux** *m. pl.* / **nouvelles** *f. pl. adj.* neu
novembre November
le **nuage** die Wolke → 2/Voc
la **nuit** die Nacht, nachts
nul/nulle *adj.* miserabel, doof, schlecht; **être nul/nulle en qc** in etw. schlecht sein, in etw. eine Niete sein
le **numéro** die Nummer

O

l' **objet** *m.* das Objekt, der Gegenstand → 3/Voc
obliger qn à + *inf.* jdn zwingen etw. zu tun → 5/1
observer qn/qc jdn/etw. beobachten → 4/1
l' **océan** *m.* der Ozean → 4/Voc
octobre Oktober
l' **œil** / les **yeux** *m.* das Auge → 3/1
l' **œuf** / les **œufs** *m.* das Ei
l' **œuvre d'art** *f.* das Kunstwerk
officiel/officielle *adj.* offiziell → 1/Voc
offrir qc à qn jdm etw. schenken, jdm etw. anbieten *wie* ouvrir, *Konjugation S. 155* → 1/2
oh là là oje
l' **oiseau** / les **oiseaux** *m.* der Vogel → 2/2
on pourrait + *inf.* wir könnten, man könnte
On y va ! Los geht's!, Wir gehen dahin!
l' **oncle** *m.* der Onkel
onze elf
l' **or** *m.* das Gold
orange *adj. inv.* orange
l' **orange** *f.* die Orange, die Apfelsine
l' **ordinateur** *m.* der Computer
l' **oreiller** *m.* das Kopfkissen → 3/Voc
organiser qc etw. organisieren
original *m.* / **originale** *f.* / **originaux** *m. pl.* / **originales** *f. pl. adj.* originell
ou oder
où wo; **Où... ?** Wo ...?, Wohin ...?
oublier qc etw. vergessen
l' **ouest** *m.* der Westen
oui *adv.* ja; **oui et non** ja und nein, teils teils
l' **ours** / les **ours** *m.* der Bär → 4/A
ouvert/ouverte *adj.* offen → 5/2
ouvrir qc etw. öffnen, etw. aufschlagen *Konjugation S. 155* → 1/1

P

le **paddle** das Stand-up-Paddling → 2/1
la **page** die Seite
le **pain** das Brot
la **paix** der Frieden → 4/2
la **pancarte** das Schild
le **panneau** / les **panneaux** → 4/A
le **pansement** das Pflaster, der Verband → 3/Voc
papa *m.* Papa
le **papier** das Papier, das Dokument
Pâques *f. pl.* Ostern → 1/2
le **paquet** die Packung, das Paket
par pro, über, durch → 4/1
par contre jedoch, allerdings
par exemple / **p. ex.** zum Beispiel / z. B.
le **parc** der Park
parce que weil
le **parcours** der Rundgang, die Strecke
pardon Verzeihung, Entschuldigung
Ce n'est pas pareil ! das ist nicht das Gleiche!
les **parents** *m. pl.* die Eltern
parfois *adv.* manchmal
parler sprechen; **parler à qn** mit jdm sprechen; **parler de qc** über etw. sprechen; **parler de tout et de rien** über alles Mögliche sprechen

partager qc etw. teilen *wie* manger, *Konjugation S. 154*
participer à qc an etw. teilnehmen; **participer en cours** im Unterricht mitarbeiten
la **partie** der Teil → 1/Voc; **faire partie de qc** zu etw. gehören, Teil von etw. sein → 1/Voc
partir losgehen, wegfahren *wie* sortir, *Konjugation S. 155*; **partir en week-end** am Wochenende wegfahren
partout *adv.* überall, unentschieden; **on en met partout** man tut es überall dran/dazu → 4/2
le **passage** die Passage, der Durchgang
passer verbringen; **passer (chez qn)** (bei jdm) vorbeikommen, (bei jdm) vorbeigehen; **passer du temps (avec qn)** (mit jdm) Zeit verbringen; **passer le ballon à qn** jdm den Ball zuspielen; **Tu me passes... ?** Reichst du mir ...?
la **passion** die Leidenschaft
la **pâte** der Teig
la **patinoire** die Eisbahn, die Schlittschuhbahn → 4/1
la **pâtisserie** die Konditorei, das Gebäck
la **pause** die Pause
payer (qc) zahlen, etw. bezahlen *wie* essayer, *Konjugation S. 154* → 3/2
le **pays** das Land
le **paysage** die Landschaft
les **Pays-Bas** *m. pl.* die Niederlande → 1/Voc
la **peau** die Haut → 5/1
la **pêche** das Angeln, das Fischen → 4/1
peint/peinte *adj.* bemalt → 4/A
le **penalty** der Strafstoß, der Elfmeter
pendant während
penser denken
perdre (qn/qc) (jdn/etw.) verlieren *wie* attendre, *Konjugation S. 155*
le **père** der Vater; le **beau-père** der Stiefvater
la **permanence** *beaufsichtigte Freiarbeit zum Lernen und Hausaufgaben machen*
la **perruque** die Perücke
le **personnage** die Figur, die Rolle → 5/2
la **personne** die Person; **ne... personne** niemand → 2/2
petit/petite *adj.* klein
le **petit-déjeuner** das Frühstück
peu (de) *adv.* wenig → 4/1
le **peuple** das Volk → 4/Voc
peut-être *adv.* vielleicht → 2/Voc
la **photo** das Foto, die Fotografie
la **phrase** der Satz
le **piano** das Klavier
le **piment** die Chili(schote)
le **ping-pong** Tischtennis
le **pique-nique** das Picknick
la **pizza** die Pizza
la **place** der Platz
la **plage** der Strand
la **planète** der Planet
la **plante** die Pflanze
le **plastique** das Plastik, der Kunststoff → 3/Voc
le **plat** das Hauptgericht, das Gericht
plein de *adv.* viel, viele
la **plupart (de)** die meisten → 4/Voc
plus *adv.* mehr; **plus... que** mehr ... als; **plus de** *adv.* mehr → 4/2
plus fort lauter
plus tard *adv.* später
plusieurs *adj. pl.* mehrere → 2/A
plutôt *adv.* eher, lieber
le **point faible** der Schwachpunkt
le **poisson** der Fisch
le **poivre** der Pfeffer
le **policier** / la **policière** der/die Polizist/in
polonais/polonaise *adj.* polnisch
la **pomme** der Apfel
la **pomme de terre** die Kartoffel
le **pont** die Brücke
populaire *m./f. adj.* beliebt
le **port** der Hafen
le **portable** das Handy
la **porte** die Tür, das Tor
porter qc etw. tragen
poser une question (à qn) (jdm) eine Frage stellen
possible *m./f. adj.* möglich → 3/1
poster qc etw. posten
le **poster** das Poster
le **potiron** der Kürbis
la **poubelle** der Mülleimer
pour für, dafür, nach; **pour** + *inf.* um etw. zu tun, zum ...; **pour moi** für mich
pour cent Prozent → 4/Voc
Pourquoi... ? Warum ... ?
pouvoir + *inf.* etw. tun können *Konjugation S. 157*
précis/précise *adj.* genau, exakt, klar
préféré/préférée *adj.* Lieblings-
préférer qc / + *inf.* etw. bevorzugen *Konjugation S. 154*; **ce que je préfère** das, was ich am meisten mag → 5/2
le **préjugé** das Vorurteil → 5/1
premier/première *adj.* erster/erste/erstes
le **premier plan** der Vordergrund → 2/Voc
prendre qc etw. nehmen *Konjugation S. 157*; **prendre (à gauche / à droite)** (links/rechts) abbiegen
préparer qc etw. vorbereiten, etw. zubereiten; **se préparer** sich fertig machen, sich vorbereiten *wie* se coucher, *Konjugation S. 158* → 1/1
près *adv.* nahe, in der Nähe; **près de** + *Ort* bei, in der Nähe von
présenter qn/qc (à qn) (jdm) jdn/etw. vorstellen
presque *adv.* fast, beinahe
la **pression** der Druck
prêter qc (à qn) (jdm) etw. (ver-)leihen
principal/principale/principaux *m. pl. adj.* Haupt- → 5/2
le **principal** / la **principale** der/die Schulleiter/in
le **printemps** der Frühling
la **prison** das Gefängnis → 2/1
le **prix** / les **prix** der Preis
le **problème** das Problem
le/la **prof** *fam.* / le **professeur** / la **professeure** der/die Lehrer/in
le **progrès** der Fortschritt → 3/1

proposer qc (à qn) (jdm) etw. anbieten, (jdm) etw. vorschlagen → 1/2
propre *m./f. adj.* sauber
protéger qn/qc jdn/etw. schützen, jdn/etw. bewahren *Konjugation S. 154* → 3/2
la **province** die Provinz → 4/Voc
puissant/puissante *adj.* mächtig

Q

le **quai** der Bahnsteig
quand wenn, immer wenn, als; **Quand... ?** Wann ... ?
quand même trotzdem, dennoch
le **quart** das Viertel; **et quart** Viertel nach
le **quartier** das Viertel
que dass, den/die/das
le **Québec** Quebec → 4/A
le **Québécois** / la **Québécoise** der/die Einwohner/in von Quebec → 4/Voc
quel/quelle/quels/quelles welcher/welche/welches, was für ein/eine
quelque chose etwas; **quelque chose de** + *adj.* etwas + *Adjektiv* → 3/Voc
quelqu'un jemand
Qu'est-ce que... ? Was ... ?
Qu'est-ce que tu en penses ? Was hältst du davon?
Qu'est-ce qui s'est passé ? Was ist passiert? → 2/2
la **question** die Frage; **poser une question (à qn)** (jdm) eine Frage stellen
qui der/die/das
Qui... ? Wer ... ?
la **quiche** die Quiche
quitter qn/qc jdn/etw. verlassen
Quoi ? *fam.* Was?

R

le **racisme** der Rassismus → 5/1
raciste *m./f. adj.* rassistisch → 5/1
raconter qc etw. erzählen; **raconter sa vie** *fam.* seine Lebensgeschichte erzählen
râler *fam.* meckern, motzen; **râler contre qn/qc** über jdn/etw. meckern, über jdn/etw. motzen → 3/1
ramasser qc etw. sammeln
ranger qc etw. aufräumen, etw. ein-/ausräumen *wie* manger, *Konjugation S. 154*
le **rap** der Rap
rapide *m./f. adj.* schnell
rapporter qc etw. zurückbringen → 3/2
rapprocher qn/qc jdn/etw. einander näherbringen
le **rat** die Ratte
rater qn/qc jdn/etw. verpassen
réagir reagieren *wie* finir, *Konjugation S. 155* → 5/1
réaliser qc etw. verwirklichen → 5/A
réaliste *m./f. adj.* realistisch → 5/Voc
la **recette** das (Koch-)Rezept
le **réchauffement climatique** die Klimaerwärmung → 5/1
recommencer wieder anfangen, etw. noch einmal tun *wie* commencer, *Konjugation S. 154* → 3/2
le **record** der Rekord
la **récré** *fam.* / la **récréation** die Pause
refuser qc / de + *inf.* etw. ablehnen, sich weigern etw. zu tun → 5/2
regarder qn/qc jdn/etw. ansehen, jdn/etw. anschauen
la **région** die Gegend, die Region
la **règle** die Regel → 5/1
la **relation** die Beziehung → 5/2
remarquer qn/qc jdn/etw. bemerken
rencontrer qn jdm begegnen, jdn treffen
rendre qc (à qn) (jdm) etw. zurückgeben *wie* attendre, *Konjugation S. 155*
ê **rentrer** nach Hause fahren/gehen
réparer qc etw. reparieren → 2/1
le **repas** das Essen, die Mahlzeit
répéter qc etw. wiederholen *wie* préférer, *Konjugation S. 154*
répondre (à qn/qc) (jdm) antworten, etw. beantworten *wie* attendre, *Konjugation S. 155*
la **réponse** die Antwort
ê **se reposer** sich ausruhen *wie* se coucher, *Konjugation S. 158* → 1/1
les **réseaux sociaux** *m. pl.* die sozialen Netzwerke
la **réserve** das Reservat → 4/1
le **respect** der Respekt → 4/2
ressembler à qn/qc jdm/etw. ähneln, jdm/etw. ähnlich sein → 1/2
le **restaurant** das Restaurant
le **reste** der Rest
ê **rester** bleiben; **il reste...** (nur) noch ...
le **résultat** das Ergebnis
ê **retourner** zurückkehren
retrouver qn jdn treffen, jdn wiederfinden
La Réunion La Réunion
le **Réunionnais** / la **Réunionnaise** der/die Reunionaiser/in
réussir (qc) es/etw. schaffen, gelingen, etw. bestehen *wie* finir, *Konjugation S. 155*
réutiliser qc etw. wiederverwenden → 3/2
le **rêve** der Traum
le **réveil** der Wecker
rêver träumen
réviser (qc) (etw.) lernen, etw. wiederholen
rigoler lachen; **rigoler (bien)** (viel) lachen, (echt) Spaß haben
la **rivière** der Fluss → 2/Voc
le **riz** der Reis
le **rocher** der Felsen → 2/Voc
le **roi** / la **reine** der/die König/in → 2/1
le **rôle** die Rolle → 5/2
romain/romaine *adj.* römisch → 2/1
le **roman** der Roman
rouge *m./f. adj.* rot
le **rouge** Rot
rouler fahren, rollen
la **route** die Landstraße, die Fernverkehrsstraße
la **rue** die Straße; la **rue piétonne** die Fußgängerzone

S

le **sac** die Tasche, die Schultasche; **faire son sac** seine Tasche pa-

cken/vorbereiten → 1/1; le **sac de couchage** der Schlafsack
la **saison** die Jahreszeit, die Staffel
la **salade** der Salat
salé/salée *adj.* salzig, gesalzen
la **salle** der (Unterrichts-)Raum; la **salle de bains** das Badezimmer; la **salle des profs** das Lehrerzimmer
le **salon** das Wohnzimmer
Salut ! *fam.* Hallo!, Tschüss!
samedi Samstag, am Samstag
le **sandwich** das Sandwich
sans ohne; **sans** + *inf.* ohne etw. zu tun
sauf außer, abgesehen von
savoir qc etw. wissen *Konjugation S. 157* → 3/1
la **scène** die Szene → 5/2
la **science** die Wissenschaft; les **sciences physiques** *f. pl.* Physik
le **score** der Spielstand; le **score est de… à…** es steht … zu …
le **sèche-cheveux** der Fön, der Haartrockner → 3/Voc
le **secret** das Geheimnis
le **sel** das Salz
la **semaine** die Woche
ê**se sentir** sich fühlen *wie* sortir, *Konjugation S. 155* → 5/1; ê**se sentir (mal) à l'aise** sich (nicht) wohlfühlen → 5/1
séparé/séparée *adj.* getrennt
septembre September
la **série** die Serie
sérieux/sérieuse *adj.* ernst, ernsthaft
seul/seule *adj.* allein
seulement *adv.* nur (noch), erst
sévère *m./f. adj.* streng
sévèrement *adv.* streng → 3/2
le **shopping** das Einkaufen, das Shoppen
si *adv.* doch, wenn, falls → 1/2
le **siècle** das Jahrhundert → 2/Voc
la **sieste** der Mittagsschlaf, die Siesta
s'il te plaît bitte *du*
s'il vous plaît bitte *Sie*
le **sirop** der Sirup → 4/2
le **site (web)** die (Web-)Seite
la **sixième** die sechste Klasse
le **skate** das Skateboard; le **skatepark** der Skatepark
le **ski** der Ski, das Skifahren; le **ski de bosses** das Buckelpistenfahren
les **sneakers** *m. pl.* die Sneakers
la **société** die Gesellschaft → 5/Voc
la **sœur** die Schwester; la **demi-sœur** die Halbschwester
le **soir** Abend, abends
la **soirée** der Abend
le **soleil** die Sonne
la **solution** die Lösung
son/sa/ses sein/e, ihr/e
sonner klingeln
une sorte de eine Art + *Nomen*, eine Sorte → 3/Voc
ê**sortir** ausgehen, hinausgehen *Konjugation S. 155*
la **soupe** die Suppe
sous unter
le **sous-marin** das U-Boot
ê**se souvenir de qn/qc** sich an jdn/etw. erinnern *wie* venir, *Konjugation S. 157* → 4/1
le **souvenir** die Erinnerung, das Souvenir
souvent *adv.* oft
les **spaghettis** *m. pl.* die Spaghetti
la **spécialité** die Spezialität
le **spectacle** die Vorstellung, die Show
le **sport** der Sport
sportif/sportive *adj.* sportlich
le **stade** das Stadion
la **star** der Star
le **steak** das Steak
le **stress** der Stress
stresser qn jdn stressen
le **stylo** der Stift, der Kugelschreiber
le **succès** der Erfolg
le **sucre** der Zucker
sucré/sucrée *adj.* süß, gezuckert
le **sud** der Süden → 4/Voc
Ça suffit ! Es/Das reicht!; **il (ne) suffit (pas) de** + *inf.* es reicht/genügt (nicht) etw. zu tun → 5/Voc
la **Suisse** die Schweiz → 1/A
super *adj. inv. fam.* super, toll
le **supermarché** der Supermarkt
sur über, auf, an, von; **sur Internet** im/ins Internet
sûr/sûre *adj.* sicher → 5/Voc
surfer (sur Internet) (im Internet) surfen
la **surprise** die Überraschung
surtout *adv.* vor allem
le **surveillant** / la **surveillante** die Aufsichtsperson
surveiller qn/qc jdn/etw. überwachen, jdn/etw. beaufsichtigen
les SVT *f. pl.* Biologie *Schulfach*
le **symbole** das Symbol, das Zeichen → 1/Voc
symboliser qn/qc jdn/etw. symbolisieren, jdn/etw. versinnbildlichen → 4/2
sympa *fam.* / **sympathique** *m./f. adj.* nett, sympathisch
le **système** das System

T

la **table** der Tisch
le **tableau** / les **tableaux** das Gemälde → 2/Voc, die Tafel
la **tablette** das Tablet
le **talent** das Talent
la **tante** die Tante
le **tapis** der Teppich → 2/1
tard *adv.* spät
la **techno(logie)** Technik
la **télé** *fam.* / la **télévision** der Fernseher
télécharger qc etw. herunterladen *wie* manger, *Konjugation S. 154*
téléphoner à qn telefonieren, (jdn) anrufen
la **température** die Temperatur
le **temps** das Wetter → 2/A, die Zeit; **passer du temps (avec qn)** (mit jdm) Zeit verbringen; **tout le temps** die ganze Zeit, ständig
tenir halten *wie* venir, *Konjugation S. 157* → 3/1
terminer (qc) enden, etw. beenden, aufhören
le **terrain** der Platz
le **territoire** das Gebiet → 4/Voc
le **test** der Test
la **tête** der Kopf
le **texte** der Text
le **théâtre** das Theater
le **thème** das Thema
timide *m./f. adj.* schüchtern

tirer ziehen, schießen

toi du; **Et toi ?** Und dir?, Und du?

les **toilettes** *f. pl.* die Toilette

la **tomate** die Tomate

tomber fallen, hinfallen; **tomber amoureux/amoureuse (de qn)** sich (in jdn) verlieben

ton/ta/tes dein/e

la **tortue** die Schildkröte

tôt *adv.* früh

touchant/touchante *adj.* rührend, ergreifend → 5/2

toujours *adv.* immer, immer noch → 2/1

la **tour** der Turm

le **tour** die Tour, die Reise, die Rundfahrt

le/la **touriste** der/die Tourist/in

tout alles; **(ne...) pas du tout** gar nicht → 5/Voc; **tout le / toute la, tous les / toutes les** *adj.* ganzer/ganze/ganzes, alle; **tout le monde** alle; **tout le temps** die ganze Zeit, ständig

tout à coup plötzlich

tout de suite *adv.* sofort

tout droit *adv.* geradeaus

la **tradition** die Tradition → 1/2

traditionnel/traditionnelle *adj.* traditionell → 1/2

le **train** der Zug

le **traîneau à chiens** der Hundeschlitten → 4/1

traiter qn comme qc jdn wie etw. behandeln → 5/2

le **tram** die Straßenbahn

le **trampoline** das Trampolin

transporter qc etw. transportieren, etw. befördern → 4/2

le **travail** die Arbeit

travailler arbeiten, lernen

traverser qc etw. durchqueren, etw. überqueren

très *adv.* sehr

trier qc etw. aussortieren, etw. sortieren

trop *adv. fam.* total, voll, zu, zu sehr; **trop de qc** zu viel/viele

le **trou** das Loch

trouver qn/qc jdn/etw. finden; **se trouver** sich befinden *wie* se coucher, *Konjugation S. 158* → 1/1

le **truc** *fam.* das Ding, die Sache

Tu as quel âge ? Wie alt bist du?

Tu en veux ? Möchtest du (davon)? → 3/1

Tu es d'où ? Woher kommst du?

Tu me passes... ? Reichst du mir ...?

Tu vois ce que je veux dire ? Weißt du, was ich meine? → 3/Voc

la **Tunisie** Tunesien

le **tuto** *fam.* / le **tutoriel** das Erklärvideo, das Tutorial

typique (de qc) *m./f. adj.* typisch (für etw.) → 1/Voc

typiquement *adv.* typisch → 3/2

U

un peu ein bisschen

l' **Union européenne (UE)** *f.* die Europäische Union (EU) → 1/Voc

l' **unité** *f.* die Lektion

utiliser qc etw. benutzen

V

les **vacances** *f. pl.* die Ferien

la **valise** der Koffer

Vas-y ! Los! → 2/2

végan/végane *adj.* vegan

végétarien/végétarienne *adj.* vegetarisch

le **vélo** das Fahrrad; **à vélo** mit dem Fahrrad

vendre qc (à qn) (jdm) etw. verkaufen *wie* attendre, *Konjugation S. 155*

vendredi Freitag, am Freitag

venir kommen *Konjugation S. 157*

vers gegen → 1/1, in Richtung von jdm/etw., auf etw. zu → 2/Voc

vert/verte *adj.* grün

le **vert** Grün

les **vêtements** *m. pl.* die Kleidung

la **viande** das Fleisch

la **victime** das Opfer

le **vide-grenier** der Flohmarkt, der Trödelmarkt

la **vidéo** das Video

la **vie** das Leben; la **vie de tous les jours** das tägliche Leben, der Alltag → 3/2

vieux/vieil *m.* / **vieille** *f.* / **vieux** *m. pl.* / **vieilles** *f. pl. adj.* alt

la **vieille ville** die Altstadt → 4/1

le **village** das Dorf

la **ville** die Stadt; **en ville** in die Stadt, in der Stadt; la **vieille ville** die Altstadt → 4/1

le **visage** das Gesicht → 2/A

visiter qc etw. besichtigen

vite *adv.* schnell

Vive... Es lebe ... / Es leben ... → 3/A; **vivre (qc)** leben, etw. erleben *Konjugation S. 157* → 4/1

le **vocabulaire** das Vokabular, der Wortschatz

la **voie** das Gleis

voilà hier ist/sind

voir qn/qc jdn/etw. sehen *Konjugation, S. 158*

le **voisin** / la **voisine** der/die (Sitz-) Nachbar/in

la **voiture** das Auto → 1/1

le **volcan** der Vulkan

le **volet** der Fensterladen, der Rollladen → 3/Voc

votre/vos euer/eure, Ihr/e

vouloir qc / + inf. etw. wollen / etw. tun wollen *Konjugation, S. 158*; **vouloir savoir si** wissen wollen, ob

le **voyage** die Reise

voyager reisen *wie* manger *Konjugation S. 154*

vrai/vraie *adj.* wahr, richtig, echt

vraiment *adv.* wirklich

le **VTT** das Mountainbike

la **vue** die Aussicht; **avoir... vues** ... Aufrufe/Klicks haben

W

le **week-end** das Wochenende, am Wochenende; **un week-end sur deux** jedes zweite Wochenende

Y

y dort, dorthin → 1/2

le **youtubeur** / la **youtubeuse** der/die Youtuber/in

Z

Zut ! *fam.* Mist!

Die Angabe hinter dem Pfeil verweist auf den jeweiligen Absatz, in dem die Vokabel eingeführt wird. → 1/A steht für Unité 1, Auftaktseite; 2/Voc für Unité 2, Vocabulaire; 3/1 für Unité 3, Volet 1 und M4 steht für Module 4.

A

abbiegen (links/rechts) prendre (à gauche / à droite)
Abend, abends le soir; **Abend** la soirée
Abenteuer l'aventure *f.*
Abenteurer/in l'aventurier/l'aventurière *m./f.*
aber mais; **Aber nein!** Mais non ! *fam.*
Abfahrt le départ
abgesehen von sauf
abhängen (von jdm/etw.) dépendre de qn/qc → 1/Voc
abhängig sein (von jdm/etw.) dépendre de qn/qc → 1/Voc; **abhängig sein (von etw.)** être accro à qc *fam.*
Abi le bac *fam.*
Abitur le baccalauréat
ablehnen (etw.) refuser qc → 5/2
Abonnent/in l'abonné/l'abonnée *m./f.*
abschneiden (etw.) couper qc → 3/Voc
abspülen (etw.) laver qc → 3/2
ach ah
Achtung! Attention !
ah ah
ähneln (jdm/etw.) ressembler à qn/qc → 1/2
Ahorn l'érable *m.* → 4/2
Akku la batterie
aktiv actif/active *adj.*
Aktivität l'activité *f.*
akzeptieren etw.zu tun accepter de + *inf.* → 5/2
Albtraum le cauchemar
Album l'album *m.*
alle tout le monde, tout le / toute la, tous les / toutes les *adj.*
allein seul/seule *adj.*
allerdings par contre
Allergie l'allergie *f.*
alles tout
im Allgemeinen en général *adv.* → 3/2
Alltag la vie de tous les jours → 3/2
Alpen les Alpes *f. pl.*
Alphabet l'alphabet *m.*
als comme
also alors *adv.*, donc → 5/Voc
alt vieux/vieil *m.* / vieille *f.* / vieux *m. pl.* / vieilles *f. pl. adj.*
Altstadt la vieille ville → 4/1
am Ufer von etw. au bord de qc
am Anfang (von etw.) au début (de qc)
am Montag lundi
am Nachmittag l'après-midi *m.*
am Wochenende le week-end
sich amüsieren ê s'amuser → 1/2
an sur
anbieten (jdm etw.) proposer qc (à qn), offrir qc à qn → 1/2
andauern durer
Andere l'autre *m./f.* → 2/2
anderer/andere/anderes autre *m./f. adj.*
andererseits d'un autre côté *adv.* → 5/Voc
(ver-)ändern (sich/etw.) changer (qc) → 5/Voc
anders autrement *adv.* → 3/2
wieder anfangen (etw.) recommencer → 3/2
Angeln la pêche → 4/1
angreifen (jdn) attaquer (qn)
Angst haben, Angst bekommen avoir peur
anhalten ê s'arrêter → 2/2
Animateur/in l'animateur / l'animatrice → 2/2
ankommen ê arriver
annehmen (etw.) accepter qc → 5/2
anprobieren (etw.) essayer qc → 3/1
anrufen (jdn) téléphoner à qn, appeler qn
Ansage l'annonce *f.*
anschauen (jdn/etw.) regarder qn/qc
ansehen (jdn/etw.) regarder qn/qc
ansteigen ê monter
anstelle von (jdm/etw.) à la place de (qn/qc)
Antwort la réponse
antworten (jdm) répondre (à qn)
Anzeige l'annonce *f.*
Apfel la pomme; **Apfelkuchen** le gâteau aux pommes
Apfelsine l'orange *f.*
App l'appli *fam.* / l'application *f.*
Appetit Bon appétit !
April avril
Arbeit le travail
arbeiten travailler
Arena les arènes *f. pl.* → 2/1
ärgern (jdn) énerver qn
Argument l'argument *m.* → 5/Voc
Art le genre (de qc); **auf ... Art und Weise** de manière + *adj.* → 3/2; **eine Art** une sorte de → 3/Voc
Arzt/Ärztin le médecin → 5/1
asiatisch asiatique *m./f. adj.*
Asien l'Asie *f.*
Astronaut/in l'astronaute *m./f.*
Atelier l'atelier *m.*
Atmosphäre l'ambiance *f.*
Aua! Aïe !
auch aussi; **ich auch nicht** moi non plus
auch wenn même si → 3/1
auf sur; **auf ... Art und Weise** de manière + *adj.* → 3/2; **auf Französich/Deutsch** en français/allemand
auf etw. zu *örtlich* vers → 2/Voc
auf jeden Fall en tout cas *adv.* → 5/2
Auf und Ab les hauts et les bas *m. pl.*
Auf Wiedersehen! Au revoir !
jdn auffordern etw. zu tun dire à qn de + *inf.* → 3/1
aufgeben baisser les bras
Auflauf le gratin
aufnehmen (etw.) enregistrer qc
aufpassen faire attention
aufräumen (etw.) ranger qc
sich aufregen ê s'énerver → 3/2
... Aufrufe/Klicks haben avoir... vues

aufschlagen (etw.) ouvrir qc → 1/1
Aufsichtsperson le surveillant / la surveillante
aufstehen ê se lever → 1/1
aufwachsen grandir
Aufzug l'ascenseur *m.*
Auge l'œil / les yeux *m.* → 3/1
Augenblick le moment
August août
aus de, en + *Material* → 1/2
Ausdruck l'expression *f.* → 3/1
Ausflug l'excursion *f.*
ausgehen ê sortir
ausgeschlossen sein (von etw.) être exclu/exclue (de qc) → 5/1
Ausrede l'excuse *f.*
sich ausruhen ê se reposer → 1/1
Aussage le message
aussehen avoir l'air + *adj.* → 3/1
außer sauf
außerdem et puis, en plus
außergewöhnlich extraordinaire *m./f. adj.*
Aussicht la vue
aussortieren (etw.) trier qc
aussteigen ê descendre
aussuchen (jdn/etw.) choisir qn/qc
Austausch l'échange *m.*
austauschen (etw.) échanger qc (contre qc)
Austauschpartner/in le/la corres *fam.* / le correspondant / la correspondante
ausüben (etw. als Hobby) faire du / de la / de l' / des
auswählen (jdn/etw.) choisir qn/qc
Auto la voiture → 1/1
Autor/in l'auteur / l'auteure *m./f.*

B

Bäckerei la boulangerie
Backofen le four
Backpulver la levure
baden ê se baigner → 1/1
Badezimmer la salle de bains
Baguette la baguette
bäh beurk *fam.*
Bahnhof la gare
Bahnsteig le quai
bald bientôt *adv.*
Ball le ballon; **jdm den Ball zuspielen** passer le ballon à qn
Banane la banane
Band le groupe
Bär l'ours / les ours *m.* → 4/A
Basketball le basket
bauen (etw.) construire qc → 4/2
Baum l'arbre *m.*
Bauwerk le monument
beantworten (etw.) répondre (à qc)
beaufsichtigen (jdn/etw.) surveiller qn/qc
bedeuten (jdm etw.) compter (pour qn)
sich beeilen ê se dépêcher → 1/1
beeindruckend impressionnant/ impressionnante *adj.*
beenden (etw.) finir qc, terminer (qc)
sich befinden ê se trouver → 1/1
befördern (etw.) transporter qc → 4/2
begegnen (jdm) rencontrer qn
beginnen (etw.) commencer qc
begleiten (jdn) accompagner qn
behalten (etw.) garder qc → 3/2
behandeln (jdn wie etw.) traiter qn comme qc → 5/2
bei chez, près de + *Ort*; **bei mir (zu Hause)** chez moi
beinahe presque *adv.*
Beispiel l'exemple *m.*; **zum Beispiel / z. B.** par exemple / p. ex.
Belgien la Belgique → 1/A
beliebt populaire *m./f. adj.*
bemalt peint/peinte *adj.* → 4/A
bemerken (jdn/etw.) remarquer qn/ qc
benutzen (etw.) utiliser qc
beobachten (jdn/etw.) observer qn/ qc → 4/1
berechnen (etw.) calculer qc
bereits déjà *adv.*
Berg la montagne
berichtigen (etw.) corriger qc
berühmt célèbre *m./f. adj.*
beschließen etw. zu tun décider de + *inf.* → 3/1
beschreiben (jdn/etw.) décrire qn/qc → 2/Voc
besichtigen (etw.) visiter qc
besser als meilleur/meilleure que; **der/die/das beste** le meilleur / la meilleure *adj.*
bestehen avoir la moyenne
bestellen (etw.) commander qc
betreten (etw.) ê entrer
Bett le lit
Beule la bosse
bevorzugen (etw. zu tun) préférer qc/+ *inf.*
bewahren (jdn/etw.) protéger qn/qc → 3/2
bewundern (jdn/etw.) admirer qn/qc → 5/2
bezahlen (etw.) payer (qc) → 3/2
Beziehung la relation → 5/2
Bibliothekar/in le/la documentaliste
Bild l'image *f.* → 2/Voc
bilingual bilingue *m./f. adj.* → 1/Voc
Biologie les SVT *f. pl.*
bis jusqu'à *örtlich* + *zeitlich*; **Bis bald!** À bientôt !; **Bis morgen!** À demain !; **Bis später!** À plus ! *fam.*
bitte s'il te plaît, s'il vous plaît
bitten (jdn um etw.) demander (qc à qn); **jdn bitten etw. zu tun** demander à qn de + *inf.* → 3/1
Blatt la feuille
Blau le bleu
blau bleu/bleue *adj.*
bleiben ê rester
Blog le blog
Boje la balise
Bonbon le bonbon
Boot le bateau / les bateaux
Botschaft le message
Boule les boules *f. pl.*
brauchen (jdn/etw.) avoir besoin de qn/qc
bravo bravo
Bretagne la Bretagne
Brieffreund/in le/la corres *fam.* / le correspondant / la correspondante
Brille les lunettes *f. pl.*
Brot le pain
Brücke le pont
Bruder le frère
Buch le livre
Buchstabe la lettre
Buckelpistenfahren le ski de bosses
Bügeleisen le fer à repasser

Bunker le bunker
Büro le bureau / les bureaux
Bus le bus
Butter le beurre

C

Café le café
Cent le centime
Champion le champion / la championne
Chance la chance → 5/2
Charakter le caractère
chatten chatter
Chef/in le/la chef
Chefkoch/Chefköchin le/la chef de cuisine
Chemie la chimie
Chili(schote) le piment
chillen chiller *fam.*
chinesisch chinois/chinoise *adj.*
Chouquette la chouquette
Clown/in le clown
Cola le coca
Comic la bédé / BD (bande dessinée) / les BD
Computer l'ordinateur *m.*
cool cool *adj. inv. fam.*
Cousin/e le cousin / la cousine
Creme la crème → 3/Voc
Crème fraîche la crème
Cybermobbing le cyberharcèlement

D

da là *adv.*; **da** *kausal* comme → 1/1
dafür en échange → 4/1, pour
dagegen contre; **dagegen sein** être contre (qn/qc)
daheim à la maison
daher donc → 5/Voc, c'est pourquoi → 3/2
damals autrefois *adv.* → 2/1
danach après
danke merci
dann ensuite
daraufhin du coup *fam.*
Darf es sonst noch etwas sein? Et avec ça ?
das ça *fam.* / cela; **das heißt** ça veut dire; **das ist / das war** c'est / c'était; **Das ist der Horror!** C'est l'horreur ! *fam.*; **das ist schade** c'est dommage; **Das meine ich nicht.** Ce n'est pas ce que je veux dire. → 5/Voc; **Das reicht!** Ça suffit !; **Das war's!** C'est terminé !; **Das klappt!** Ça marche ! *fam.*; **Das stimmt.** C'est ça.
dass que
dauern durer
dein/e ton/ta/tes
den/die/das que
denken penser
Denkmal le monument
dennoch quand même
der/die/das qui
der-/die-/dasselbe le/la même *adj.*
deshalb du coup *fam.*, c'est pourquoi → 3/2
Dessert le dessert
deswegen à cause de ça → 2/2
Deutsch l'allemand *m.*
deutsch allemand/allemande *adj.*
deutsch-französisch franco-allemand/franco-allemande *adj.* → 3/A
Deutschland l'Allemagne *f.*
Dezember décembre
Diele l'entrée *f.*
Dienstag mardi
dieser/diese/dieses ce/cet/cette/ces
Ding le truc *fam.*, la chose
Diskussion la discussion → 5/Voc
diskutieren (über etw.) discuter (de qc)
doch si *adv.*
Dokument le papier
Dom la cathédrale
Donnerstag jeudi
doof nul/nulle *adj.*
Dorf le village
dort, dorthin y → 1/2
... ist dran c'est à...
draußen dehors *adv.*
Drohne le drone
Druck la pression; **jdn unter Druck setzen** mettre la pression à qn
du toi; **du weißt, weißt du** tu sais; **Und du?** Et toi ?
durch par → 4/1
Durcheinander le bazar *fam.*
Durchgang le passage
durchhalten tenir → 3/1
durchqueren (etw.) traverser qc
Durchschnitt la moyenne
dürfen (etw. tun) avoir le droit de + *inf.* → 5/1
Durst haben avoir soif
Dusche la douche

E

Ebbe la marée basse
eben justement *adv.* → 5/Voc
Ecke le coin; **(Foto-)Ecke** le coin (photo)
eher plutôt *adv.*
(Ganz) Ehrlich! Je te jure ! *fam.*
Ei l'œuf / les œufs *m.*
eigentlich en fait *adv.* → 3/1
in Eile sein être pressé/pressée
ein bisschen un peu
einander näherbringen (jdn/etw.) rapprocher qn/qc
Eindruck l'impression *f.*
einerseits d'un côté *adv.* → 5/Voc
Eingang l'entrée *f.*
einheimisch autochtone *m./f. adj.* → 4/Voc
Einkäufe les courses *f. pl.*
einkaufen faire les courses
Einkaufen le shopping
Einkaufszentrum le centre commercial / les centres commerciaux
einladen (jdn) inviter qn
Einladung l'invitation *f.*
ein-/ausräumen (etw.) ranger qc
einverstanden d'accord
Einwohner/in l'habitant / l'habitante *m./f.*; **Einwohner/in von Quebec** le Québécois / la Québécoise → 4/Voc
Eis la glace → 4/Voc
Eisbahn la patinoire → 4/1
Eishockey le hockey sur glace → 4/2
Elefant l'éléphant *m.*
Elektromusik l'électro *f.*
Elfmeter le penalty
Eltern les parents *m. pl.*
Ende la fin; **Ende der Welt** le bout du monde → 4/1
enden finir, terminer
endlich enfin *adv.* → 2/2
sich engagieren ⓔ s'engager → 5/A
engagiert engagé/engagée *adj.*
Englisch l'anglais *m.*
entdecken (jdn/etw.) découvrir qn/qc → 1/1

entscheiden (etw.) décider qc → 3/1
Entschuldigung l'excuse *f.*
Epoche l'époque *f.* → 2/1
Erdbeere la fraise
Erdkunde la géographie
Erfahrung l'expérience *f.* → 3/1
erfinden (etw.) inventer qc
Erfolg le succès
Ergebnis le résultat
ergreifend touchant/touchante *adj.* → 5/2
sich erinnern (an jdn/etw.) ê se souvenir de qn/qc → 4/1
Erinnerung le souvenir
erklären (etw.) expliquer qc
Erklärvideo le tuto *fam.* / le tutoriel
erleben (etw.) vivre (qc) → 4/1
ermutigen (jdn) encourager qn
ernst sérieux/sérieuse *adj.*
ernsthaft sérieux/sérieuse *adj.*
erschaffen (etw.) créer qc
erst seulement *adv.*
erster/erste/erstes premier/première *adj.*
erwachsen adulte *m./f. adj.*
Erwachsene l'adulte *m./f.* → 5/1
erwischen (etw.) avoir qc → 1/1
erzählen (etw.) raconter qc
es gibt il y a
es ist (schön/kalt/warm) il fait (beau/froid/chaud)
es ist soweit Ça y est ! *fam.*
Es kommt darauf an. Ça dépend.
es kracht ça explose *fam.*
Es lebe ... / Es leben ... Vive... → 3/A
es regnet il pleut
es riecht (nach) ça sent
es steht ... zu ... le score est de... à...
es war c'était
Essen le repas
essen (etw.) manger qc
etwas quelque chose; **etwas** + *Adj.* quelque chose de + *adj.* → 3/Voc; **etwas anderes** autre chose
euer/eure votre/vos
Euro l'euro *m.*
Europa l'Europe *f.*
Europäer/in l'Européen / l'Européenne → 4/1
Europäische Union (EU) l'Union européenne (UE) *f.* → 1/Voc
exakt précis/précise *adj.*
existieren exister

F

Fahne le drapeau → 1/Voc
fahren rouler; **fahren (etw.)** conduire qc → 4/2; **am Wochenende wegfahren** ê partir en week-end
Fahrrad le vélo; **mit dem Fahrrad** à vélo
fallen ê tomber
falls *Bedingung* si → 1/2
falsch mal *adv.* → 3/1
Familie la famille; **Gastfamilie** la famille d'accueil → 3/A
Fan le/la fan; **Fan von jdm/etw. sein** être fan de qn/qc
Farbe la couleur
fast presque *adv.*
Februar février
fehlen (jdm) manquer (à qn) → 3/1
Fehler la faute
Feier la fête
feiern faire la fête; **feiern (etw.)** fêter qc
Feld le champ → 2/A
Felsen le rocher → 2/Voc
Fenster la fenêtre; **Kann ich das Fenster öffnen?** Est-ce que je peux ouvrir la fenêtre ?
Fensterladen le volet → 3/Voc
Ferien les vacances *f. pl.*; **Feriencamp** la colo *fam.* / la colonie (de vacances) → 2/2
Fernseher la télé *fam.* / la télévision
Fernverkehrsstraße la route
sich fertig machen ê se préparer → 1/1
Festival le festival
Feuerwerk le feu d'artifice → 1/2
Figur le personnage → 5/2
Film le film
filmen (jdn/etw.) filmer qn/qc
Finale la finale
finden (jdn/etw.) trouver qn/qc
Fisch le poisson
Fischen la pêche → 4/1
Flagge le drapeau → 1/Voc
Flasche la bouteille
Fleisch la viande
Flohmarkt le vide-grenier
Flugzeug l'avion *m.*
Flur le couloir
Fluss le fleuve, la rivière → 2/Voc
Flut la marée haute
Folge la conséquence → 5/1
Fön le sèche-cheveux → 3/Voc
Form la forme
Forscher/in l'explorateur / l'exploratrice → 4/1
fortführen (etw.) continuer (qc)
Fortschritt le progrès → 3/1
Foto la photo
Foul la faute
Frage la question; **eine Frage stellen (jdm)** poser une question (à qn)
fragen (jdn nach etw.) demander (qc à qn); **fragen, ob** demander si
Frankreich la France
Franzose/Französin le Français / la Française
Französisch le français
französisch français/française *adj.*
französischsprachig francophone *m./f. adj.* → 1/A
Frau la femme, Madame/Mme
Freiheit la liberté → 4/2
Freitag vendredi
Freizeitaktivität l'activité *f.*
Freund/in l'ami/l'amie *m./f.*, le copain / la copine
Freundschaft l'amitié *f.* → 4/2
Frieden la paix → 4/2
froh content/contente *adj.*
Frucht le fruit
früh tôt *adv.*
früher autrefois *adv.* → 2/1, avant *adv.*
Frühling le printemps
Frühstück le petit-déjeuner
sich fühlen ê se sentir → 5/1; **sich (nicht) wohlfühlen** ê se sentir (mal) à l'aise → 5/1
führen mener
funktionieren marcher
für pour; **für mich** pour moi
für gewöhnlich d'habitude *adv.* → 2/2
Fußball le foot(ball)
Fußgängerzone la rue piétonne

G

Gamer/in le gamer / la gameuse

ganzer/ganze/ganzes tout le / toute la, tous les / toutes les *adj.*
gar nicht (ne...) pas du tout → 5/Voc
Garten le jardin
Gastfamilie la famille d'accueil → 3/A
Gebäck la pâtisserie
Gebäude le bâtiment
geben (etw.) donner qc
Gebiet le territoire → 4/Voc
Gebirge la montagne
geboren (sein) (être) né/née
Geburtstag l'anniversaire *m.*; **Herzlichen Glückwunsch zum Geburtstag!** Joyeux anniversaire !
Gefängnis la prison → 2/1
gegen contre; **gegen jdn/etw. sein** être contre (qn/qc); **gegen** *zeitlich* vers → 1/1
Gegend la région
Gegenstand l'objet *m.* → 3/Voc
Gegenteil le contraire
gegenüber en face; **gegenüber (von jdm/etw.)** en face de qn/qc
Geheimnis le secret
geheimnisvoll mystérieux/mystérieuse *adj.* → 2/1
gehen ⓔ aller; **Es geht mir gut.** Ça va.; **Geht klar!** Ça marche ! *fam.*; **Geht's (dir) gut?** Ça va ?
gehören (zu etw.) faire partie de qc → 1/Voc
Gelb le jaune
gelb jaune *m./f. adj.*
Geld l'argent *m.*; **Geld verdienen** gagner de l'argent
Gemälde le tableau / les tableaux → 2/Voc
Gemüse le légume / les légumes *m. pl.*
genau justement *adv.* → 5/Voc, précis/précise *adj.*; **genau so viel** autant de *adv.* → 4/2; **Genau.** C'est ça.
Generation la génération → 5/1
genial génial *m.* / géniale *f.* / géniaux *m. pl.* / géniales *f. pl. adj.*
genug assez de qc; **nicht genug** ne... pas assez de qc
es genügt (nicht) etw. zu tun il (ne) suffit (pas) de + *inf.* → 5/Voc
Geografie la géographie
geradeaus tout droit *adv.*
Geräusch le bruit
gerecht juste *m./f. adj.*
Gericht le plat
gesalzen salé/salée *adj.*
Geschäft le magasin
Geschenk le cadeau / les cadeaux
Geschichte l'histoire *f.*; **Geschichte und Erdkunde** l'histoire-géo *f.*
geschickt débrouillard/débrouillarde *adj. fam.*
Geschwister les frères et sœurs *m. pl.*
Gesellschaft la société → 5/Voc
Gesicht le visage → 2/A
Gespräch la discussion → 5/Voc
gestern hier *adv.*
Getränk la boisson
Getreide les céréales *f. pl.*
getrennt séparé/séparée *adj.*
gewinnen (etw.) gagner (qc)
Gewohnheit l'habitude *f.* → 3/A
gezuckert sucré/sucrée *adj.*
gigantisch gigantesque *m./f. adj.* → 2/1
Gitarre la guitare
Gladiator le gladiateur → 2/1
gleich: der/die/das Gleiche le/la même *adj.* ; **Das ist nicht das Gleiche!** Ce n'est pas pareil !
Gleichgewicht l'équilibre *m.* → 2/2
Gleichheit l'égalité *f.* → 5/1
Gleis la voie
Glück la chance → 5/2; **Glück haben** avoir de la chance
glücklich heureux/heureuse *adj.*
glücklicherweise heureusement *adv.* → 3/2
Gold l'or *m.*
Grad le degré → 4/Voc
Gramm le gramme
Gratin le gratin
groß grand/grande *adj.*
Großeltern les grands-parents *m. pl.*
Großmutter la grand-mère
Großvater le grand-père
Grotte la grotte → 2/2
Grün le vert
grün vert/verte *adj.*
gründen (etw.) créer qc, fonder qc → 4/1
Gruppe le groupe; **in der Gruppe** en groupe
Gruppenleiter/in l'animateur / l'animatrice → 2/2
Guadeloupe la Guadeloupe
gut bien *adv.*, bon/bonne *adj.*; **gut (in etw.) sein** être bon/bonne en qc;
Gute Idee! Bonne idée !; **Guten Appetit!** Bon appétit !; **Guten Morgen!** Bonjour !

H

Haar le cheveu / les cheveux → 3/Voc
Haartrockner le sèche-cheveux → 3/Voc
haben avoir; **gute/schlechte Laune haben** être de bonne/mauvaise humeur → 2/2
Hafen le port
halb et demi/demie *adj.*
Halbbruder le demi-frère
Halbschwester la demi-sœur
Halbzeit la mi-temps
Hallo! Salut ! *fam.*; **Hallo?** Allô ?
Halt l'arrêt *m.*
halten tenir → 3/1
Haltestelle l'arrêt *m.*
Handball le handball
Handlung l'action *f.* → 2/1
Handy le portable
hart dur/dure *adj.*
hassen (jdn/etw./etw. zu tun) détester qn/qc/+ *inf.*
hässlich moche *m./f. adj.*
Haupt- principal/principale/principaux *m. pl. adj.* → 5/2
Hauptgericht le plat
Hauptstadt la capitale
Haus la maison
Hausaufgaben les devoirs *m. pl.*; **Hausaufgaben machen** faire les devoirs
Haushalt machen (den) faire le ménage → 5/1
Haut la peau → 5/1
Hefe la levure
Heft le cahier
heiß chaud/chaude *adj.*
heißen ⓔ s'appeler → 1/1; **ich heiße** moi, c'est + *Name*
Held le héros / l'héroïne *m./f.*
helfen (jdm) aider (qn)
Herbst l'automne *m.*

(deutscher/französischer) Herkunft sein être d'origine *f.* (allemande/française)
Herr Monsieur/M.
herstellen fabriquer qc → 4/2
herunterladen (etw.) télécharger qc
Herz le cœur → 1/1
heute aujourd'hui *adv.*
hi coucou *fam.*
hier ist/sind voilà; **hier** là *adv.*, ici *adv.*
Hilfe l'aide *f.*
Himmel le ciel → 2/Voc
hinausgehen ê sortir
hineingehen ê entrer
hinfallen ê tomber
sich hinlegen ê se coucher → 1/1
hinter derrière
Hintergrund l'arrière-plan *m.* → 2/Voc
hinterlassen (etw.) laisser qc
hinuntergehen ê descendre
Hip-Hop le hip-hop
hoch haut/haute *adj.*
Hochwasser la marée haute
Hof la cour
ich hoffe, dass j'espère que
Höhe la hauteur; **Höhen und Tiefen** les hauts et les bas *m. pl.*
homosexuell homosexuel/homosexuelle *adj.*
Honig le miel
hören (jdn/etw.) entendre qn/qc; **Musik hören** écouter de la musique; **(an-)hören (etw.)** écouter (qc)
Hotel l'hôtel *m.*
hübsch joli/jolie *adj.*
Humor l'humour *m.*
Hund le chien
hundert cent
Hundeschlitten le traîneau à chiens → 4/1
Hunger haben avoir faim
Hütte la cabane → 4/2

I

ich moi; **doch, ich schon** moi si; **ich auch nicht** moi non plus; **ich hab genug!** J'en ai assez ! → 2/2; **ich heiße** moi, c'est + *Name*; **ich möchte gern** je voudrais; **ich möchte gern etw. tun** je voudrais + *inf.*; **ich nicht** moi non
Idee l'idée *f.*; **Gute Idee!** Bonne idée !
ihr/e leur/leurs, son/sa/ses
Ihr/e votre/vos
im Jahr en + *Jahreszahl*
im Gegenzug en échange → 4/1
immer toujours *adv.*
immer noch toujours *adv.* → 2/1
in dans, à, en; **in** en + *Fach*; **in der Nähe von** près de + *Ort*; **in der Stadt** en ville; **in der Umgebung von** autour de → 2/Voc
in etwa environ *adv.* → 3/2
in Richtung (von jdm/etw.) vers → 2/Voc
indigen autochtone *m./f. adj.* → 4/Voc
Information l'info *fam.* / l'information *f.*
Ingenieur/in l'ingénieur / l'ingénieure *m./f.*
Insel l'île *f.*
Instrument l'instrument *m.*
intelligent intelligent/intelligente *adj.*
interessant intéressant/intéressante *adj.*
Internet Internet *m.*; **im Internet** sur Internet
... ist dran. c'est à...

J

ja oui *adv.*; **ja und nein** oui et non
Jagd la chasse → 4/1
Jahr l'an *m.*, l'année *f.*; **... Jahre alt sein** avoir... ans
Jahreszeit la saison
Jahrhundert le siècle → 2/Voc
Januar janvier
jedenfalls en tout cas *adv.* → 5/2
jeder/jede/jedes chaque *m./f. adj.* → 1/2
jedoch par contre
jemand quelqu'un
jetzt maintenant *adv.*; **Jetzt seid ihr dran!** À vous, maintenant !
Jugendliche le/la jeune
Juli juillet
jung jeune *m./f. adj.*
Junge le garçon
Juni juin
Jury le jury

K

Kaffee le café
kalt froid/froide *adj.*
kämpfen (für/gegen etw.) lutter (pour/contre qc) → 5/A
Kampfsport les arts martiaux *m. pl.*
Kanada le Canada → 4/A
kanadisch canadien/canadienne *adj.* → 4/2
Kanal la chaîne
Kaninchen le lapin
Kantine la cantine
Kanu le canoë → 2/2
kaputtmachen (etw.) casser qc → 1/2
Karotte la carotte
Karriere la carrière
Karte la carte; **(gelbe/rote) Karte** le carton (jaune/rouge)
Kartoffel la pomme de terre
Kartoffelchips les chips *f. pl.*
Käse le fromage
Katastrophe la catastrophe
Kater le chat
Kathedrale la cathédrale
Katze le chat
kaufen (etw.) acheter qc
kein/keine/keinen ne... pas de qc; **kein/keine/keinen ... mehr** ne... plus de qc
Keks le biscuit
kennen (jdn/etw.) connaître qn/qc → 2/1
Kilo le kilo
Kilometer le kilomètre
Kind l'enfant *m./f.*
Kino le cinéma
Klasse la classe; **sechste Klasse** la sixième; **siebte Klasse** la cinquième
Klavier le piano
Kleidung les vêtements *m. pl.*
klein petit/petite *adj.*
Klettern l'escalade *f.*
klicken (auf etw.) cliquer sur qc
Klima le climat → 4/Voc
Klimaerwärmung le réchauffement climatique → 5/1
klingeln sonner
Klischee le cliché
Klub le club
Kochen la cuisine
kochen faire la cuisine

Koffer la valise
Kofferraum le coffre → 3/1
kolonisieren (jdn/etw.) coloniser qn/qc → 4/Voc
kommen ⓔarriver, ⓔvenir; **Kommt schon!** Allez !
Kommentar le commentaire
kompliziert compliqué/compliquée *adj.*
komponieren (etw.) composer qc
Konditorei la pâtisserie
Konflikt le conflit
König/in le roi / la reine → 2/1
können (etw. tun) pouvoir + *inf.*; **etw. können** savoir qc → 3/1; **wir könnten** on pourrait + *inf.*
Konsequenz la conséquence → 5/1
Konsole la console
Kontinent le continent
Kontrast le contraste → 5/2
Kontrolle le contrôle
Konzert le concert
Kopf la tête
Kopfhörer les écouteurs *m. pl.*
Kopfkissen l'oreiller *m.* → 3/Voc
korrekt correctement *adv.* → 3/2
korrigieren (etw.) corriger qc
kosten coûter
kostenlos gratuit/gratuite *adj.*
krank malade *m./f. adj.*
Krankheit la maladie → 5/1
kreativ créatif/créative *adj.*
kreolisch créole *adj.*
Kreuzung le carrefour
in den Krieg ziehen (gegen jdn) entrer en guerre avec qn → 4/1
kritisieren (jdn/etw.) critiquer (qn/qc)
Kroate/Kroatin le/la Croate
Küche la cuisine
Kuchen le gâteau / les gâteaux
Kugelschreiber le stylo
Kultur la culture
Kunst les arts plastiques *m. pl.*
Künstler/in l'artiste *m./f.*
Kunststoff le plastique → 3/Voc
Kunstwerk l'œuvre d'art *f.*
Kürbis le potiron
kurz court/courte *adj.*
kurzum bref *adv.* → 2/2
Küsschen le bisou

L

lachen rigoler; **viel lachen** rigoler bien
Laden le magasin
Land le pays
Landschaft le paysage
Landstraße la route
lang long/longue *adj.*
lange longtemps *adv.*
Länge la longueur
langweilig ennuyeux/ennuyeuse *adj.* → 5/2
Lärm le bruit
lassen (etw.) laisser qc; **jdn in Ruhe lassen** laisser qn tranquille
Latein le latin
Lauf la course
laufen marcher, courir → 2/2
lauter plus fort
Lautsprecherbox l'enceinte *f.*
Lavendel la lavande → 2/A
Leben la vie; **seine Lebensgeschichte erzählen** raconter sa vie *fam.*; **das tägliche Leben** la vie de tous les jours → 3/2
leben vivre (qc) → 4/1; **Es lebe ... / Es leben ...** Vive... → 3/A
lecker bon/bonne *adj.*, miam *fam.*
Lehrer/in le/la prof *fam.* / le professeur / la professeure; **Lehrerzimmer** la salle des profs
leicht facile *m./f. adj.*
Leidenschaft la passion
leider malheureusement *adv.* → 2/2
(aus-)leihen (etw.) emprunter qc; **(ver-)leihen (jdm etw.)** prêter qc (à qn)
Leistungskontrolle le contrôle
Lektion l'unité *f.*
lenken (etw.) conduire qc → 4/2
lernen (etw.) apprendre qc, réviser (qc); **lernen** travailler
lesen (etw.) lire (qc)
Leser/in le lecteur / la lectrice → 1/2
letztendlich finalement *adv.*
letzter/letzte/letztes dernier/dernière *adj.*
Leute les gens *m. pl.*; **viele Leute** beaucoup de monde
Licht la lumière → 2/Voc
lieben (jdn/etw.) aimer qn/qc; **(jdn/etw./etw. zu tun) sehr lieben** adorer qn/qc / + *inf.*
lieber plutôt *adv.*
lieber/liebe cher/chère + *Anrede*
Liebling le chouchou / la chouchoute *fam.*
Lieblings- préféré/préférée *adj.*
Lied la chanson
liken (jdn/etw.) liker qn/qc *fam.*
Linie la ligne → 4/2
Link le lien
links (von) à gauche (de)
Liste la liste
Loch le trou
Look le look
Los! Allez !; Vas-y ! → 2/2
Los geht's! C'est parti ! *fam.*, On y va !
losgehen ⓔpartir
Lösung la solution
Lust haben (auf etw. / etw. zu tun) avoir envie de qc / + *inf.* → 5/1
lustig drôle *m./f. adj.*
Luxemburg le Luxembourg → 1/A
Luxemburgisch le luxembourgeois → 1/A

M

machen (etw.) faire qc; **weitermachen (etw.)** continuer (qc)
mächtig puissant/puissante *adj.*
Mädchen la fille
Madeleine la madeleine
magisch magique *m./f. adj.* → 2/1
Mahlzeit le repas
Mai mai
Mal la fois / les fois
Mama maman *f.*
man darf/sollte etw. nicht tun il ne faut pas + *inf.*
man braucht / wir brauchen etw. il faut qc
man könnte on pourrait + *inf.*
man muss / wir müssen etw. tun il faut + *inf.*
manchmal parfois *adv.*
Manga le manga
Mann l'homme *m.*
Mannschaft l'équipe *f.*
Markt le marché

marokkanisch marocain/marocaine *adj.*
März mars
Maschine la machine
Mathe les maths *fam.* / les mathématiques *f. pl.*
Mauer le mur
Mechanik la mécanique
meckern râler *fam.*; **über jdn/etw. meckern** râler contre qn/qc → 3/1
Medaille la médaille
Medien les médias *m. pl.*
Meer la mer
Mehl la farine
mehr plus *adv.*, plus de *adv.* → 4/2; **mehr ... als** plus... que
mehrere plusieurs *adj. pl.* → 2/A
mein/e mon/ma/mes
Meinung l'avis *m.*; **meiner Meinung nach** à mon avis
die meisten la plupart (de) → 4/Voc
Meister/in le champion / la championne
Melodie la mélodie
Menü le menu
merkwürdig bizarre *m./f. adj.*, curieux/curieuse *adj.* → 3/2
Messer le couteau / les couteaux → 3/Voc
Metall le métal → 3/Voc
Meter le mètre
Metro le métro
Milch le lait
Million le million
mindestens au moins *adv.*
minus moins *adv.*
Minute la minute; **... Minuten benötigen** mettre... minutes → 1/1
miserabel nul/nulle *adj.*
Mission la mission
Missverständnis le malentendu → 3/A
Mist! Zut ! *fam.*
mit avec, en + *Verkehrsmittel* → 1/1; **mit ... Jahren** à... ans; **mit Verspätung** en retard
im Unterricht mitarbeiten participer en cours
mitbringen (etw.) apporter qc
Mittag midi
Mittagsschlaf la sieste
in der Mitte (von etw.) au milieu (de qc)
Mittelalter le Moyen-Âge → 2/1
mitten in au milieu (de qc)
Mitternacht minuit
Mittwoch mercredi
Möchtest du (davon)? Tu en veux ? → 3/1
modern moderne *m./f. adj.*
mögen (jdn/etw.) aimer qn/qc; **das, was ich am meisten mag** ce que je préfère → 5/2; **es mögen, etw. zu tun** aimer + *inf.*; **jdn/etw./etw. zu tun gern mögen** aimer bien qn/qc / + *inf.*
möglich possible *m./f. adj.* → 3/1
Möhre la carotte
Moment le moment
Monat le mois
Montag lundi
morgen demain *adv.*
Morgen le matin
motivierend motivant/motivante *adj.*
Motorrad la moto
Motorschlitten la motoneige → 4/2
motzen râler *fam.*; **über jdn/etw. motzen** râler contre qn/qc → 3/1
Mountainbike le VTT
müde fatigué/fatiguée *adj.* → 3/1
Mülleimer la poubelle
Muschel le coquillage
Museum le musée
Musik la musique; **Musik hören** écouter de la musique
Müsli les céréales *f. pl.*
müssen (etw. tun) devoir + *inf.*
Mut le courage → 1/2
mutig courageux/courageuse *adj.*
Mutter la mère
mysteriös mystérieux/mystérieuse *adj.* → 2/1

N

na ja bof *fam.*
nach après, pour; **nach Hause gehen** ⓔ rentrer
nachahmen (jdn) imiter qn/qc
(Sitz-)Nachbar/in le voisin / la voisine
nachmachen (etw.) imiter qn/qc
Nachmittag l'après-midi *m.*
Nachname le nom
Nachricht le message
Nachspeise le dessert
Nacht, nachts la nuit
nahe près *adv.*
in der Nähe près *adv.*
Name le nom
National- national *m.* / nationale *f.* / nationaux *m. pl.* / nationales *f. pl. adj.*; **Nationalfeiertag** la fête nationale → 1/Voc
Natur la nature
natürlich bien sûr
neben à côté de
nehmen (etw.) prendre qc
nein non *adv.*
nennen (jdn) appeler qn
Nerd le geek
nerven énerver qn
nett sympa *fam.* / sympathique *m./f. adj.*
neu nouveau / nouvel *m.* / nouvelle *f.* / nouveaux *m. pl.* / nouvelles *f. pl. adj.*
neugierig curieux/curieuse *adj.* → 3/2
nicht ne... pas; **Nicht doch!** Mais non ! *fam.*; **nicht einmal** (ne...) même pas → 5/2; **nicht mehr** ne... plus; **nicht so (sehr/gern)** ne... pas trop; **nicht wahr?** non ? *fam.*; **nicht so ... wie** moins... que
nichts ne... rien
nie ne... jamais
Niederlande les Pays-Bas *m. pl.* → 1/Voc
Niederländisch le néerlandais → 1/Voc
Niedrigwasser la marée basse
niemand ne... personne → 2/2
eine Niete (in etw.) sein être nul/nulle en qc
noch encore *adv.*; **(nur) noch...** il reste...; **noch einmal** encore une fois; **etw. noch einmal tun** recommencer → 3/2
Norden le nord → 4/Voc
normal normal *m.* / normale *f.* / normaux *m. pl.* / normales *f. pl. adj.*
normalerweise en général *adv.* → 3/2, d'habitude *adv.* → 2/2
Note la note
November novembre

Nummer le numéro
nur (noch) seulement *adv.*

O

Objekt l'objet *m.* → 3/Voc
Obst le fruit
oder ou; **oder?** non ? *fam.*
offen ouvert/ouverte *adj.* → 5/2
offiziell officiel/officielle *adj.* → 1/Voc
öffnen (etw.) ouvrir qc → 1/1
oft souvent *adv.*
ohne sans; **ohne (etw. zu tun)** sans + *inf.*
oje oh là là
okay d'accord
ökologisch écolo *fam.* / écologique *m./f. adj.*
Oktober octobre
Onkel l'oncle *m.*
online en ligne
Opfer la victime
orange orange *adj. inv.*
Orange l'orange *f.*
organisieren (etw.) organiser qc
originell original *m.* / originale *f.* / originaux *m. pl.* / originales *f. pl. adj.*
Ort l'endroit *m.*
Osten l'est *m.* → 4/Voc
Ostern Pâques *f. pl.* → 1/2
Outfit le look
Ozean l'océan *m.* → 4/Voc

P

Packung le paquet
Paket le paquet
Papa papa *m.*
Papier le papier
Parade le défilé → 1/2
Park le parc
Passage le passage
Pause la pause, la récré *fam.* / la récréation
Person la personne
Perücke la perruque
Pfeffer le poivre
pfiffig débrouillard/débrouillarde *adj. fam.*
Pflanze la plante
Pflaster le pansement → 3/Voc
Physik les sciences physiques *f. pl.*
Picknick le pique-nique
Pizza la pizza
Planet la planète
Plastik le plastique → 3/Voc
Platz la place, le terrain
plötzlich tout à coup
Polizist le policier / la policière
polnisch polonais/polonaise *adj.*
Pommes frites les frites *f. pl.* → 1/Voc
posten (etw.) poster qc
Poster le poster
Postkarte la carte postale
Preis le prix / les prix
pro par
Problem le problème
Provinz la province → 4/Voc
Prozent pour cent → 4/Voc
Pst! Chut !

Q

Quadratkilometer le kilomètre carré → 4/Voc
Quasselstrippe le bavard / la bavarde
So ein Quatsch! N'importe quoi ! *fam.*
Quebec le Québec → 4/A
Quiche la quiche

R

Rap le rap
Rassismus le racisme → 5/1
rassistisch raciste *m./f. adj.* → 5/1
Rat le conseil
Ratschlag le conseil
Ratte le rat
Raum la salle
reagieren réagir → 5/1
realistisch réaliste *m./f. adj.* → 5/Voc
realistisch réaliste *m./f. adj.* → 5/Voc
Recht le droit → 5/1
recht haben avoir raison
rechts (von) à droite (de)
reden (über etw.) discuter (de qc)
Regal l'étagère *f.*
Regel la règle → 5/1
Region la région
reichen: Es reicht! Ça suffit !; **es reicht (nicht) etw. zu tun** il (ne) suffit (pas) de + *inf.* → 5/Voc; **Mir reicht's!** J'en ai assez ! → 2/2; **Reichst du mir …?** Tu me passes… ?
Reis le riz
Reise le voyage
reisen voyager
Rekord le record
Rennen la course
rennen courir → 2/2
reparieren (etw.) réparer qc → 2/1
Reservat la réserve → 4/1
Respekt le respect → 4/2
Rest le reste
Restaurant le restaurant
Rettungsbake la balise refuge
La Réunion La Réunion
Reunionaiser/in le Réunionnais / la Réunionnaise
(Koch-)Rezept la recette
richtig correctement *adv.* → 3/2, vrai/vraie *adj.*
riesig gigantesque *m./f. adj.* → 2/1
Rolle le rôle → 5/2
rollen rouler
Rollladen le volet → 3/Voc
Roman le roman
römisch romain/romaine *adj.* → 2/1
Rot le rouge
rot rouge *m./f. adj.*
Rudern l'aviron *m.*
rührend touchant/touchante *adj.* → 5/2
in Ruhe lassen (jdn) laisser qn tranquille
eine Runde drehen faire un tour
Rundfahrt le tour
Rundgang le parcours

S

Sache le truc *fam.*, la chose
Sachen les affaires *f. pl.*
Saft le jus
sagen, dass jd etw. tun soll dire à qn de + *inf.* → 3/1; **(jdm) etw. sagen** dire qc (à qn)
Sagt dir/euch das zu? Ça te dit ? / Ça vous dit ? *fam.*
Sahne la crème
Salat la salade
Salz le sel
salzig salé/salée *adj.*
sammeln (etw.) ramasser qc
Samstag samedi
Sandwich le sandwich
Sänger/in le chanteur / la chanteuse
Satz la phrase
sauber propre *m./f. adj.*

sauer sein être en colère
es schaffen etw. zu tun ê arriver à + *inf.* → 3/1; **schaffen (es/etw.)** réussir (qc)
Schauspieler/in l'acteur / l'actrice *m./f.*
Schein le billet
schenken (jdm etw.) offrir qc à qn → 1/2
Scherz la blague
Schiedsrichter/in l'arbitre *m./f.*
schießen tirer
Schiff le bateau / les bateaux
Schild la pancarte, le panneau / les panneaux → 4/A
Schildkröte la tortue
Schinken le jambon
schlafen dormir → 3/Voc; **schlafen gehen** ê se coucher → 1/1
Schlafsack le sac de couchage
Schlafzimmer la chambre
Schlagzeug la batterie
schlecht mal *adv.* → 3/1, mauvais/mauvaise *adj.*; **schlecht in etw. sein** être nul/nulle en qc
schließen (etw.) fermer qc
schließlich enfin *adv.*, finalement *adv.*
schlimm grave *m./f. adj.*
Schlittschuhbahn la patinoire → 4/1
Schloss le château / les châteaux
Schlüssel la clé → 1/2
Schmerzen haben avoir mal
Schnee la neige → 4/Voc
Schneemobil la motoneige → 4/2
schneiden (etw.) couper qc → 3/Voc; **sich schneiden** ê se couper → 3/Voc
schnell rapide *m./f. adj.*, vite *adv.*
Schock le choc
Schokolade le chocolat
schon déjà *adv.*
schön beau/bel *m.* / belle *f.* / beaux *m. pl.* / belles *f. pl. adj.*
Schönheit la beauté
Schrank l'armoire *f.*
schrecklich horrible *m./f. adj.* → 5/Voc
schreiben (jdm etw.) écrire qc (à qn)
Schreibtisch le bureau / les bureaux
schreien crier
schüchtern timide *m./f. adj.*
Schuh la chaussure → 5/2
Schulbetreuer/in le/la CPE
Schulbibliothek le CDI
Schule le collège, l'école *f.*
Schüler/in l'élève *m./f.*
Schulfach la matière
Schulhof la cour
Schulanfang la rentrée
Schulleiter/in le principal / la principale
schützen (jdn/etw.) protéger qn/qc → 3/2
Schwachpunkt le point faible
Schwarz le noir
schwarz noir/noire *adj.*
Schweiz la Suisse → 1/A
schwer dur/dure *adj.*
Schwester la sœur
schwierig difficile *m./f. adj.*
schwimmen nager
See le lac → 1/A
sehen (jdn/etw.) voir qn/qc
sehr beaucoup *adv.*, très *adv.*
sein être; **ausgeschlossen sein (von etw.)** être exclu/exclue (de qc) → 5/1
sein/e son/sa/ses; **seine Meinung (zu etw.) äußern** donner son avis (sur qc)
seit, seitdem depuis *adv.*
Seite la page
selbst wenn même si → 3/1
selbstverständlich bien sûr
Sendung l'émission *f.*
September septembre
Serie la série
setzen (etw.) mettre qc
Shoppen le shopping
Show le spectacle
sicher sûr/sûre *adj.* → 5/Voc
Siesta la sieste
Silber l'argent *m.*
singen chanter
Sirup le sirop → 4/2
Skateboard le skate
Skatepark le skatepark
Ski le ski
Sneakers les sneakers *m. pl.*
so Ça y est ! *fam.*, comme ça; **so ... wie** aussi... que
sofort tout de suite *adv.*
sogar même *adv.*
Sohn le fils
Sommer l'été *m.*
sondern mais → 4/1
Sonne le soleil
Sonntag dimanche
eine Sorte une sorte de → 3/Voc
sortieren (etw.) trier qc
Souvenir le souvenir
soziale Netzwerke les réseaux sociaux *m. pl.*
Spaghetti les spaghettis *m. pl.*
Spaß haben rigoler (bien), ê s'amuser → 1/2
spaßig drôle *m./f. adj.*
spät tard *adv.*
später plus tard *adv.*
spazieren gehen faire un tour
Spaziergang la balade
speichern (etw.) enregistrer qc
Speisesaal la cantine
Spezialität la spécialité
Spiel le match
spielen jouer; **spielen (etw.)** jouer à + *Name*; **spielen (etw.)** *Instrument* jouer du / de la / de l' / des; **spielen (etw.)** *Spiel/Sport* jouer au / à la / à l' / aux
Spieler/in le joueur / la joueuse
Spielstand le score
Sport le sport, l'EPS *f.*
sportlich sportif/sportive *adj.*
Sprache la langue → 1/Voc
sprechen parler; **sprechen (mit jdm)** parler à qn; **sprechen (über etw.)** parler de qc; **über alles Mögliche sprechen** parler de tout et de rien
Stadion le stade
Stadt la ville; **in die Stadt** en ville;
Stadtzentrum le centre-ville
Staffel la saison
aus ... stammen *zeitlich* dater de + *Zeit* → 2/Voc
ständig tout le temps
Stand-up-Paddling le paddle → 2/1
Star la star
stark fort/forte *adj.*
statt à la place de (qn/qc)
stattfinden avoir lieu → 1/2
Steak le steak
steigen ê monter
Stelle l'endroit *m.*
stellen (etw.) mettre qc
Stiefmutter la belle-mère

Stiefvater le beau-père
Stift le stylo
Stimmung l'ambiance *f.*
stolz (auf jdn/etw.) fier/fière (de qn/qc) *adj.*
Strafstoß le penalty
Strand la plage
Straße la rue
Straßenbahn le tram
Streber/in l'intello *m./f. fam.*
Strecke le parcours
sich streiten ê se disputer → 2/2
streng sévère *m./f. adj.*, sévèrement *adv.* → 3/2
Stress le stress
stressen (jdn) stresser qn
Stück le morceau / les morceaux → 3/2
studieren faire des études
Stuhl la chaise
Stunde l'heure *f.*
Stundenplan l'emploi du temps *m.*
stylish design *adj. inv.*
suchen (jdn/etw.) chercher qn/qc
süchtig sein (nach etw.) être accro à qc *fam.*
Süden le sud → 4/Voc
super super *adj. inv. fam.*
Supermarkt le supermarché
Suppe la soupe
(im Internet) surfen surfer (sur Internet)
süß chou *adj. inv. fam.*, sucré/sucrée *adj.*
Symbol le symbole → 1/Voc
symbolisieren (jdn/etw.) symboliser qn/qc → 4/2
sympathisch sympa *fam.* / sympathique *m./f. adj.*
System le système
Szene la scène → 5/2

T

Tablet la tablette
Tafel le tableau / les tableaux
Tag, tagsüber le jour; **Guten Tag!** Bonjour !; **Tag** *in seinem Ablauf* la journée
Talent le talent
Tante la tante
Tanz la danse
tanzen danser
Tasche le sac; **seine Tasche packen/vorbereiten** faire son sac → 1/1
Tat l'action *f.* → 2/1
tatsächlich en fait *adv.* → 3/1
Tausch l'échange *m.*
tauschen (etw. gegen etw.) échanger qc (contre qc)
tausend mille *adj.*
Team l'équipe *f.*
Technik la techno(logie)
Teig la pâte
Teil la partie → 1/Voc; **Teil von etw. sein** faire partie de qc → 1/Voc
teilen partager qc
teilnehmen an etw. participer à qc
teils teils oui et non
telefonieren téléphoner à qn
Temperatur la température
Teppich le tapis → 2/1
Test le test
teuer cher/chère *adj.*
Text le texte
Theater le théâtre
Thema le thème
Themenfreizeit la colo *fam.* / la colonie (de vacances) → 2/2
Ticket le billet
Tier l'animal / les animaux *m.*
Tisch la table
Tischtennis le ping-pong
Tochter la fille
Toilette les toilettes *f. pl.*
toll super *adj. inv. fam.*, génial *m.* / géniale *f.* / géniaux *m. pl.* / géniales *f. pl. adj.*
Tomate la tomate
Tor la porte, le but; **ein Tor schießen** marquer un but
Torwart/in le gardien / la gardienne (de but)
total trop *adv. fam.*
Tour le tour
Tourist/in le/la touriste
Tradition la tradition → 1/2
traditionell traditionnel/traditionnelle *adj.* → 1/2
tragen (etw.) porter qc
Trainer/in l'entraîneur / l'entraîneuse *m./f.*
trainieren ê s'entraîner → 1/1
Trampolin le trampoline
transportieren (etw.) transporter qc → 4/2
Traum le rêve
träumen rêver
treffen marquer un but; **jdn treffen** rencontrer qn, retrouver qn
Treppe l'escalier *m.* → 2/Voc
Trödelmarkt le vide-grenier
trotzdem quand même
Tschüss! Salut ! *fam.*
tun (etw.) faire qc
Tunesien la Tunisie
Tür la porte
Turm la tour
Tutorial le tuto *fam.* / le tutoriel
typisch typique (de qc) *m./f. adj.* → 1/Voc, typiquement *adv.* → 3/2

U

U-Bahn le métro
über par → 4/1, sur
überall partout *adv.*; **wir fügen / man fügt es überall hinzu** on en met partout → 4/2
überqueren (etw.) traverser qc
Überraschung la surprise
übertreiben exagérer
überwachen (jdn/etw.) surveiller qn/qc
U-Boot le sous-marin
übrigens d'ailleurs *adv.*
Übung l'exercice *m.*
Uhr l'heure *f.*; **um … Uhr** à… heure(s); **um wie viel Uhr?** À quelle heure ?
um … herum autour de → 2/Voc; **um … Uhr** à… heure(s)
um etw. zu tun, zum… pour + *inf.*
Umwelt l'environnement *m.* → 3/2
umweltbewusst écolo *fam.* / écologique *m./f. adj.*
Umzug le défilé → 1/2
und et; **Na und?** Et alors ?; **Und dir?** Et toi ?; **Und du?**
unentschieden … partout *adv.*
ungefähr environ *adv.* → 3/2
ungerecht injuste *m./f. adj.* → 5/1
Ungleichheit l'inégalité *f.* → 5/A
unglücklicherweise malheureusement *adv.* → 2/2
Unruhestifter/in la brute

unser/e notre/nos
unter sous
Unterricht le cours; **im Unterricht** en cours; **Unterricht haben** avoir cours
Unterrichtsstunde le cours
Unterschied la différence → 3/2
unterschiedlich différent/différente *adj.*
Unzertrennlichen les inséparables *m./f. pl.*
Urgroßmutter l'arrière-grand-mère *f.*
Urgroßvater l'arrière-grand-père *m.*

V

Vater le père
vegan végan/végane *adj.*
vegetarisch végétarien/végétarienne *adj.*
Verband le pansement → 3/Voc
verbieten (jdm etw. zu tun) interdire (à qn) de + *inf.* → 5/2
verbringen passer; **Zeit verbringen (mit jdm)** passer du temps (avec qn)
Geld verdienen gagner de l'argent
Verein le club
Verfolgungsjagd la course-poursuite
vergessen (etw.) oublier qc
Verhalten le comportement → 5/2
verkaufen (jdm etw.) vendre qc (à qn)
sich verkleiden (als jd/etw.) ê se déguiser → 1/2
verlassen (jdn/etw.) quitter qn/qc
sich (in jdn) verlieben ê tomber amoureux/amoureuse (de qn)
verlieren (jdn/etw.) perdre (qn/qc)
Vermittler/in le médiateur / la médiatrice
Verpackung l'emballage *m.*
verpassen (jdn/etw.) rater qn/qc
verrückt fou/folle *adj.*
verschieden différent/différente *adj.*
verschwenden (etw.) gaspiller qc
Verschwendung le gaspillage
versinnbildlichen (jdn/etw.) symboliser qn/qc → 4/2
sich (gut) verstehen ê (bien) s'entendre → 2/2; **verstehen (jdn/etw.)** comprendre qn/qc
versuchen (etw. / etw. zu tun) essayer qc / de + *inf.* → 3/1
sich verteidigen ê se défendre → 1/2;
verteidigen (jdn/etw.) défendre (qn/qc)
vertrauen (jdm) faire confiance à qn
verwirklichen (etw.) réaliser qc → 5/A
Verzeihung pardon
Video la vidéo
Videospiel le jeu vidéo
viel beaucoup *adv.*, beaucoup de qc; **genau so viel** autant de *adv.* → 4/2; **viel/viele** plein de *adv.*; **viele Leute** beaucoup de monde
vielleicht peut-être *adv.* → 2/Voc
Viertel le quart, le quartier; **Viertel nach** et quart; **Viertel vor** moins le quart
Vogel l'oiseau / les oiseaux *m.* → 2/2
Vokabular le vocabulaire
Volk le peuple → 4/Voc
voll trop *adv. fam.*
von de, sur
vor devant; **vor** *zeitlich* avant
vor allem surtout *adv.*
vorbeigehen (bei jdm) ê passer (chez qn)
vorbeikommen (bei jdm) ê passer (chez qn)
vorbereiten (etw.) préparer qc; **sich vorbereiten** ê se préparer → 1/1
Vordergrund le premier plan → 2/Voc
vorher avant *adv.*
Vormittag le matin
vorschlagen (jdm etw.) proposer qc (à qn) → 1/2
Vorspeise l'entrée *f.*
vorstellen (jdm jdn/etw.) présenter qn/qc (à qn)
Vorstellung le spectacle
Vortrag l'exposé *m.*
Vorurteil le préjugé → 5/1
Vulkan le volcan

W

wachsen grandir
wahr vrai/vraie *adj.*
während pendant
Währung la monnaie → 1/Voc
Wal la baleine → 4/A
Wald la forêt
Wand le mur
Wann ...? Quand...?
warm chaud/chaude *adj.*
warten (auf jdn/etw.) attendre (qn/qc)
Warum ...? Pourquoi...?
Was ...? Qu'est-ce que...?; **Was?** Quoi ? *fam.* ; **was für ein/eine** quel/quelle/quels/quelles; **Was für ein Quatsch!** N'importe quoi ! *fam.*; **was mir (nicht) gefällt** ce qui (ne) me plaît (pas) → 5/2
Was hältst du davon? Qu'est-ce que tu en penses ?
Was ist passiert? Qu'est-ce qui s'est passé ? → 2/2
Was soll das? C'est quoi, cette histoire ? *fam.*
waschen (etw.) laver qc → 3/2
Wasser l'eau / les eaux *f.*
Wasserfall la cascade
(Web-)Seite le site (web)
Wecker le réveil
Weg le chemin → 2/Voc
wegen à cause de
wegfahren ê partir
wegwerfen (etw.) jeter qc → 1/2
sich weigern etw. zu tun refuser de + *inf.* → 5/2
weil parce que
weiß blanc/blanche *adj.*
Weißt du, was ich meine? Tu vois ce que je veux dire ? → 3/Voc
weit (weg) loin *adv.*
weitergehen continuer
weiterlaufen continuer
welcher/welche/welches quel/quelle/quels/quelles
Welt le monde
wenig peu (de) *adv.* → 4/1
weniger moins *adv.*, moins de *adv.* → 4/2; **weniger ... als** moins... que
wenigstens au moins *adv.*
wenn *Bedingung* si → 1/2; **wenn, immer wenn** quand
Wer ...? Qui...?
werden ê devenir
werfen (etw.) jeter qc → 1/2; **etw. in den Müll werfen** mettre qc à la poubelle
Westen l'ouest *m.*
Wettbewerb le concours → 2/2
Wetter le temps → 2/A

wichtig important/importante *adj.*
Wie ...? Comment...?; **wie aussi ...** que, comme; **Wie alt bist du?** Tu as quel âge?; **Wie geht's?** Ça va?; **Wie spät ist es?** Il est quelle heure?
Wie viel ...? Combien...?; **Wie viel(e) ...?** Combien de...?
wieder encore *adv.*
wiederholen (etw.) réviser (qc), répéter qc
wiederverwenden (etw.) réutiliser qc → 3/2
Willkommen! Bienvenue!
Winter l'hiver *m.*
Wir gehen dahin! On y va!
wir dürfen/sollten etw. nicht tun il ne faut pas + *inf.*
wirklich vraiment *adv.*
wissen (etw.) savoir qc → 3/1; **wissen wollen, ob** vouloir savoir si
Wissenschaft la science
Witz la blague
Wo ...? Où...?; **wo** où
Woche la semaine
Wochenende le week-end; **am Wochenende wegfahren** ⓔ partir en week-end; **jedes zweite Wochenende** un week-end sur deux
Woher kommst du? Tu es d'où?
Wohin ...? Où...?
wohlfühlen (sich nicht) ⓔ se sentir (mal) à l'aise → 5/1
wohnen habiter
Wohnung l'appartement *m.*
Wohnzimmer le salon
Wolke le nuage → 2/Voc
wollen (etw. tun) vouloir qc / + *inf.*
Workshop l'atelier *m.*
Wort le mot
Wortschatz le vocabulaire
wortwörtlich mot à mot → 3/1
wütend sein être en colère

Y

Youtuber/in le youtubeur / la youtubeuse

Z

zahlen payer (qc) → 3/2
zählen (für jdn etw.) compter (pour qn); **auf jdn zählen** compter sur qn
Zahn la dent
Zahnpasta le dentifrice → 3/Voc
Zahnspange l'appareil dentaire *m.*
Zeichen le symbole → 1/Voc
zeichnen (etw.) dessiner qc
zeigen (jdm etw.) montrer qc (à qn) → 2/Voc
Zeit l'époque *f.* → 2/1, le temps; **es ist Zeit für etw.** c'est l'heure de qc; **Zeit verbringen (mit jdm)** passer du temps (avec qn)
Zelten le camping
Zeltplatz le camping
Zentimeter le centimètre
Zentrum le centre
zerbrechen (etw.) casser qc → 1/2
Zeugnis le bulletin
ziehen tirer
Ziel le but
ziemlich assez *adv.* → 2/Voc
Zimmer la chambre
(1) zu (0) (1) à (0)
zu, zu sehr trop *adv.*; **zu viel/viele** trop de qc
zu Fuß à pied → 1/1
zu Hause à la maison
Zu Hilfe! Au secours!
zu spät en retard
zubereiten (etw.) préparer qc
Zucker le sucre
zuerst au début (de qc), d'abord
zufrieden content/contente *adj.*
Zug le train
zuhören (jdm) écouter (qn/qc)
Zukunft l'avenir *m.*
zum Beispiel / z. B. par exemple / p. ex.
zumachen (etw.) fermer qc
zurückbringen (etw.) rapporter qc → 3/2
zurückgeben (jdm etw.) rendre qc (à qn)
zurückkehren ⓔ retourner
zusammen ensemble *adv.*
zweisprachig bilingue *m./f. adj.* → 1/Voc
zweiter/zweite/zweites deuxième *m./f. adj.*
zwingen (jdn etw. zu tun) obliger qn à + *inf.* → 5/1
zwischen entre
zwölf Uhr mittags midi

Le monde

avec les pays de la francophonie

la France	→	être	**en** France
l'Allemagne	→	aller	**en** Allemagne
le Luxembourg	→		**au** Luxembourg
les Pays-Bas	→		**aux** Pays-Bas
la France	→	venir	**de** France
l'Allemagne	→		**d'**Allemagne
le Luxembourg	→		**du** Luxembourg
les Pays-Bas	→		**des** Pays-Bas

Les pays d'Europe

AL	l'Albanie	FL	le Liechtenstein
D	l'Allemagne	LT	la Lituanie
A	l'Autriche	L	le Luxembourg
B	la Belgique	MK	la Macédoine
BY	la Biélorussie	M	Malte
BIH	la Bosnie-Herzégovine	MD	la Moldavie
BG	la Bulgarie	MC	Monaco
HR	la Croatie	MNE	le Monténégro
CY	Chypre	N	la Norvège
DK	le Danemark	NL	les Pays-Bas
E	l'Espagne	PL	la Pologne
EST	l'Estonie	P	le Portugal
FIN	la Finlande	CZ	la République tchèque
F	la France	RO	la Roumanie
GB	la Grande-Bretagne	RSM	Saint-Marin
GR	la Grèce	SRB	la Serbie
H	la Hongrie	SK	la Slovaquie
IRL	l'Irlande	SLO	la Slovénie
IS	l'Islande	S	la Suède
I	l'Italie	CH	la Suisse
RKS	le Kosovo	UA	l'Ukraine
LV	la Lettonie		

Diese Karte beruht auf der Mercator-Projektion und ist nicht maßstabsgetreu. Z. B. ist Afrika in Wirklichkeit dreimal so groß wie Europa.

0 100 200 300 400 500 km
autres provinces du Canada
les parcs nationaux
60°N
50°N
Ivujivik
Salluit
Kangiqsujuaq
Quaqtaq
Akulivik
Kangirsuk
la Baie d'Hudson
la Mer du Labrador
Inukjuaq
Kuujjuaq
Umiujaq
Fort Mackenzie
Sakami
le Québec
Terre-Neuve-et-Labrador
Waskaganish
le Lac des Rapides
Sept-Îles
l'Île Anticosti
le fleuve Saint-Laurent
le Parc national de la Gaspésie
le Parc national du Fjord-du-Saguenay
le Lac Saint-Jean
la Gaspésie
le Golfe du Saint-Laurent
Terre-Neuve
la réserve du Lac Simon
Saguenay
Tadoussac
Ontario
la Réserve faunique La Vérendrye
le Lac Daviault
le Parc national de la Jacques-Cartier
la Chute Montmorency
Kipawa
le Parc national du Mont-Tremblant
Québec (ville)
Lévis
Trois-Rivières
le Nouveau-Brunswick
Les Laurentides
Terrebonne
Laval
Gatineau
Longueuil
Ottawa
Montréal
Sherbrooke
la Nouvelle-Écosse
l'Océan Atlantique
LES ÉTATS-UNIS

AUFTRAGS-ILLUSTRATIONEN: Hélène Badault S. 72, 73, 74; **Céline Bailleux** S. 6 *un. li. 4. v. ob.* + *un. li. 2. v. ob.*, *8 alle außer un. re.* + *Heftseiten*, 9, 14 *un.*, 15 *un. re.*, 18 *un. re.*, 19 *un.*, 21 *ob. re.*, 22 *9a 1-9*, 24 *un. re.*, 26, 27, 33 *un. re.*, 36 *ob. re.*, 41, 42, 43, 45 *un. re.*, 46, 47 *alle außer Flaggen*, 52 5, 60, 66, 69 *un. re.*, 70, 71, 86, 89 *un. Reihe 4. v. li.*, 92, 93, 102 *Symbole*, 103 *Symbole*, 104 *ob. re.*, 107 *ob. re.*, 112 *Mi. li.*, 114, 117, 118, 123, 126 *un. re.*, 129, 134 *Symbole*; **Michel Cambon** S. 29 *un. li.* + *un. re.*, 48, 49; **ClairiKine** S. 63; **Laurent Lalo** S. 160 *Zahlen*, 166–177, 178, 179, 180, 181, 182, 184, 186, 187, 189, 190, 191, 192, 193, 194 *un.*, 195, 197, 198
AUFTRAGS-KARTEN: Lennart Fischer S. 226, 227, U3 *ob.* bearbeitet von **Klaus Kühner**: U2, S. 227; **Volkhard Binder** S. 232
AUFTRAGS-FILMSTILLS: Buzz Production S. 4 *ob. 1. v. li.*, S. 14 *Hugo, Ben, Inès, Éva*, S. 55 *ob. Mi.*, S. 58 *ob. re., E, H*; **Laferpection** S. 102, 103
ABBILDUNGEN: Cover *li.* stock.adobe.com/lounom, *re.* stock.adobe.com/muratart; **U2** *ob. v. li. n. re.* Shutterstock.com/grebeshkovmaxim, stock.adobe.com/Mikaël Jousseaume, Shutterstock.com/Gaspar Janos, *un. v. li. n. re.* Shutterstock.com/Bertl123, stock.adobe.com/Zachary, Shutterstock.com/Sergey Dzyuba; **S. 2** *ob. 1. v. li.* mauritius images/alamy stock photo/Giancarlo Liguori, *2. v. li.* stock.adobe.com/Renato, *un. re.* TV5 MONDE; **S. 3** *ob.* Shutterstock.com/Francois Roux, *ob. 1. v. li.* stock.adobe.com/JM Soedher, *2. v. li.* Shutterstock.com/denisart, *un. re.* TV5 MONDE; **S. 4** *ob.* Shutterstock.com/Yuriy Boyko, *2. v. li.* stock.adobe.com/HLPhoto; **S. 5** *ob.* stock.adobe.com/PHOTOPOLITAIN, *ob. 1. v. li.* stock.adobe.com/Jane Rix/Rixie, *2. v. li.* mauritius images/alamy stock photo/Andia; **S. 6** *ob. 1. v. li.* "Le chandail" ONF/Interfilm Berlin, *2. v. li.* stock.adobe.com/Jacob Lund, *un. li. 1. v. ob.* Shutterstock.com/Monkey Business Images, *un. li. 3. v. ob.* Shutterstock.com/Diego Cervo; **S. 8** *un. re.* mauritius images/alamy stock photo/Panther Media GmbH, *Heftseiten* stock.adobe.com/He2; **S. 10** *ob. li.* mauritius images/alamy stock photo/travelpix, *ob .re.* stock.adobe.com/Brad Pict, *un. li.* mauritius images/alamy stock photo/Maurice Savage, *un. re.* stock.adobe.com/Reemt Peters-Hein/rphfoto; **S. 11** *ob. li.* Shutterstock.com/Gaspar Janos, *ob. re.* stock.adobe.com/jeanmichel deborde, *un. re.* dpa Picture-Alliance/KEYSTONE, *Mi.* stock.adobe.com/Renato; **S. 12** *un. re.* stock.adobe.com/dinozzaver, *Münzen* Shutterstock.com/Giuseppe_R, *Auge* Shutterstock.com/Classica2, *Feuerwerk* Shutterstock.com/elegy, *Sprechblasen* stock.adobe.com/graphixmania, *Personen* stock.adobe.com/warmworld, *Stern* stock.adobe.com/Roman Dekan, *Besteck* stock.adobe.com/akininam; **S. 13** *Monaco Flagge* stock.adobe.com/Yanniklab, *Münzen* Shutterstock.com/Giuseppe_R, *Auge* Shutterstock.com/Classica2, *Feuerwerk* Shutterstock.com/elegy, *Sprechblasen* stock.adobe.com/graphixmania, *Personen* stock.adobe.com/warmworld, *Stern* stock.adobe.com/Roman Dekan, *Besteck* stock.adobe.com/akininam, *Käse* stock.adobe.com/azure, *Schokolade* stock.adobe.com/djekill2007; **S. 14** *ob.* Shutterstock.com/Syda Productions, *Mi. 4. v. li.* Shutterstock.com/Boris Stroujko, *Mi. 3. v. li.* Shutterstock.com/T.W. van Urk, *Mi. 1. v. li.* Shutterstock.com/Roman Babakin, *Mi. 2. v. li.* Shutterstock.com/Catarina Belova; **S. 15** *ob. re.* Shutterstock.com/BearFotos; **S. 16** *un. re.* stock.adobe.com/promesaartstudio, *Mi. re.* Shutterstock.com/AnnAnastasia; **S. 17** *ob. re.* akg-images/viennaslide/Harald A. Jahn – cbbd/Daniel Fouss; **S. 18** *ob. re.* dpa Picture-Alliance/BELGA, *Mi.* stock.adobe.com/@Carlos Tourinho/LuXpics; **S. 19** *Mi. re.* mauritius images/Prisma, *ob. Mi.* Imago Stock & People GmbH/Xinhua\r; **S. 21** *un. Hintergrund* stock.adobe.com/Artem, *un. re.* stock.adobe.com/kotelnyk; **S. 22** *un. re.* stock.adobe.com/PMDesign, *un. Mi.* Shutterstock.com/Dean Drobot, *Rolle* Shutterstock.com/nikkytok, *Skateboarder* Shutterstock.com/pio3; **S. 23** *un. li.* mauritius images/alamy stock photo/Giancarlo Liguori, *ob. re.* mauritius images/alamy stock photo/eye35 stock, *ob. li.* stock.adobe.com/brunok1, *Skyline* stock.adobe.com/akininam, *un. re.* Gemeinde Bettemburg; **S. 25** *re.* interfoto e.k./Mary Evans/Allstar Picture Library, *Mi.* ZugSPORTS, *li.* Imago Stock & People GmbH/xPPEx; **S. 28** *un. re.* TV5 MONDE, *ob. re.* Shutterstock.com/Mariia Boiko; **S. 29** *ob. Mi.* akg-images/Fototeca Gilardi; **S. 30** *1* Shutterstock.com/Francois Roux, *2* Shutterstock.com/Radu Razvan, *3* Shutterstock.com/Rolf E. Staerk, *4* Shutterstock.com/Erik Tanghe, *Mi. re.* Shutterstock.com/JPstock, *un. li.* Shutterstock.com/David Hughes, *Macarons* stock.adobe.com/arinahabich, *Hintergrund* stock.adobe.com/Pictures news; **S. 31** 7 Shutterstock.com/denisart, *6* Shutterstock.com/lukaszimilena, *5* Shutterstock.com/Curioso.Photography, *Körbe* stock.adobe.com/Verlag Edition Hochfeld/JM Soedher; **S. 32** *Mi. re.* bpk/Albright-Knox Art Gallery/Art Resource, NY, *Rahmen* Shutterstock.com/Iakov Filimonov; **S. 33** *B* Shutterstock.com/Elena Elisseeva, *A* Shutterstock.com/Edson Rosas, *C* Shutterstock.com/Lamax; **S. 34** *2 ob.* akg-images/André Held, *3* Shutterstock.com/Gerhard Roethlinger, *1* Shutterstock.com/Luboslav Tiles, *un. re.* Shutterstock.com/Lenush, *Hintergrund* Shutterstock.com/kckate16, *2 un.* Shutterstock.com/S-F, *ob. re.* Shutterstock.com/Kcjin; **S. 35** 4 Shutterstock.com/Noble Nature, *un. li.* Shutterstock.com/Sean Nel, *un. re.* Shutterstock.com/Denis Makarenko, *ob. re.* Shutterstock.com/Andrea Raffin, *un. li.* Shutterstock.com/Viktor1; **S. 36** *un.* Shutterstock.com/Noppasin Wongchum; **S. 37** *7 Hintergrund* Shutterstock.com/AnaSla, *un. li.* © 17h10 – Be Vernier – 17h10 pour l'idée, la production et la communication de l'évènement; Be Vernier pour la création et la réalisation de la robe; **S. 38** *un. re.* Shutterstock.com/DSO Media, *Mi. re.* Shutterstock.com/Studio Empreinte, *ob. re.* Shutterstock.com/simona pilolla 2, *ob.* re *Hintergrund* stock.adobe.com/Allusioni; **S. 39** Les Cahiers d'Esther, Histoires de mes 15 ans, p. 43, Riad Sattouf, Allary Éditions, 2021.; **S. 40** *ob. re.* Shutterstock.com/Juan Carlos Munoz, *ob.* Shutterstock.com/rvika, *Pokal* Shutterstock.com/NeMaria; **S. 44** *un. Mi.* Shutterstock.com/Dmytro Zinkevych; **S. 48** *un. re.* TV5 MONDE, *ob. re.* Shutterstock.com/Mariia Boiko; **S. 49** *ob. Mi.* dpa Picture-Alliance/NurPhoto/Hiroko Tanaka; **S. 50** *1b* interfoto e.k./Rod McLean, *1a* stock.adobe.com/litchi Cyril; **S. 51** *Mi. re.* dpa Picture-Alliance/MAXPPP, *Mi. li.* dpa Picture-Alliance/KEYSTONE/ANTHONY ANEX, *un. li.* dpa Picture-Alliance/MAXPPP/Leon Tanguy, *ob. re.* dpa Picture-Alliance/REUTERS/X02011/BENOIT TESSIER; **S. 52** *3A+3B 2. v. ob.* Shutterstock.com/Realstockvector, *3A+3B 1.+ 5. v. ob.* Shutterstock.com/Vector Icon Flat, *3A+3B 3. + 4. v. ob.* Shutterstock.com/iconspro; **S. 53** *un. re.* stock.adobe.com/powell83; **S. 54** *Mi.* Shutterstock.com/Yulia Davidovich, *Flaggen* Shutterstock.com/Onur Akkurt, *Mi. re.* stock.adobe.com/Tom Nulens/sodafish visuals, *un. Mi.* dpa Picture-Alliance/Robert B. Fishman, *Mi. li.* Shutterstock.com/Gelpi; **S. 55** *Mi. re.* Stan Hema - OFAJ/ DFJW, Paris/Berlin 2021, *Mi.* stock.adobe.com/Karlos Garciapons; **S. 56** *ob. li. A* stock.adobe.com/FedBul, *D* Shutterstock.com/Zvyagintsev Sergey, *I* stock.adobe.com/vadarshop, *G* stock.adobe.com/euthymia, *B* Shutterstock.com/Michal Chmurski, *C* stock.adobe.com/evgenica, *ob. li. E* Shutterstock.com/MichaelJayBerlin, *ob. li. C* stock.adobe.com/Serghei Platonov/Gresei, *E* stock.adobe.com/Andrzej Tokarski, *ob. li. D* stock.adobe.com/wabeno, *ob. li. B* stock.adobe.com/PhotoKD, *ob. li. G* stock.adobe.com/bank_jay, *F* stock.adobe.com/Oliver Hoffmann/eyewave, *A* Shutterstock.com/mama_mia, *ob. li. F* stock.adobe.com/Claireliot, *H* Shutterstock.com/New Africa; **S. 57** *ob. re.* stock.adobe.com/rprongjai, *un. li.* stock.adobe.com/imdproduction, *un. re.* stock.adobe.com/goir, *ob. li.* stock.adobe.com/orinocoArt; **S. 58** *un. re.* Shutterstock.com/AVC Photo Studio, *B* stock.adobe.com/luzulee; **S. 59** *ob. li.* akg-images/Denise Bellon, *ob. Mi.* Shutterstock.com/ADSKrongsawat, *ob. re.* akg-images/Denise Bellon; **S. 61** *Mi. re.* stock.adobe.com/DragonImages; **S. 62** Shutterstock.com/Pierre-Olivier; **S. 64** *Mi. re.* stock.adobe.com/HLPhoto, *un. re.* Shutterstock.com/Namitha Hebbar, *Flaggen* Shutterstock.com/Yuriy Boyko, *ob. Mi.* Shutterstock.com/ADSKrongsawat, *Skyline* Shutterstock.com/Lisa Kolbasa; **S. 65** *Fahrrad* stock.adobe.com/mtmmarek, *Eule* Shutterstock.com/reddish; **S. 67** *Schultüten* stock.adobe.com/Franziska Ring/feinfarben, *Mi. re.* Shutterstock.com/Picsfive, *Lucie* Shutterstock.com/pha88, *un. Hintergrund* stock.adobe.com/Andreas Gradin;

S. 69 *Mi.* Shutterstock.com/Romariolen, *Mi. re.* Shutterstock.com/Sergey Mikheev, *Mi. li.* Shutterstock.com/Africa Studio; **S. 76** *5* stock.adobe.com/Kevin, *1* stock.adobe.com/André Brunsperger/, *Hintergrund* stock.adobe.com/PHOTOPOLITAIN, *4* stock.adobe.com/Andrea Izzotti, *2* Shutterstock.com/Vlad G, *3* mauritius images/alamy stock photo/Bruce Corbett; **S. 77** *9* stock.adobe.com/Danita Delimont, *6* stock.adobe.com/jovannig, *7* Shutterstock.com/FMStox, *8* mauritius images/alamy stock photo/OCTAVIO ART; **S. 78** *Personen* stock.adobe.com/warmworld, *Stern* stock.adobe.com/Roman Dekan, *ob. re.* Shutterstock.com/Rainer Lesniewski, *Landschaft* Shutterstock.com/davooda, *Standort* Shutterstock.com/Dn Br, *Thermometer* Shutterstock.com/Blan-k, *Info* Shutterstock.com/smartdesign91, **S. 79** *ob. re.* mauritius images/Onoky; **S. 80** *1* Shutterstock.com/Kiev.Victor, *3* Shutterstock.com/Mark Byer, *4* Shutterstock.com/Sakchai.K, *Flagge* Shutterstock.com/Jiri Flogel, *Karte ob.* stock.adobe.com/michal812, *Karte un.* stock.adobe.com/Porcupen; **S. 81** *5* stock.adobe.com/jojojo07, *Emoji* stock.adobe.com/elena_garder, *6* dpa Picture-Alliance/AFP/Robert_Laberge, *8* stock.adobe.com/Firefighter Montreal; **S. 82** *un. li. + un. re.* stock.adobe.com/Jane Rix/Rixie, *Mi. re.* mauritius images/alamy stock photo/Gilberto Mesquita; **S. 83** *Schneeflocken* Shutterstock.com/xiver, *Mi. re.* stock.adobe.com/Pernelle Voyage, *un. li.* Shutterstock.com/Sakchai.K; **S. 84** *un. li.* Shutterstock.com/YIK2007, *Mi. re.* stock.adobe.com/slowmotiongli, *ob. re.* TV5 MONDE, *Mi.* stock.adobe.com/André Brunsperger, *un. re. 1. v. ob.* Shutterstock.com/Marina Poushkina, *un. Mi.* Shutterstock.com/Nevena Barberic, *un. re. 2. v. ob.* Shutterstock.com/Giuseppe_D'Amico, *Mi.* Shutterstock.com/SNEHIT PHOTO, *un. Hintergrund* Shutterstock.com/Barisev Roman; **S. 85** *1. v. ob.* Shutterstock.com/grebeshkovmaxim, *Emoji* stock.adobe.com/elena_garder, *un. Mi.* Musée canadien de l'histoire; Collier de wampum: Jacob Ezra Thomas, *2. v. ob.* mauritius images/alamy stock photo/RooM the Agency, *3. v. ob.* mauritius images/alamy stock photo/Andia, *4. v. ob.* mauritius images/SuperStock; **S. 87** *A* Shutterstock.com/Brent Hofacker, *C* Shutterstock.com/Foodio, *D* Shutterstock.com/Lesya Dolyuk, *B* Shutterstock.com/Foodio, *Mi.* Shutterstock.com/Sakchai.K; **S. 88** Shutterstock.com/sebastienlemyre; **S. 89** *ob. Reihe* mauritius images/alamy stock photo/Fausto Marci, Jenny Salgado/Les Productions J.Kyll, mauritius images/alamy stock photo/richard prudhomme, dpa Picture-Alliance/ZB/dpa-Zentralbild/Jens Kalaene, Bridgeman Images/Francesco Gattoni/Opale, *un. Reihe* dpa Picture-Alliance/RIGHT LIVELIHOOD AWARD/Handout, AFP/Getty Images North America/Nicholas Hunt, dpa Picture-Alliance/empics/The Canadian Press/Graham Hughes, *un. 5. v. li.* dpa Picture-Alliance/AP Photo/AP/Paul Chiasson, 9a "Le chandail" ONF/Interfilm Berlin; **S. 90** Shutterstock.com/Vitalii Nesterchuk; **S. 91** Shutterstock.com/Heiko Wittenborn; **S. 94** akg-images/Paul Almasy; **S. 96** 1b mauritius images/alamy stock photo/Francis Vachon, *1c* stock.adobe.com/vzwer, *2 5A-C* stock.adobe.com/Pixxsa; **S. 97** *un. li.* Shutterstock.com/meunierd, *ob. li.* stock.adobe.com/Kushnirov Avraham, *Mi.re.* mauritius images/Hemis.fr; **S. 98** *4 A-C* stock.adobe.com/ExQuisine, *un. re.* Shutterstock.com/PureSolution, *Thermometer* stock.adobe.com/Pixxsa; **S. 99** *ob. re.* stock.adobe.com/Maskot, *7 ob. re.* Shutterstock.com/Benedikt Juerges, *ob. li.* stock.adobe.com/NICVW/Nicolas, *un. li.* stock.adobe.com/slowmotiongli, *Mi. re.* Shutterstock.com/NaturesMomentsuk, *Mi. li.* Shutterstock.com/Vlad G, *un. re.* Shutterstock.com/Mystic Stock Photography; **S. 100** *A* Shutterstock.com/Pikoso.kz, *Hintergrund* stock.adobe.com/kalafoto, *C* Shutterstock.com/Master1305, *B* Shutterstock.com/Vane Nunes; **S. 101** *ob. re.* Shutterstock.com/lazyllama, *D* stock.adobe.com/Jacob Lund, *E* Shutterstock.com/Hadrian, *Mi.* Shutterstock.com/Martin Allinger; **S. 104** *Hugo* Shutterstock.com/Oliver Hoffmann, *Zoé* Shutterstock.com/VH-studio, *Mi. li.* Shutterstock.com/serazetdinov, *Tiago* Shutterstock.com/Christine Glade, *Lina* Shutterstock.com/Denis Kuvaev, *Mi.* Shutterstock.com/Soloma, *Hintergrund* Shutterstock.com/JuShoot; **S. 105** *Issa* Shutterstock.com/Christophe Cappelli, *Cemélia* Shutterstock.com/Cookie Studio; **S. 107** *un. re.* Shutterstock.com/Rawpixel.com; **S. 108** *ob.* Shutterstock.com/Simbert Brause, *Mi.* „9.58“ by Louis Aubert, France, 2017/Interfilm Berlin; **S. 109** *2c* „9.58“ by Louis Aubert, France, 2017/Interfilm Berlin; **S. 110** *un.* Shutterstock.com/insta_photos, *Profilbild* Shutterstock.com/Africa Studio, *Emoji* @webalys under the CCA licence; **S. 111** *1-3* "Golden Girl" by Chiara Fleischhacker, France/Germany, 2018/Interfilm Berlin; **S. 113** Shutterstock.com/Ljupco Smokovski; **S. 115** "Mortelle Adèle, Karmastrophique! T. 17" de Mr Tan et Diane Le Feyer, d'après l'oeuvre créée par Mr Tan et Miss Prickly © 2020 Bayard Editions; **S. 116** *ob. re.* Shutterstock.com/Monkey Business Images; **S. 116** *Mi.* Shutterstock.com/Fanfo; **S. 121** *un. Mi.* Shutterstock.com/Flamingo Images; **S. 122** *7* stock.adobe.com/Matsabe, *8* stock.adobe.com/SiberianPhotographer, *2* Shutterstock.com/grebeshkovmaxim, *1* stock.adobe.com/Franzi draws, *10* Shutterstock.com/RaulAlmu, *6* stock.adobe.com/graphixmania, *9* Shutterstock.com/Victor Metelskiy, *5* stock.adobe.com/Vikivector, *4* stock.adobe.com/BF1, *3* stock.adobe.com/endstern; **S. 126** *Auge* Shutterstock.com/Classica2, *Sprechblasen* stock.adobe.com/graphixmania, *Personen* stock.adobe.com/warmworld, *Stern* stock.adobe.com/Roman Dekan, *Besteck* stock.adobe.com/akininam; **S. 127** *un. re.* Shutterstock.com/Pierre-Olivier, *Ladekabel* Shutterstock.com/bergamont, *Toilettenpapier* Shutterstock.com/Nikola Bilic, *Klebefilm* Shutterstock.com/Anton Starikov, *Löffel* Shutterstock.com/ILYA AKINSHIN; **S. 128** *5* mauritius images/alamy stock photo/Zeljka Burazin, *3* stock.adobe.com/hstiver; **S. 130** stock.adobe.com/promesaartstudio, **S. 139** Shutterstock.com/Pressmaster; **S. 142** *ob. re.* mauritius images/alamy stock photo/Helmut Corneli, *Mi. re.* Shutterstock.com/Gilberto Mesquita; **S. 143** *Mi. re.* stock.adobe.com/Christian Schwier, *Mi. re. im Bild* stock.adobe.com/Mauro Rodrigues; **S. 144** Shutterstock.com/liravega; **S. 147** Shutterstock.com/photobeps; **S. 151** *un. re.* Shutterstock.com/xiver; **S. 159** *Würfel* Shutterstock.com/davorana, Shutterstock.com/davorana; **S. 160** *Personen* Shutterstock.com/JOJOSTUDIO; **S. 162** Shutterstock.com/wavebreakmedia; **S. 163** *Mi. li.* stock.adobe.com/Franziska Ring/feinfarben, *Mi. re.* akg-images; **S. 165** *ob.* Shutterstock.com/hOw_J, *Angelina* Shutterstock.com/Benjavisa Ruangvaree Art, *Can* Shutterstock.com/AJR_photo, *Ebru* Shutterstock.com/Laboo Studio, *Justus* Shutterstock.com/WAYHOME studio, *Felix* Shutterstock.com/Africa Studio; **S. 179** *ob. re.* Shutterstock.com/bellena; **S. 180** *ob. re.* Panther Media GmbH/Benis Arapovic; **S. 183** *ob. re.* Shutterstock.com/Samuel Borges Photography, *un. re.* stock.adobe.com/lukaszimilena; **S. 185** *Mi. re.* bpk/RMN - Grand Palais/Gérard Blot; **S. 187** *Mi. re.* stock.adobe.com/Oliver Boehmer – bluedesign; **S. 189** *un. re.* Shutterstock.com/Claudio Stocco; **S. 191** *un. re.* stock.adobe.com/Amandine, *ob. re.* mauritius images/alamy stock photo/Jochen Tack; **S. 194** *ob. re.* akg-images/North Wind Picture Archives; **S. 196** *ob.* re Shutterstock.com/Studio Light and Shade; **S. 199** *Mi. re.* Shutterstock.com/Ondacaracola; **U3** *un.* stock.adobe.com/lesniewski; **U4** stock.adobe.com/Brad Pict

Flaggen und Icons: stock.adobe.com/4zevar: *Wimpel* S. 12, 13, 126; stock.adobe.com/12ee12: BE S. 10, 12–13, 17, 23, 25; *NL*: S. 13; stock.adobe.com/Atlantis: *bunter Kreis* S. 10, 12, 19, 78, 178-180, 183, 191, 194, 196; *FRA* S. 11, 13, 23, 69, 121, 150, 160; stock.adobe.com/DigiClack: *EU* S. 12-13, 126; *Emoji* S. 38, 53, 59, 61, 68, 109, 151; stock.adobe.com/konstan: *CH* S. 11, 13, 17, 23, 25; stock.adobe.com/moonrun: *DE* S. 13, 69, 121, 150-151, 160; stock.adobe.com/shtiel: *LUX* S. 10, 13, 17, 23, 25, 126; stock.adobe.com/sirius_star: *UK* S. 178-180, 182-186, 188-190, 192-193, 196-199; Shutterstock.com/xiver: *FRA* S. 17, 87; alle S. 47, 79; *UK* S. 12

TEXTE: **S. 29** Antoine de Saint-Exupéry: „Le Petit Prince“, Gallimard, Paris 1945 (chapitre XXI) ; **S. 49** Art Music France Universal Music Publishing GmbH, Berlin/Original: Michel Sardou, Pierre Billon; adaptiert für Louane von Marie Jeanne Serero, Philip J Glenister, Victoria Bedos, Eric Lartigau; **S. 90** Ministère du Tourisme du Québec/Bonjour Québec / "Où faire du ski de fond et de la raquette?"

À plus ! 3

Lehrwerk für den Französischunterricht für das Gymnasium

Im Auftrag des Verlages erarbeitet von
Catherine Mann-Grabowski, Corinna Martin-Werner, Lara Nikolić und Lena Schwefer

und der Redaktion Französisch
Julia Goltz (Projektleitung), Fabienne Beck, Zoé Duval, Barbara Jantzen (Koordination), Burcu Kiliç und Caroline Woiton; Lehrkräftefassung: Verena Simon; Rechteklärungen: Nicole S. Abt und Tina Becker

Besondere didaktische Beratung: Otto-Michael Blume (Hilden), Anke Rogge (Bad Godesberg), Hannes Toense (Leipzig)

Beratende Mitwirkung: Dorothea Bachert (Abstatt), Emmanuelle Bodaire (Leipzig), Bjoern-Sascha Brockhoff (Halle an der Saale), Prof. Dr. Christoph Bürgel (Universität Paderborn), Anne Delacroix (Magdeburg), Carina Eilts (Oldenburg), Elisa Gigling (Berlin), Aneta Glavier (Leipzig), Dr. Stephanie Gomolla (Saarbrücken), Thilo Karger (Frankfurt am Main), Heike Kolacki (Saarbrücken), Dr. Hans-Ludwig Krechel (Königswinter), Bartos Lehmann (Bielefeld), Britta Linden (Köln), Nicole Luigs (Münchhausen), Martina Mäsch-Donike (Düren), Prof. Dr. Silvia Melo-Pfeifer (Universität Hamburg), Klaus Mengler (Buseck), Michael Stenz (Strasbourg), Silke Topf (Frankfurt am Main), Verena Unmüßig (Heidelberg), Peter Winz (Ratingen), Stefanie Wölz (Sinsheim), Sarah Zwiener (Mainz)

Illustrationen: Céline Bailleux, Hélène Badault (Lectures), Michel Cambon (Atelier Théâtre, Atelier La France en VO), Laurent Lalo (Annexe)
Umschlaggestaltung und Layoutkonzept: Rosendahl Berlin – Agentur für Markendesign
Layout und technische Umsetzung: graphitecture book & edition

Begleitmaterialien zu À plus ! 3

Schulbuch als E-Book	978-3-06-122370-0	Grammatikheft	978-3-06-122041-9
Carnet d'activités mit Audios online	978-3-06-122005-1	Lektüre (ersetzt Unité 5)	978-3-06-122065-5
Carnet d'activités mit Audios und interaktiven Übungen online	978-3-06-122007-5		

www.cornelsen.de

Druck: Mohn Media Mohndruck, Gütersloh

1. Auflage, 4. Druck 2025
Schulbuch, kartoniert
ISBN 978-3-06-120974-2

1. Auflage, 3. Druck 2025
Schulbuch, gebunden
ISBN 978-3-06-122363-2

PEFC-zertifiziert
Dieses Produkt stammt aus nachhaltig bewirtschafteten Wäldern und kontrollierten Quellen
www.pefc.de
PEFC/04-31-1033

Egal, was du in einer Arbeitsanweisung nicht verstehst – suche nach dem Verb, dann wirst du fündig!

C	Choisis/Choisissez (un rôle / une de ces personnalités / les bonnes expressions).	Wähle/Wählt (eine Rolle / eine dieser Persönlichkeiten / die richtigen Ausdrücke) aus.
	Compare/Comparez (vos résultats /les dessins).	Vergleicht (eure Ergebnisse / die Zeichnungen).
	Complète (le schéma / la description / la fiche / l'affiche / le résumé / la frise / la carte mentale / par des expressions que tu connais déjà).	Ergänze (die Skizze/ die Beschreibung / den Steckbrief / das Plakat / die Zusammenfassung / die Zeitleiste / das Wortnetz / durch Ausdrücke, die du schon kennst).
	Corrige (les phrases fausses).	Berichtige (die falschen Sätze).
D	Décris/Décrivez (les situations / à l'oral).	Beschreibe/Beschreibt (die Situationen / mündlich).
	Devine. / Devinez.	Errate. / Erratet.
	Discutez.	Unterhaltet euch. / Diskutiert.
E	Échangez (vos impressions / vos avis).	Tauscht (eure Eindrücke / eure Meinungen) aus.
	Écoute (la conversation / la prononciation).	Hör zu. / Hör dir (das Gespräch / die Aussprache) an.
	Écris/Écrivez (sur le modèle du texte, p. X).	Schreibe/Schreibt (nach dem Vorbild des Textes, S. X).
	Explique/Expliquez (le titre / de quoi parle l'article).	Erkläre (den Titel / wovon der Artikel handelt).
F	Fais (une carte mentale / une fiche / un schéma / un tableau / une frise / le plan).	Erstelle (ein Wortnetz / einen Steckbrief / eine Skizze / eine Tabelle / eine Zeitleiste / die Gliederung).
	Fais/Faites (des phrases / une chaîne de phrases).	Bilde/Bildet (Sätze / eine Satzkette).
	Fais/Faites le portrait d'un personnage.	Charakterisiere/Charakterisiert eine Figur.
	Fais/Faites des hypothèses.	Stelle/Stellt Vermutungen an.
	Fais/Faites une recherche.	Recherchiere./Recherchiert.
I	Indique (les phrases du texte).	Gib (die Sätze des Textes) an.
J	Justifie (ta réponse / en allemand).	Begründe (deine Antwort / auf Deutsch).
L	Lis (le titre / le paragraphe / les lignes / la fiche / les légendes / la description / l'explication / le témoignage).	Lies (den Titel / den Abschnitt / die Zeilen / den Steckbrief / die Bildunterschriften / die Beschreibung / die Erklärung / den Erfahrungsbericht).
N	Note (des expressions).	Notiere (Ausdrücke).
P	Posez-vous des questions.	Stellt einander Fragen.
	Prends/Prenez des notes (sous forme de fiche).	Mach dir / Macht euch Notizen (in einem Steckbrief).
	Présente (tes résultats / une personnalité).	Stelle (deine Ergebnisse / eine Persönlichkeit) vor.
R	Raconte/Racontez (ce qui s'est passé).	Erzähle/Erzählt (was passiert ist).
	Regarde (l'image / le dessin / la scène).	Sieh dir (das Bild / die Zeichnung / die Szene) an.
	Répartissez les rôles / les thèmes entre vous.	Verteilt die Rollen / die Themen untereinander.
	Réponds (aux questions).	Antworte. / Beantworte (die Fragen).
	Résume (ce qui se passe).	Fasse zusammen (was passiert).
	Retrouve (la traduction / les bonnes expressions / les bons personnages / les bulles de pensée correspondantes / l'ordre des expressions).	Finde (die Übersetzung / die richtigen Ausdrücke / die richtigen Figuren / die entsprechenden Denkblasen) wieder. / Bringe die Ausdrücke in die richtige Reihenfolge.
S	Survole (l'article / les documents).	Überfliege (den Artikel / die Dokumente).
T	Trouve/Trouvez (les expressions / l'intrus / les dessins / un bon ordre / la clé du mystère / des sous-titres pour les paragraphes / l'ordre d'importance / les expressions correspondantes).	Finde/Findet (die Ausdrücke / das „Kuckucksei" / die Zeichnungen / eine gute Reihenfolge / die Lösung des Rätsels / Untertitel für die Abschnitte / eine Wichtigkeits-rangfolge / die entsprechenden Ausdrücke).
U	Utilise (les expressions de a / la fiche).	Verwende (die Ausdrücke aus a / den Steckbrief).
V	Vérifie (tes hypothèses / à l'aide de la vidéo).	Überprüfe (deine Vermutungen / mithilfe des Videos).
	Vrai ou faux ?	Richtig oder falsch?

L'EUROPE FRANCOPHONE